クリスティーナ・ホール博士の

言葉を変えると、人生が変わる

NLPの言葉の使い方

Change your language, change your life.

クリスティーナ・ホール Ph.D. 著
Christina Hall Ph.D.
大空夢湧子 訳
Yuko Osora
喜多見龍一 編
Ryuichi Kitami

VOICE

「内的世界」と「外的世界」の関係性を追求したNLPは、著者が語るように、そのメディアである「言葉」にフォーカスする。

私がはじめて、この本の著者のクリスティーナ・ホール博士のNLPトレーニングを見たときの印象は、「ああ、このひとはアーティストなんだな」というものだった。もちろん、NLPのトレーナーたちを育てるトレーニングの講師として世界基準で考えても、最前線を走っているおひとりであることは間違いないが、その教え方のスタイルがきわめて独特な「場」を形成しており、雰囲気がとてもアーティスティックだったのだ。なんというか、踊るように教えている。本当に踊っていることもあるのだが（きわめて優雅に）、受講生たちは、それがあまりに自然なので、誰も不思議に思わないのもすごい。私たち日本人が、この本の著者クリスティーナ・ホール博士と知り合い、日本で開かれている講座を通して交流できたこと、彼女の念願だった最初の著書が日本でまず出版できたことは、大変貴重で意味深いことだと信じている。

いまでこそNLPは比較的知られるようになったが、私たちが日本に紹介し始めた一九八九年当時は、まだその言葉がなんの略なのかも知られていないような時期だった。そこから時代が進み、その間、「NLPって、なに？」と何度も聞かれてきたが、私自身、今まであまりうまく答えられたことはなかった。「コミュニケーションの道具箱」という答えが比較的まともな答えかと思ってもきたが、違和感もあった（どこか皮相な感じ）。その根本的背骨がどこにあるのか、いまひとつ判然としなかったが、この本を数カ月かけて編集してみて、明確に理解できた。

それは「内的世界」と「外的世界」の関係性を研究し、その関連性のルールを発見していったものだ、と。私たちヒトは、外の世界を「認識」「認知」する。なにを通してかというと、感覚要素（五感）、つまり神経を通じて。そして、その認知のほとんどの部分は「言語」を通して行われる。だから「神経言語プログラミング」（Neuro-Linguistic Programming）なのだ。

私たちヒトは、脳のなかに、外的世界の「似姿」を作ることで認識している。しかしその似姿と外的世界そのものは、当然ながら、同じではない。そのことを、アルフレッド・コージブスキーは、「地図は土地そのものではない」(The Map is not the Territory)と言ったわけだ。この有名な言葉はNLPのなかでは、頻繁に現れる（日本では、そうでもないが)。

著者のクリスティーナ・ホール博士は、Ph.D. の課程の前からアルフレッド・コージブスキーの「一般意味論」(General Semantics) を研究してこられた。一八七九年生まれのコージブスキーの重要な著作「科学と正気」(Science and Sanity)が出たのが一九三三年だから、この頃から言葉に関する本格的な研究はあったことになる。NLP創始者のバンドラーとグリンダーたちが、NLPを開発するときに、この一般意味論の考え方を知らなかったとは考えにくい。一般意味論が言っていることはNLP、特にメタモデルの考え方と深く一致する。一般意味論の専門家でもあるホール博士自身も、一般意味論を研究してきたことがNLPの深い理解にとても役立ったと語っている。

コージブスキーの他にも、一九二八年生まれの言語学者ノーム・チョムスキーや一九〇四年生まれで二重拘束（ダブル・バインド）理論等が名高いグレゴリー・ベイトソンらも、NLPの成立に深く関わっている。特に言語の分野やメタモデルの分野で。NLPの説明でミルトン・エリクソン（催眠)、フリッツ・パールズ（ゲシュタルト)、バージニア・サティア（家族療法）をモデリングした、と説明されることが多いが、この本で語られるNLPは、彼女が「言葉」にフォーカスしていることもあると思うが、こうした一般的説明とは違った姿に見える。私は、「ユニークネスが世界を進展させる」と信じる者だが、著者が本書で語っているNLPは、日本で一般的に教えられているNLPとは、ずいぶんと違っており、「あー、そういうことだったんですか！」とこの本を編集しながら、何度も思い、目からウロコが何枚も落ちた。NLPのほとんどの説明は、日本でも英語圏でもそんなにそこは変わらないが、だいたいがテクニックの説明に終始する。しかし彼女のNLPは、すべてが立体的に一連の流れとなって、全体が「統合」されているのだ。これはここだけ読んでも意味が分からないだろうが、この本をお読みになれば、あーこういうことね、とお分かりいただけるはずだ。

コージブスキーやチョムスキーやベイトソンなどの活躍した第二次大戦前の一九〇〇年代の前半に、現在のNLPの基本認識となる「言葉の研究」がこれほど深められていたことに驚きを禁じ得ないが、NLPの成立には、こうしたひとつ前の時代の偉人たちの研究が土台になっていることもこの本を通じて知った。

著者クリスティーナ・ホール博士は、NLP黎明期の七〇年代八〇年代から、創始者リチャード・バンドラー、ジョン・グリンダーらと共に歩み、講座を教え、テキストをつくり、技法を開発していた。当初から存在するNLP協会(The Society of NLP) の現オーナーでありプレジデントでもある。

この本をお読みになる前に、いくつか分かっておいていただきたいことがある。NLPの根本概念、外的世界（現実）を内的世界（意識／脳）に置き換えるときに、どういうことがそこに起きているか、またはその逆に、内的世界に格納された似姿を通して外的世界を見たときに、そこにどういうことが起きるか、ということを研究し、実践的に使えるようにしているのがNLPだ。まずここを理解したい。NLPには、その基本的な概念をあらわすために創始者たちがいろいろと固有名詞を当てはめているが、それが言語学や学術的な用語から、難解な専門用語を引いてきている例が多い。それに食あたりしてはもったいない。そこでめげてはならじ。たとえば、日本では「代表システム」などと「代表」と訳されることが多い「representation」だが、これは哲学などでいうところの、「表象」（ひょうしょう）のこと。表象の方が代表よりもっと分かりにくい、と言われる可能性もあるが、このrepresent が表す根本概念は、日本語としてはまさに「表象」なのだ。つまり、外的世界を内的世界の似姿として認識し、脳に収納するその「似姿」が、表象である。

だから「代表」でもあるわけだ。英語の授業ではないが、re-presentだから、「再び」「提示」されたもの、脳内の認知がrepresentationであり、表象である。NLPは元が英語であり、まだ十分に日本語にローカライズされていない。本書では「表象」と訳することとする。NLPで一般に代表システムという場合、VAKOG(Visual/Auditory/Kinesthetic/Olfactory/Gustatory 五感）のどの感覚が優勢で認知しているか、という意味で「代表システム」という言葉を使っているようだ。しかし根本概念は、表象が一番ぴったりくる。この本の中で「表象」と言われたら、外の世界に似せて作った内的似姿のこと、と思ってほしい。このrepresentationは、NLPを理解するのにきわめて重要な単語である。

また、もうひとつの重要な概念を表す言葉が「メタモデル」であるが、巻末の付記２で詳しく著者に聞いているので、ここでは簡単に。「メタ」という言葉は、入れ子状の多層構造を言う。メタ言語など、コンピュータ用語としても多用されるが、それは認知科学がコンピュータ科学やロボット工学の世界ともつながっているからだ。つまり、私たちを取り巻く「世界」を記述しようとしている。NLPもまさに世界の構造、あり方を記述しようとしているのだ。言葉が認知のプロセスで変形していき、多層な歪みのプロセスを生じる、この入れ子状の変形プロセス構造全体が言語のメタモデルである。

さらにもうひとつ、本書を読む前に知っておいてほしい概念が、「プライマリー・エクスペリエンス」（または単純に、プライマリー）と「セカンダリー・エクスペリエンス」（または単にセカンダリー）、つまり「一次的体験」と「二次的体験」という言葉の定義。これは、外的世界の現象そのもの（コージブスキーの言う土地そのもの）を私たちが神経を使って認知するとき、つまり私たちの感覚要素が最初に、「言葉以前に」感知した、まだ言語化されていないなにかの感覚、それが一次的体験、プライマリーの定義である。そしてそれを、たとえば言語化して脳に収納するときの認知、それは「言語的な認知」になるが、それが二次的体験、セカンダリー（コージブスキーの言う地図）だ。外的世界のイベント（土地）は「事実」であるわけだが、二次的体験、つまり脳の中に格納された「表象」representation（地図）は、認知のプロセスで変形を受けている、という考え方。本書の185ページの、言葉による変形こそが、言葉のメタモデルそのものだ。

私たちは表面の意識では、このすでに変形してしまった言葉を通して、現実を「認知」している。たとえば「私の人生は問題だらけです」と言ってきたクライアントのことを考えると、そこに認知の変形が認められる。ではそのひとが「問題」と認知したときにさかのぼり、なるべく「事実」に近いところに迫りたい。そこで変形（セカンダリー）から、より事実に近いところ（プライマリー）にさかのぼって行くわけだが、その一次的体験は言語化されていないので、言葉で語るのはむずかしい。それはたぶんに、イメージなどの不定形な世界であるから。しかし、逆にいえば、それはあいまいなイメージであることから、「認知の基となっているイメージを換えることで、その後の認知も換え得る」のだ。こうした一連の「ヒトの認知」の探求、「言葉を通した世界認知」がホール博士が本書で語っている領域そのものである。

私は最初にこう思った。ははー、言葉は認知の途中で変形する。それが「いけない」のだな、と。しかし、ここがクリスティーナさんの素晴らしいところだが（世間話をしているときでもこの姿勢は一貫）、彼女の世界認識は「なにかが悪くて、なにかが良い」という構造になっていない。彼女との会話の中には「But…」や「No…」が、まず出てこない。センテンスを継ぐときは、だいたい「and…」であって、前後の関係（コンテクスト。言葉の位置づけ）から、ニュアンスは分かりはするが、言葉で白黒をつけることをまったく自然に、していない。つまり博士が信じている世界は、「あるときは、それがよく働き、あるときは、それが悪く働く」相対的世界観なのだろうと推測される。メタモデルの言葉の変形でさえ、「変形が悪い」と思っていらっしゃるわけではない。場合によっては、わざとあいまいにすることで相手の可能性が拓けるのならいいではないか、という柔軟な発想が、そこにある。

博士は、いうまでもなく、言葉の専門家である。私も言葉の仕事をしてきたが、言葉づかいはいい加減で、白黒をつけまくるので、クリスティーナさんと話していると、反省させられる。つまり、彼女は、単なる「学者」ではない。彼女は、自分が教えていることを実際に、日々生きていらっしゃる。それが実に素晴らしい。若いとき、アメリカでセラピストをなさっていた頃も、さぞかし有能なセラピストであったろうと想像できる。目線にやさしさを感じるし、アーティスティックなところも感じる。高齢だが存命中かと思われるチョムスキー（NLPに強い影響を及ぼした言語学者）がイラク戦争にアンチを唱えたことも好ましく思えるが、クリスティーナさんのなかにも同じような目線が感じられる。

しかし、この本の「はじめに」で、私がこうして、この本の理解を助けるためと、言葉を長々と弄して語っていることが、果たして彼女の元々の意図に沿うものかどうか、ちょっと疑問な部分もある。なぜならば、彼女は独特の構造（ネスト構造または、メタ構造）で、トレーニングをおこない、これは編集の最後の方で思ったことだが、たぶん、この本もまた、ネスト構造で作ろうと意図されたのではないか、と思ったからだ。ネストはnestで、巣の意味もあるが、マトリョーシカ人形のような「入れ子」構造のこと。メタと同じだ。彼女のトレーナーズ・トレーニングの第一回を日本ではじめて受講された方たちのなかには、六日間にわたって、いろいろなことを「体験的に」学ぶわけだが、たとえば最初に新しい概念が出てきたときには、彼女はあまり説明を（意図的に）しない。しかし、この講座は完全に構造化されており、その概念は、この部分とこの部分で体験され、講座の最後で「あー、そうだったのか」と分かるような仕組みになっている。逆に言うと、ワークショップの進行中は、ちょっと分からなくてイライラすることもあったりする。しかし、彼女が意図的にやっているこの構造は、「ヒトが学ぶとはなにか」「どういうときにヒトは学ぶのか」の力学を深く理解して行われている。

この本の収録は、二〇〇六年八月に行われた。初版は二〇〇八年七月だから、その間、私はなにをしていたか。二年かけて編集しました、といえば格好はいいが、そうではない。実は一年半の間、この収録内容のあまりのハイブロウさに怖れおののいていたのだ。この本の編集を始めたら、どういうことになるのか、私自身が一番よく認識していたから。容易に想像し得るその、有無を言わさぬ、こてんぱんな仕事量に、始める前から打ちのめされていて、しばらく手をつけられなかった。収録をご存知の皆さまからは、「ああ、あの本はもう出ないのね」と思われていたことも耳に届き、募る罪悪感……。実質、最後の六カ月で編集したことになる。

その六カ月間は、なんというか、まるでニューヨークで難事件を解決しなければならない日本人の探偵のようだったかもしれない。ひとつずつ調べ上げ、「英辞郎」を引きまくり、英文サイトをグーグルしまくって、相手を追い詰めていった。ほとんど日本語のサイトは、この本の助けにはならず、英語サイトの方が役立った。しかし英語のNLPサイトでもなお、ホール博士のおっしゃる概念が説明されているサイトはほとんどない。つまり彼女のNLPは、オリジナルな側面が大変大きいのだ。

実は私は、インタビュー当日三日間、特に後半だが、博士がお話しになったことの数十パーセントしか理解できなかった。読者にはまったく意味不明なことかもしれないが、質問者自身がよく理解できなかった……（恥）。もちろん通訳の大空夢湧子さんは、同時通訳もできるプロ中のプロであるが、言語学関連のコンセプチュアルな話題と専門用語の嵐で、通訳しにくかったはずだ。しかし、私がここでウダウダ言う前に、皆さんがこの本を読み終わったときに、「この本のどこがむずかしいんだ、一体？」と思っていただけたら、それは編集がうまくいった証拠です。毎週末の編集の間中、著者クリスティーナさんのお考えが少しずつ私の頭のなかに流れ込んでくるのを感じることができた。こうやって人は、他の人が発見して体系化した考え方を学ぶのであろうと感じられた。

世界的にも貴重なクリスティーナ・ホール博士の「言葉のワークショップ」は、欧州などだけで行われており、日本では行われてこなかった（その前に彼女から学ぶべきことがたくさんあった）が、この本が出るタイミングで開催が決まり、日本でもその全貌が体験できることになった（全六日間予定)。これほど喜ばしいことはない。この本がひとつの重要なテキストになるだろう。また、この本がオリジナルの英語に訳し戻されて、世界の人々に届けられる機会があれば、さらに喜ばしいことだと思う。

私のような、分からんちんの本づくりを、辛抱強く見守ってくださったクリスティーナさんに心から感謝したい。また、この本の製作にご協力をたまわった通訳の大空夢湧子さん（最後まで追加資料の翻訳などにご尽力いただいた)、粗編集の細見さん（テープ起こししたものをまとめるだけでも一大事業)、皆さまのご協力のたまものが、いま出版されました。世界への貢献ともいえるこの本が世に出たことで、皆さまのご苦労が少し報われたかもしれません。深く感謝したいと思います。

二〇〇八年七月

喜多見龍一

目次

カバーイラスト◎星野哲朗

言葉と認知

2006.08.21.Tokyo

喜多見　私は映画が好きで、『2001年宇宙の旅』（原題『2001：A Space Odyssey』）という映画を観て感動したことを覚えています。その中にこういうシーンがありました。猿が森から出てきて直立歩行、二足歩行になった。そうすると前脚、つまり両手が空いたので、その両手で落ちている動物の骨を拾って、石か何かを叩くというシーンです。

クリス　ずっと前に観ましたけれど、私もかろうじて覚えています。

喜多見　あれが、道具の「概念」が生まれた瞬間だったのではないかと思うのです。

クリス　長い間、人間（ヒト）を他の動物と区別するものとして道具という存在が重要視されてきました。ヒトだけが道具を作り、使うことができると。ところが何年か前に、チンパンジーが木の穴に小枝を突っ込んで虫をとることが発見されました。それによって、動物学者や文化人類学者はヒトの定義をもう一度検討しなければならなくなったのです。ここで疑問があります。では、チンパンジーは小枝を使って虫を捕まえようとしていたときに、はっきりとした意図を持ってやっていたのか。「意図」があるのかどうかが重要となってくるのです。

言語の誕生は自然発生的ではないと私は思っています。ヒトになりかけている猿人たちがいて、彼らがある種の行程を経るなかで、言語というものが生まれてきたのでしょう。たぶん、「もっとコミュニケーションをしたい」という意図があって誕生したものではないかと。動物同士は常に非言語的な形でコミュニケーションをし合っています。それに対して、ヒト、人類にはもっとコミュニケーションしたい、より正確にコミュニケーションをしたいという意図があった。単に、「あ、あ」と声を発して、ある方向を指すだけでは満足できなかったということです。どのくらい影響があったのかは、まだ研究者たちにも分かってはいませんが、私は「意図の力」が言語の発生にかなり影響しているのではないかと考えています。

喜多見　これも映画で観た場面ですが、三重苦のヘレン・ケラーが、冷たい水が指の間を流れ落ちるのを感じて「ウ・オー・ター……」と発声するのです。あれも非常に美しい瞬間だった。そこにもやはり「意図」（インテンション）が非常に深く関わっています。

クリス　ヒトは、進化する過程で意図がどんどん高まってきたのだと思います。あらゆるものはその必要に応じて、つまりニーズ（必要）があることによって新しいものが誕生したり、改善がなされたりするわけですが、ヒトは常に、もっと意思伝達をしたいというコミュニケーションのニーズを持っていたのだと思うのです。そして、コミュニケーションの中である種の同意がなされてきた。たとえば、「これを水と呼ぼう」とある人が言い始めて、人々が「ああ、これが水ね」と同意することによって、あいまいだったものが明確になってくる。ジェスチャー、動作だけではそのあいまいなところをより詳しく伝えることができませんから。つまりヒトには、よりコミュニケーションしたいというニーズがあった。そして、その根源にあるのが、「理解したい」というニーズです。ヒトは、世界を理解したいというニーズ（願望）を強く持っていたのです。言語とは、世界を理解するためにヒトが同意したひとつの道具なのだと思います。

喜多見　私たちのまわりには、今では当たり前のように言葉があって、それは空気があるのと同じぐらい自然なことになっています。ものを考えるにも、私たちは実は頭の中で言葉を用いて考えていますが、意識的に使っているわけではない。ほとんど自然に自分の中で話しているだけとも思われます。

　では初めに、クリスティーナさんの子供のときの印象的な言葉との出会いがありましたら、少し話していただいて、この本を始めていきましょう。

クリス　最初の記憶は五歳より前ですね。テレビのない時代で、母がラジオで番組を持っていました。『ゴールデンレディー』という名前で。毎晩、一時間、子供向けの物語をお話しするのです。覚えているのは、母が家でその準備をしている姿。彼女が準備するのを見たり聞いたりするのが面白くて。原稿を見ながら、いろいろなセンテンスの読み方を変える練習をしていました。

声のトーンをいろいろと変えて読んで、それから原稿に印をつけていきます。その頃の私には意味がよく分かりませんでしたから、母親に「何をやってるの？」と聞いたことがあります。四歳でしたか、おしゃまな子供で、ときには生意気すぎると言われたこともありましたが（笑）。

原稿の文章や強調したい言葉の下にアンダーラインを引き、少し止まりたいときに、そこには……印をつけます。少しトーンを上げたいときは上向きに矢印、トーンダウンは下向きに矢印。今、私もそうしています。母がそうしていたのを何年か見ていたのですが、「なぜこうするのかしら？」といつも興味深々でした。ある日、「そんなに興味があるのなら、見せてあげるわね」と母が言ってくれました。

まず、彼女がそのストーリーの一行を読みました、棒読みで。次に印を見ながら読むのです。言葉を句読点でどのように切るか、間ですよね。またトーンを上げたり下げたり、声の抑揚によってさらに意味を深めていく、意味を加えていく方法をやって見せてくれました。つまり、非言語ではないけれども、言葉によってコンテクスト*（言葉の背後にある意味。文脈）を形作っていく。たとえば、本を読むときを考えてみましょう。そこにはトーンも何もなくて、ただ一連の言葉があるだけです。どうすれば、「コンテクストを形作る」ことによって、単なる言葉以上の意味を伝えることができるでしょうか？　つまり、句読点がありますよね。疑問符だったらトーンを上げるとか、

＊<コンテクスト(Context 文脈、背景、状況)>
言葉や文章がもつ、そのものの意味だけでなく、それらの背景に込められた意味、文脈。たとえば「リンゴ」は「ヘルシーな果物」であるが、白雪姫の中では「毒」であり、聖書的解釈では「原罪のイメージ」でもある。別の例。若い男性が若い女性に「今度の休日に夕食を一緒に食べよう」という言葉には、しばしば、夕食を食べる以上の「あなたと仲良くなりたい」という文脈を込めているし、それを受け取る側も「あー、このひとは私と付き合いたいのね」という受け取り方をする。お互いに、実はその「文脈」でコミュニケートしている。

……印を使うとか、それらによって意味を深めていくことができます。それが私の最初の、言葉にとても魅了された経験でした。言葉をどのように伝えるかということに魅了されたのです。

六歳のときですが、もっと凄いことがありました。クリスマスのころになると、母はいつもある物語をラジオでお話ししていました。それはクリスマスの番組の数週間前のことでした。母が私に、「お母さんと一緒にあなたもお話を語ってみたい？」と聞いてくれたのです。当然びっくりして、「えっ、私が？」と聞き返しました。ちょっと怖かったのです。ラジオに出て話すことが。でも母は安心させてくれて、「もちろん私も一緒に出るわよ。一緒にやりましょうね」と言ってくれました。そしてこう続けました。「じゃあ、あなたが物語を選ぶのはどう？　あなたの大好きな物語を一緒にやりましょう」と。

当時私は言葉のことはあまり知りませんでしたが、覚えているのは、母が「一緒にやりましょう」、そして、「あなたが好きな物語を選びなさい」と言ってくれたことによって、自分は大切な人間なんだなと思うことができた、ということです。

もうひとつ私が受け取ったことがあります。六歳ですから、あまり意識はしていませんでしたが、私ならできると母が「信頼してくれた」ということが印象に残っています。たぶんクリスマスまで一カ月ぐらいあったと思います。「一緒に練習しましょうね」と母は言ってくれました。興味深いことに、私もこのことはずっと長い間考えていなかったのですが、今考えてみたら、母はまったく違う言い方をすることもできたはずです。たとえば「初めてだから、きっと怖いでしょう？」などと。母にそう言われたらたぶん私は怖いと思ってしまったろうと思います。また母はこういう言い方もできました。「あなたは今まで一度もやったことがないのだから、正しいやり方を私が見せてあげなければいけないわね」と。

よく先生がそういう言い方をしましたし、もし母がそういう言い方をしたら、私はとても怖さを感じ、神経質になって、「間違えてしまうのではないかしら」と心配してしまったと思います。でも彼女は、言葉に対する気づきが高く、言葉が人の意識に影響を及ぼすことができる、と知っていたのです。ですから、「もちろん私はできるわ」と感じることができました。そして「一緒にやりましょう」と言われて、これは楽しいものだと思えたのです。

あの経験は私にとって大変パワフルで、それからの人生を変えてしまうほど大変重要なものだったと思います。そして、はっきり意識しないながらも、言葉というもの、そして言葉の使い方に興味を持ち始めました。その結果として、私は、本を読むことがとても好きになったのです。

こんなことを覚えています。私はロサンゼルスで育ちましたが、あの地域は夏になると夜九時や九時半にならないと日が沈まないのです。私は暗くならないと眠くならなかったのですが、母は七時半になると、「もう寝なさい」と言います。眠くなくても母には「ノー」とは言えません。ノーと言ったらどうなるかを私はそれまでにいろいろな場面で学んでいましたので（笑）。それで私はいつも、枕の下に本を置いていました。

いつも眠くなるまで本を読んでいたのですが、今もはっきり覚えているのは、言葉を読むとはっきりとイメージ（絵）を思い描くことができたということです。私は、別の国で別の時代に起きた物語を読むのが好きでした。言葉から、映画のようにイメージが出てきて、言葉から触発されるイマジネーションによって、どこにでも旅することができたのです。

もちろん読書はそれからもずっと続けていますが、そうした経験から私が文字通り学んだのは、言葉のパワーです。「想像力を使って経験を作っていくことができる」ということです。言葉には、文字通り「世界を作る力がある」。そのことが私の中で深く理解できました。私の場合は、その結果としてとてもおしゃべりな子供になっていきました。非常に好奇心が強く、質問をよくしました。私の父母は高い教育を受けていて、幅広く読書をしている人たちでしたが、私はよく質問をしました。親が出してくれる答えから私はまた想像力を膨らませ、さらに別なものを作り出していました。新しい経験や新しい理解を作っていくことができたのです。

母に次のような質問をしたのを覚えています。

「すべてのことを知っている人はいるの？」

ロサンゼルスの『デイリーミラー』という新聞の中に、ASK ANDY（アンディに聞いてみよう）という子供のためのコーナーがありました。子供が不思議に思ったことがあったら、そこに質問をするという企画です。父が提案してくれたんですね。「じゃあ、アスク・アンディのコラムに質問を出してみたら？」と。記者が質問を選んでくれると賞品がもらえます。私の質問で賞品がもらえるなんて夢にも思っていませんでしたが、私はとにかく答えが知りたかったのです（笑）。

すると、奇跡が起きて私の質問が選ばれました。うちに記者たちがやってきて、私は写真を撮られ賞品ももらいました。確か百科事典だったと思います。素晴らしい経験でした。私はそこからふたつのことを学びました。もちろんそれは意識していたわけではありませんが、同様の経験にそれが積み重ねられていったのだと思います。ひとつ目は何かというと、**「質問には目的がある」**ということ。ふたつ目は、**「質問をしてもいいのだ」**ということ。**質問は経験をより豊かにすることができる、理解を深めることができる、何か新しいことを学ぶことができる、**ということを学びました。

もうひとつ、言葉に関するとてもパワフルな経験があります。先ほど言いましたが、私の小さいころはテレビがなかった。テレビができたのは私が七歳か八歳のころでした。でも、母はずっとテレビを買ってくれなくて、わが家にテレビが登場したのは私が大学に入ってからでした。ですから子供のころはラジオが大きなイベントだったのです。毎週日曜日、夕方四時〜七時ごろでしたか、ラジオで私にとって特別の番組がありました。ラジオに耳をすりつけるようにして聞いていたことをはっきり覚えています。このとき私は言葉を聞いて、それればかりでなく音響効果も聞いて、私の頭の中で映画を作っていたのです。

当然、小さいころはまったく自覚していませんでしたが、こういった経験のすべてが大変パワフルで、言葉に対する感謝の気持ちや深い理解を私の中で育んでくれました。本やラジオ、そして母と一緒にしたストーリーテリングの経験を通して、私の中で開発され、より豊かになってきたのが「想像力」と「思考のプロセス」です。私の後のジェネレーションはまさにテレビ時代です。テレビがベビーシッター代わり。これは現代社会の問題点のひとつですね。私のめいがわが家に同居していたことがありました。彼女は十三歳で、私は自分が若かったころのことを話していました。彼女に言ったのは、「私が七歳か八歳になるまではテレビはこの世になかったの。そして、テレビが発明されてからもわが家にはずっとなかったのよ」。「えっ！　おばさん、テレビがなかったの？　じゃあ、一体何してたの？」って。大笑いしました。

私が何をしていたのかというと、遊んだり、ゲームをしたりすることで、言葉というものを発達させていたのです。現在ではもちろん、私もときどきテレビを見たりはします。しかし、テレビは、言葉に引き込まれることもなく、私たちの想像力をかき立てたりもしてくれない。本やラジオに置き換わるものではないのです。置き換わったとしても、必ずしも経験をより豊かにしてくれるものではありません。だから、めいっ子はいまだにあまり読書をしません。アメリカでは、特にテレビが登場してからは、どんどん本離れが進んでいます。

読書とラジオは、私の想像力を発達させるのを助けてくれたのだと思います。もちろん、使い方にもよりますが、テレビにはそれができません。テレビは人に代わって絵を見せてしまいますから。わが家のライブラリーには本当にたくさん本があって、百年かかっても読み切れないぐらい。私はきっと「楽観的」なのですね……（笑）。

現在は、学習を促進する音楽というものもあります。音楽は右脳を使う。それに対し学習は左脳的なもの、言語を使っていく作業です。ですから学習する際に、音楽によって右の脳にアクセスさせると学習効果が促進されるようですが、私はどういうわけかバックグラウンドに音楽をかけていると気が散ってしまうのです。

音楽では情緒的になってしまう。自宅で、たとえばパソコンで質問を作ったり、原稿を書いているときには、テレビのトーク番組をかけます。

喜多見　それは邪魔にならないのですか？

クリス　邪魔になりません。音楽が邪魔になるのです。

喜多見　そうですか。それはちょっと違うな、私と。

クリス　音楽の方に、右脳に……。

喜多見　入ってしまう。

クリス　そうです。ですから、休憩するときは音楽をかけますが、パソコンに向かっているバックグラウンドにトークがあると、人と一緒にいるような感じがする。私にとって「教える」というのは、人が相手なのです。常に相手がいる。バックグラウンドにトーク番組があると、パソコンを相手にしているという感じがしなくなるのです。

喜多見　私はカルロス・カスタネダのドンファン・シリーズが大好きで全冊読みました。その中で、ドンファンはヤキ・インディアンというネイティブの設定ですが、彼らが言うところの「注意力」――これは原文ではアテンション(Attention)――ですね、「注意力で世界は保たれているに過ぎない」とドンファンが言っています。私は言葉もそうだと思うのですが、言葉を発するとは、その言葉が意味する対象に「アテンション」（注意力）を注ぐことで、その言葉が表す世界を「立ち上がらせる」ことだと思います。逆に言うと、私たちは言葉の注意力を使って世界を立ち上がらせたり、しぼませたりすることができることになります。

私たちを取り巻く現実とは何であるのか、現実をどうやって私たちは認知、認識しているのだろうかということについて、こうした考え方から話していきたいと思います。

また映画の話になりますが、『トゥルーマン・ショー』という映画がありました。私もときどきこういう感覚になることがあるのですが、人生をまるで映画のセットの中で起きているかのように感じることがあります。ハリウッドの映画のセットのように、町並みは実はベニヤに描かれている絵だったり、自分のまわりにいる人たちは実は役者さんだったりするという、そういう考え方です。あの映画の中では、ある主人公の男性が「この世界は変だ」と思って、海にボートでこぎ出す。水平線の彼方まで行くと、ごつんと書割の空にボートが当たってしまう。世界のへりに。

この映画の中の主人公も、もし万が一そのことを知らないで、自分のまわりが全部役者さんであろうと、町が書割であろうと、それを信じている限りにおいては、その世界、つまり映画のセットは本当にリアルな世界であるわけです。『マトリックス』という映画でも同じようなことが描かれていますが、このように私たちの頭の中にある世界と外にある世界というふたつの世界がある、と考えられます。また別の映画では、ある特定の個人の体験を、小さなディスクに収録するという技術が開発されていて、そのディスクをウォークマンのようにしてヘッドセットをつけて再生すると、その体験があたかも自分の体験であるかのように認知されるという場面もありました。

未来のある日、「そういえば昔、僕たちって三次元で体験していたよね、野蛮だったね」なんて思い出すような時代が来るのかもしれない。それはすごく嫌な世界だと私は思いますが。

クリス　ちょうど私たちが百年とか二百年前の文明を思い出して、「あの時代はずいぶん遅れていたね」と言うのと同じですね。

喜多見　先ほど、子供のときの言葉の体験の中で、ラジオや読書が作り出すイマジネーションの話をされましたが、イマジネーションというものはインターナル（内的）な認識の世界ですね。僕たちが世界を認識して、それを頭の中に取り込んで、またあるとき、時間をおいてそれを引き出すという、その一連のプロセスについて、どのように僕らはやっているのかを、ご説明いただけないでしょうか？

クリス　先ほど、カスタネダの話が出ましたが、私もいつもトレーニングのテキストにカスタネダの引用を入れています。そこにも、私たちのアテンション（注意力）の持つ力についての話が出ています。注意力をどこにフォーカスするのかについて彼は書いています。その注意力を、どのように、どこに向けるかということが、私たちの経験の土台になっています。「呪師になる――イクストランへの旅」の抜粋がテキストに掲載されているのですが、そこでは**「注意力をどこに向けるかに従って、あなたの内的世界が形成される」**ということが説明されています。同時に、注意力がどのようにあなたの外的世界への知覚に影響を及ぼしているのかも。

カルロス・カスタネダが伝えようとしていた考えのひとつは、**「知覚は現実の鏡である」**ということです。知覚とは私たちの意識（マインド）のひとつの状態であって、それが（現実として）外に映し出されるのだ、と。そして、カスタネダはこう言います。「私はドンファンが思っている以上に神経質で無能なのだ。いつもそういうふうだったんだよ」「変わりたいんだけど、どうしたらいいか分からないんだ。ぜんぜんだめなんだよ」

「お前が自分を堕落しとると思っていることはわかってたさ」とドンファンは言います。「それがお前のすることなんだ。そのすることに影響を及ぼすために、ほかのすることを学ぶのを勧めるな。これから八日のあいだ、自分に嘘をつくんだ。自分は醜くて、堕落していて、だめな奴だと本当のことは言わずに、嘘をついていることやまるで絶望的だってことを知りつつだな、自分は完全にその逆だ、と自分に言い聞かせるのさ」

「でも、そんな嘘をつくことの意味はなんなんだい、ドンファン？」

「そうすれば、お前は別なすることにひっかかるだろうし、両方のすることが、嘘で現実じゃないってことを悟るだろうからさ。それにひっかかってても時間の無駄だってこともな。なぜって、ただひとつの現実ってのは、それはお前のなかにあっていずれは死ぬものなんだからな。それへ到達することが、自分のしないことなのさ」（「呪師に成る――イクストランへの旅」カルロス・カスタネダ著／真崎義博訳　二見書房刊）

つまり、どこに注意力を向けるか、そこに仕掛けがある。私たちは自分を惨めにすることも、自分を強くすることもできる。それにかかる労力はどちらも同じです。ここで彼が言っているのは、そのどちらを自分に言い聞かせても、それは真実ではない。それはどのように私たちが自分に言い聞かせているのかの「反映」に過ぎない、ということです。

「では、現実とは何なのか」という質問。これは、大変面白い質問です。哲学者や数学者、多くの人々が大昔から探求してきた問題で、哲学的な議論が含まれています。私が一番興味を持っているのも哲学的な部分です。でも、トレーニングでは、より実用的な形で提示したい。実用的というのは、つまり、私たちがインターナル・マップ*（内的地図）をどのように作り、それによって私たちの考え方や振る舞いにどのような影響が及ぼされるのかという意味です。

先ほどの質問は、いわゆる「現実」をどのように私たちが「意識的に認識」

＊<内的地図(Internal Map インターナル・マップ)>
NLPは「内的世界」（私たちの意識の世界）と「外的世界」（私たちを取り巻く、いわゆる現実）の関係性のシステムを扱う。たとえば、[1]「外的世界→内的世界」（私たちがどう現実を認識しているか）、[2]「内的世界→外的世界」（私たちの意識がどう現実に影響するか）ということがあるが、[1]のケースで、外で起きたことを内的に収納するとき（認識するとき）、私たちは、外の現実に対応する「内的地図」を意識のなかに作る。しかし（内的）「地図」は「土地そのもの」（外で実際に起きていることそのもの）ではない。

しているのかということですよね。**私たちは基本的に「言語」を使って現実を認識します。**また、**私たちは言語を使って現実を「創造」するのです。**私たちは基本的に、意識というものを言語を通して理解しています。私が使いたいと思っているモデルのひとつは、「リビング・システム」*の考え方です。

複雑になるので、注意しながらお話ししていきましょう。なぜトレーニングの中で「言語」を扱うかというと、私たちは現実を形作っていく最初のツールとして「言語」を使っているということを人々に理解してもらいたいからです。先ほどおっしゃったように、人は言語を当たり前のように思ってしまう傾向があります。私も同感です。海の中の魚が水を理解できないように、人間は言語を当たり前に思ってしまう。私自身の理論ですが、私たちは基本的に、「無意識に」言葉を覚えるのです。まわりの人が使っている言葉の「音」を繰り返すことによって言葉を覚えていきます。小さな子供は最初、ある言葉を繰り返します。音をどのように出すかということを考える必要はありません。聴覚と話す力があればできるのです。音を出すという部分はコンピュータでいえばハードの部分で、配線がつながっています。ですから、自然にその部分は発達していくのです。

＊<リビング・システム（Living Systems 生命システム）>
ジェームズ・ミラー（James Grier Miller 一九一六-二〇〇二年）の著作「リビング・システム」（Living Systems 一九七八年）で提唱された考え方。一個の細胞から宇宙に至るまでを記述したこの本は千ページ以上にわたる大著（日本未訳）だが、著者がここで参照しているのは人間の「言葉と思考、行動、現実との関わり」について記述している部分。NLPの根本的で重要な考え方が既にここで語られている。以下、著者ホール博士による解説。言葉は「一次的体験」（外の世界を感覚で知覚した体験そのもの）ではないが、私たちにとっての「現実」である「体験」を創り出すための最初の道具である。私たちが「経験」を記述するのに使う「言葉」は「二次的レベル」（脳に格納する表象のレベル）での内的なプロセスそのものである。つまり、私たち人間の世界認識のプロセスは、外の世界を感じ取った感覚器官からの情報（プライマリー）を、「言葉」として意識に内在化させる（セカンダリー）というシステムになっている。＊169ページ参照

もちろん最初の段階で、子供は言葉の意味までは理解していません。時間がたつと、子供はまた別のことを学びます。たとえば、あるコンテクスト（文脈）の中で、ある表現や言葉、振る舞いが起きるのだということを学ぶのです。これが言語を学んでいく場合に大変本質的で重要な部分です。言語がどのようなコンテクストの中で使われるのか。このコンテクストによって私たちは、その言葉の意味、それはひとつとは限らず複数の意味があることを学んでいきます。

ある例があります。女の子が部屋の中に軟禁されてしまった。まだ言葉を知らないころから九年間ぐらい軟禁されていたからです。そこにはラジオしかなかったので、彼女はいつもラジオを聴いていました。そして、彼女は話すということを学びました。ただし、ディスクジョッキーのような話し方をするのです。彼女は完ぺきに言葉を繰り返すこともできましたが、意味は分からない。というのは、**その言葉が使われるコンテクストの外側でその言葉を学んだので、意味を理解することができなかったからです。**つまり人とのかかわり、交流がまったくないところで学習すると、ある言葉が使われる背景、状況を理解することができないため、その言葉がどういう場面で使われるのかが、分からない。言葉の意味を理解する機会がまったく与えられないと、言葉を言葉として使うことができないのです。このことからも分かるように、私たちは明らかに、言葉を学ぶように配線がつながっている。体の仕組みがそのようにできているのです。

私の親はアメリカ人で、英語を話していましたが、たとえば、親が宣教師で私が中国で生まれたとしましょう。私が中国で長く育って生活したとしたら、たぶん私は中国語も話したでしょう。興味深いことです。言葉は人とのかかわりによって学ぶからです。**言葉はコンテクストの中で学ぶことが大切なのです。**

もうひとつの重要なポイントは「反復と関連づけ」です。つまり、コンテクストの中で、どのようにそのことと自分が関係しているのかを学習することで、言葉は学ばれていきます。私のおいに双子が生まれて、その双子に会いに行ったときのことです。その母親は、ご飯を作っていました。女の子は三つぐらいだったと思います。もう既に話すことができました。女の子は、お母さんが昼食や夕飯を作るのを何度も何度も見てきています。お母さんはよくサラダの中にニンジンを入れていました。お母さんが戸棚からボウルを出します。するとその子が「サラダボウル」と言ったのです。女の子はもう知っていたのです。そのコンテクストの中で、お母さんがあのボウルを出したときは常にサラダを作るのだということを。

もうひとつ、面白いことに私は気づきました。お母さんが冷蔵庫に行って、ニンジンを出しました。女の子はもうひとつのキャビネットのところに行って、料理の道具、グレーター（おろし金）を出しました。というのは、サラダボウルがあって、ニンジンが出たときには、お母さんはいつもニンジンをおろしていたんですね。だから、グレーター（おろし金）という言葉も彼女は知っています。それはニンジンと関連がある、サラダ、サラダボウルと関連があると。それらの言葉や行動を彼女は基本的には（母親の）「モデリング」（外の世界をまねて学習すること）によって学んだのです。ひとつの出来事は、ある状況、ある文脈において起きるのだということを学んだといえます。基本的に私たちは、物事の意味を学習します。それは私たちが生活している文化の中で教えられるのです。たとえば、**現実的に、ある文化で何かが「存在していなかった」ら、そのもののための言葉も存在していないはずです。そして、その人たちの思考の中にはその概念（コンセプト）も存在していません。**私はそれをとても面白いことだと思っています。

ドキュメンタリー番組で見たのですが、探検隊がアマゾンに行って、そこに住んでいる先住民の部族に初めて出会ったときのことです。文化人類学者の一人が鏡を持っていました。私たちにとって鏡は普通に存在しているものです。しかし、先住民は最初に鏡を見たとき飛び上がって驚いていました。そして、次に一人が鏡の後ろへ行って、一体誰がそこにいるのかを確かめようとしたのです。つまり、自分の姿を見ているということが分からなかった。別の人が向こうにいるのだと思ったのです。私が大変面白いと思うのは、その文化の中で何かが存在していないときには、その言葉もなければその概念もない。つまり、それが何なのか、どういうものなのかも分からない、ということです。

私たちはどのように言葉を使って現実を作っているのか、の気づきを高め、理解を深めるために使うモデルがあります。基本的に、私たちは感覚的なデータを感じます。つまり、見たり、聞いたり、感じたり、臭いを嗅いだり、味わったりという一次的なデータがあるのです。そのことを私たちは、一次的体験*（プライマリー・エクスペリエンス）と呼びます。このレベルの体験は、私たちの意識とは独立して存在しています。たとえば、この部屋の中で

＊<一次的体験（Primary Experience プライマリー・エクスペリエンス）/二次的体験（Secondary Experience セカンダリー・エクスペリエンス）>
NLPの基本概念。外の世界（いわゆる現実世界）を私たちの感覚器官が感覚刺激（VAKOG 五感）として脳に送ったもの、まだ言語化、ラベル化（何であるかの認識）がなされていない体験を、一次的体験（プライマリー・エクスペリエンス）と呼ぶ。私たちは、その一次的体験を、内的世界（意識世界。脳内）に格納するときに、その無名の感覚刺激に、通常、言語でラベリングし、名前と認識・判断を与え、二次的体験（セカンダリー・エクスペリエンス）として格納している。言語でラベリングされるとき同時に、良い悪いではなく、「必ず」、削除・歪曲され、「一般化」が起こる。つまり二次的体験は、一次的体験そのものではない。一次的体験は、プライマリー・レベルで起こり、NLPでいう「土地そのもの（テリトリー）」 ともほぼ同じ意味。二次的体験は、セカンダリー・レベルで行われていることであり、NLPでいう「地図（マップ）」とほぼ同じ意味合い。

＊<感覚データ（Sensory Data　センサリー・データ）>
毎瞬毎瞬、私たちを取り囲んでいる、私たちの五感を刺激している出来事。毎瞬数十億ともいわれるこれらの無数の感覚データのすべてを、私たちは感じることはできず、その中から意識をフォーカスしているものだけを取得している。プライマリー・レベルで起こっているこの感覚データは、私たちによって常に「選択」されている。

も、同時にたくさんの感覚データ*（センサリー・データ）が起きています。でも私たちは、そのデータすべてを自覚することはできません。最近のリサーチによると、どの瞬間においても、その瞬間には何十億ものセンサリー・データがあるといわれています。

少し話が脇にそれますが、面白いドキュメンタリーがあります。すべての知覚に関することなのですが、『What the bleep do we know?』というドキュメンタリーです。

喜多見　ブリープとはどのような意味ですか？

クリス　テレビで言ってはいけないことを言ってしまったときにビービーと音が出ますよね、あの音のことです。「一体私たちは何を知っているのか？」という意味なのですが、強調するための言葉です。とても面白いですよ。物理学者などが、さまざまに現実とは何なのかという話をしています。そのドキュメンタリーが扱っているのが一次的体験です。**このレベルでは、基本的に私たちは受け取るだけなのです。**

喜多見　その考えをもう少し具体的にしてみると、たとえば、今ホテルの部屋にいます。窓からは光が入ってきて、エアコンは少し音を立てているというような、いくつかのことを僕らは感じることができますけど、でも実際は、さっき何十億とおっしゃいましたが、ベッドの下でも部屋の隅でも何か起きているかもしれないし、いろいろなことが起きていると。それを全部が全部、僕らは感じることはできない。起こってはいるが感じられないということですか？

クリス　これは学説でもあるのですが、**私たちが認識していようがいまいが、感覚的な体験そのものは存在しています。**

喜多見　体験は常に存在していると。

クリス　これも、注意をどこに向けるのかという問題なのです。たとえば、私は、あなたがおっしゃるまで窓から光が入ってきているということに、まったく注意を向けていませんでした（笑）。このレベルの体験は、「まだラベリング*されていない気づき」です。ですから、私たちはここに座っていて、本当にたくさんの感覚的体験はしているのですが、それらは、脳の中では何の意味も与えられていない。つまり、それらは脳の中では「ラベリングされていない気づき」なのです。脳が「体験の世界」を形作り、そしてそれを「メンタルマップ」という形にするということです。別の言い方をすると、ここで私たちは今座っています。さまざまなことを感覚的に体験しています。それが脳にどのように伝えられるかというと、私たちは、ラベリングすることによって意味を与えているのです。このレベルの経験は、二次的体験*（セカンダリー・エクスペリエンス）と呼んでいます。ここで言語が入ってきます。このレベルの経験が存在するのは、意識があるからです。私たちの意識があるので、その経験に「ラベルづけ」をすることができる、「意味」をつけることができる。このラベルは、基本的に言語です。「言葉がラベル」なのです。

このラベルづけの経験はとても面白い。先ほどの三歳のめいっ子とニンジンの話がそれです。私たちが使うラベルは、基本的には「メンタル・コンストラクト*（脳内の再構築物）」です。私たちが意識するからこそ、そのラベルは存在しています。基本的には、言葉でラベル化されたものは、私たちによって「同意されている」ものなのです。たとえば、アメリカで「キャロット」と呼ばれている野菜は、日本では「ニンジン」と呼ばれ、それが何を意

＊＜ラベリング（Labeling）＞
ラベル化は私たち人間が、判断も評価もなされていない生の一次的体験を、そのまま内的世界に取り込むことができないため、体験を「言語化」し、ラベルをつけて、脳のなかに格納することを意味する。このラベリング（＝言語化）の瞬間に、言語の機能として、同時に削除・歪曲され、「一般化」が起こる。しかし博士は、このラベリングが「悪い」と考えてはおらず、これは自動的に起こる作用であり、むしろこのラベリング機能を使って、同じ出来事に「別の」ラベリングを行うことによって、認知と行動を変えることができる、と語っている。

味するかは皆が同意しています。二次的体験は、脳が一次的体験を受け取って、それを再び外の世界に「表現」していくときに使われます。というのは、私たちはその体験を、ただためておくことをせず、必ず、「これがニンジンである」と他の人にコミュニケーションし、表現していくからです。

このプライマリー・レベルでは、本当にたくさんの感覚データが存在しています。もちろんそれは、私たちがどこに注意を向けるかによりますが。というのは、どんな瞬間でも、私たちはそこで起きているすべてのことに注意を向けることはできないからです。つまり、処理の工程で私たちはどこに注意を向けるかによって、何かを選択し、何かを削除しています。この意味で、**知覚は常に「選択的なプロセス」なのです。**情報が削除されたら、次に「歪曲」が出てきます。歪曲とは、そのデータの「解釈」をするということです。

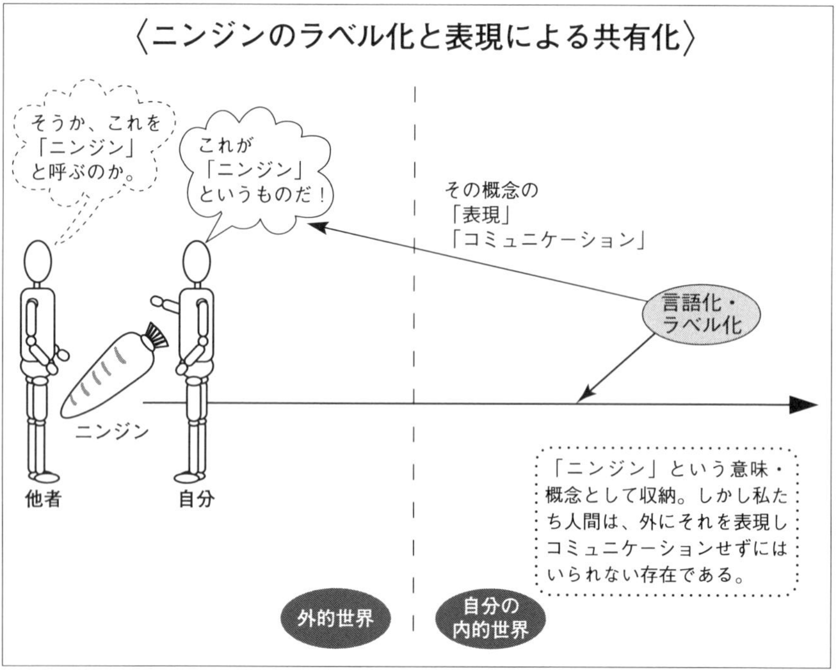
〈ニンジンのラベル化と表現による共有化〉
そうか、これを「ニンジン」と呼ぶのか。
これが「ニンジン」というものだ！
その概念の「表現」「コミュニケーション」
言語化・ラベル化
ニンジン
他者
自分
「ニンジン」という意味・概念として収納。しかし私たち人間は、外にそれを表現しコミュニケーションせずにはいられない存在である。
外的世界
自分の内的世界

データがまた新しい形で定義される、文字通りリ・プリゼンテーション*（再度表現される）されるという意味です。ラベリングの例を挙げましょう。これはコップ、時計、そうしたメンタル・コンストラクトを使って、私たちがコミュニケーションをしています。同意しているメンタル・コンストラクトがあるわけですが、それを使ってコミュニケーションが可能になるのです。それが私たちが学ぶ「一般化」ということです。

もっとシンプルに言うと、ラベルとは「全体性を説明していくための、ある特定（一部分）の現実」です。（机の上のコップを指さして）私たちはこれをコップと言いますが、コップと言った途端に、コップという言葉がある一連の「関係性」を意味します。あなたの意識の中にも、私の意識の中にも、「コップに関連したある意味」が存在します。たとえば、これはコップではなくてグラスだ。あるいは容器、ホルダーだということもできます。いくつかの呼び名がありますが、呼び名によって私たちがどのようにそれに反応するか、どのように使うのかが変わってきます。

＊<メンタル・コンストラクト（Mental Construct　脳内の再構築物）>
外の世界の出来事を内的世界（意識世界）に「表象 represent」（似姿として再現）するときに、意識内に置き換えて再構成された構造物。これがないと、人間は世界を「認識」できない。それは同時に、一次的感覚データが、「言語化」され、言葉としてラベリングされ、再構成されたものでもある。ここで同時に、削除・歪曲という「一般化」もなされる。人間は表現欲求があり、「言語ラベル」でまわりの人にコミュニケーションするので、その特定の言葉が特定のモノを指し示すのだ、という共有の概念がコミュニティのなかに浸透していく。

＊<表象（Representation リプリゼンテーション）>
NLPの基本概念。Representationの訳は、哲学用語だが意味的に「表象」が一番ぴったりくる。「代表」と訳されることも。外の世界の出来事に、解釈・意味を与え、言葉として意識のなかに「外的世界の似姿」をつくること。つくられたもの。あいまいで感覚的な一次的体験（土地そのもの）を、私たちは言語化して二次的体験（地図）として意識の中、脳内に格納するときに、削除・歪曲などが起こる。

喜多見　これを容器と呼んでいるのは、入れ物、ということに、よりフォーカスがあるとおっしゃっているのですね？

クリス　現実的な例ですが、私は旅行に行くといつもコーヒーのマグカップを買って帰ります。私はカフェラテが大好きなので、毎朝一杯飲むからです。ですから、いろいろな場所で買ったカップがあります。日本ではあの有名な北斎の波の絵のカップを買いました。そのカップを見た途端に、私には、日本での思い出、日本で一緒にいた方たちの記憶が洪水のように想起されます。比喩的な意味では、このカップは私に記憶を呼び戻す「記憶の入れ物」であるといえます。また、ときには流し台にカップを落として、柄が割れて取れてしまうということがあります。でも、私は捨てることができません。思い出があるので。そこで、私はそれに与えるラベルを変えます。当然もうコーヒーカップではありません。取っ手がとれてしまったので、熱くて持てませんから。私はそのカテゴリーを変えて「入れ物」にします。入れ物とは、中

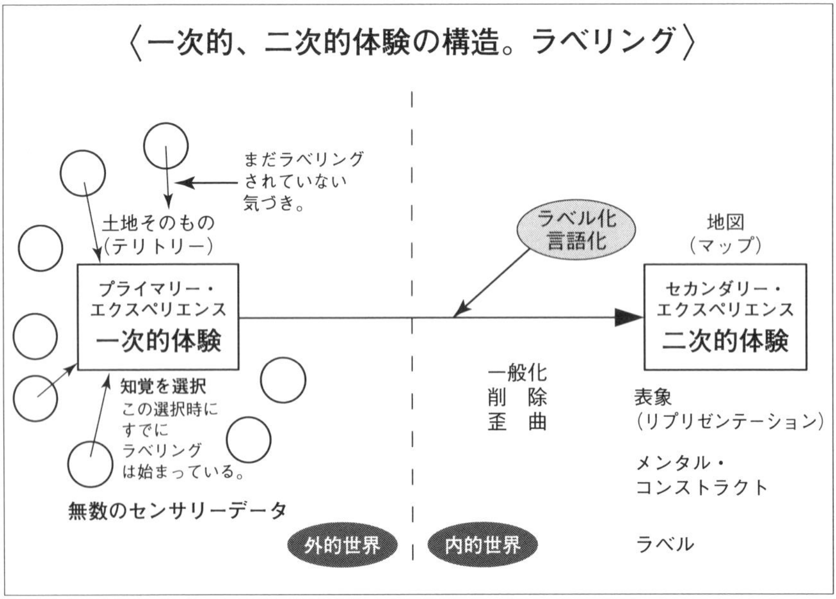

に何かを入れるものであるということを私たちは知っています。「じゃあ、何を入れようかしら」と考えます。私の机の上には常にペンがいっぱい転がっていますから、ペン立てとして使える。または、庭の花を生けるためにも使えます。

喜多見　それは物に対して、リフレーミングしていることと同じですか。

クリス　ラベルというのは常に「一部」の記述です。その時、もう既に私たちは削除のプロセスを経ています。「削除している」とは常に注意をあるものに向けていて、何か別のものには向けていない状態です。つまり、ひとつのコンテクストの「外」にあるのです。どんなものにも普遍的な意味はありません。特定の文脈を離れた、普遍的な意味を持つものはひとつもないのです。少しアカデミックに聞こえるかもしれませんが、実はそうではありません。**普遍的な意味を持たないからこそ変化、変更が可能になることに気づかなければなりません。**ラベルとはひとつの物差しのようなもの。たとえば、マーケットに行ってお米を１kg買いたいとします。1kgの袋詰めを買うことも、１kg量ってお米を入れることもできるでしょう。

つまり、「米」を買いに行くという場合の「米」はまだラベリングされておらず、「１kgの米」という「数量のラベル」を貼るとそれが物差しとなって意味のあるものとなり、使える情報となるのです。それが物差しです。言語による「一般化」を通して、私たちは現実を説明しています。それの意味するところはきわめてドラマチックだと思います。私たちはどんな瞬間であっても、ありとあらゆるものすべてに注意を向けることは決してできないわけですから、ある瞬間に起こった何十億もの情報の中から「削除」、そして「再解釈」というプロセスを経ることによって、その物事のラベルに到達するのです。つまり**あらゆる記述は「部分的」であって、現実には常に記述された以上のものがあります。だから変化を起こすことが可能なのだということです。**

喜多見　こういうことですか？　ここにいろいろなイベントがあります。プライマリー・レベルで何十億のセンサリー・データがあって、その中のひとつに意識のフォーカスを当てます。それは、インテンション（意図）による選択をして、それを言語化している。これがセカンダリー・レベルですね。そのときに削除や歪曲などいろいろなことが起きて、その意味づけがされると。つまり実際に起きていることは中立ですが、認識としては非常に個人的な色づけがされるということでいいですか？

クリス　そうです。そこに主観性が入ります。プライマリー・レベルは客観的です。

喜多見　頭の中にストア（蓄積）された「言語」としての情報をその後で読み出すわけですね。

クリス　**普通、私たちは「意味」を頭の中にストアします。**

喜多見　その意味を後で読み出すときには、意味に既に色がついているので、その色が未来に起こる現実に対して影響を与える、と。

クリス　その通りです。**「意味」が未来を作っている**、といえます。

喜多見　確かにそうですね。ということは、ここでついてしまった色をマネージすることによって望む未来も起こり得ると。

クリス　そうです。意味をマネージすることによって成し得るのです。カラーに例えるのは分かりやすいですね。またこれを聴覚的な言語でいえば、そのトーンをマネージする。これは、意味のマネジメント（管理）のレベルです。心理学では、「自己成就的予言の構造」（Structure of Self-fulfilling Prophecy デマが現実になってしまう等の現象）、催眠では「後催眠暗示」(Post-hypnotic Suggestion 催眠後も暗示が効くこと)と言います。ここで与えられた意味があなたの注意（力）を形成している。つまり、**「意味によって注意をどこに向けるかを指示」するのです。この「意味」が「思考」を形作ります。そして、その思考がこれからどのような振る舞いが現れるかの方向づけをするのです。**

ひとつの例を挙げましょう。クロスワードパズルのトーナメントが行われ(博士は、クロスワードパズルのファン)、決勝戦になりました。上位三人の一人ひとりにインタビューアーが話を聞きました。三位につけていた人がこう言ったのです。「このトーナメントに参加して二十年になりますが、この十年間、私はずっと三位でした」。インタビューアーが聞きました。「そのことが今日に影響を及ぼすと思いますか?」。彼は言いました。「私はいつも三位だったから、たぶん私はこれからもずっと三位なんだと思いますよ」。そのことは受け入れざるを得ないなあ、という感じで言ったのです。まもなく、三人が大きなパズルの前のステージに上って決勝戦が開始されました。すると、その人はなんと終了時間の五分前に終えてしまったのです。このようなトーナメントで五分は非常に長い時間です。終わったときには時計を止めてもらうために手を挙げるルールなので、彼は手を挙げました。そしてなんと、それから彼はパズルをチェックし始めたのです（笑）。もうお分かりですよね。基本的に、行動の順番が間違っています。そして、彼は結果的にふたつのスペースを埋め忘れていたのです。

彼は、手を挙げる前に数秒間でもチェックする時間をとっていれば一位になっていたはずです。しかし、**彼は「言葉によって、自分の意識を形成した」**のです。『自分はいつも三位なんだ』と言ってしまった。だからまた三位になってしまった。彼は英語学の教授ですから、言葉に対する気づきはとても高かったろうと思われます。しかし、言葉について高い知識を持ってはいても、興味を持っていたのはまた別の分野だったのでしょう。つまり、自分がどんな言葉を使っているかによって、自分の未来を形作ることになるのだ、というところには彼は興味がなかった。そういうことなのです。

それぞれの状況によって違いますが、**人の話を聞いているときには、その人がどのような言葉を使うかに注意することによって、その人が頭の中で既に、どのような「特定の未来」を形作っているのかを知ることができます。**

喜多見　私も、ある人と話をするととてもいい気持ちで進むのですが、別の人と話をしたときには、何かネガティブな方へいってしまうと感じることがあります。前者は、意識的か無意識的かは別にして、かなり選択的に言葉を使っている。意識的にフォーカスをして、ある種の言葉の使い方をしているのです。

クリス　私も同じ経験があります。そこで影響を受けてしまうのです。だから私自身も、自分の気分まで沈んでくるような言葉の使い方をする人とは一緒にいたくないと思うようになってしまいます。もちろん、どこを変えたいのか、どこを改善したいのかというテーマで話をすることはできますが、実は「どのような話し方で話すのか」が違いを作っているのです。

私はときどき、ビジネス・コンサルティングをすることがあります。いくつかのグループに分かれて行うのですが、その中には、うまくいかなかったことだけ話し続けるグループが必ずひとつはあります。何日間もうまくいかなかったことを話し続けるのです。そこで、私はこう言います。「大事なことはそこから何を学ぶかです。過去を振り返って、何を学べるか、そしてそれをもとに計画を立てることによって、未来に進んでいくことができるのか、これが大事な質問なのです」と。あるグループは、私がその話をしたときに、「えっ？」といった顔をして、「いや、そんなことをするなんて考えたこともありませんでした」と言うのです。これもまた注意をどこに向けるかの問題です。

喜多見　他人とばかりではなくて、自分の頭の中で自分と会話をしていることがありますね。そのときも意味と言葉で話しているので、どのように話すかによって自分の将来がある程度影響されているということもあります。

クリス　まさしくその通りですね。**頭の中の会話は「物事をどのようにフレーミングするのか」というプロセスです。**

ひとつの例として、誰かが自分自身にあるゴールを設定したとしましょう。**途中で何か予想していなかったこと、計画にはなかったことが起きます。基本的にはそれはひとつのフィードバックに過ぎません。そのときに、その人がどのように「判断するのか」、それが次のステップ（未来）を決めます。**たとえば、時間の中をその人がずっと進んでいます。そして何か計画にはないことが起きてしまう。そこで、自分の中での対話が始まります。その場合、その人がその出来事をどのように「フレーミング」するかには、ふたつのタイプがあります。一人は、「ああ、少しミスをしてしまった」。それで「自分は失敗するに違いない」と考えます。そして、「ああ、失敗してしまったんだ」という結論に至る人もいます。そうなると、「失敗してしまった。もう自分にはこれができないんだ」という評価になります。できないと評価してしまえば、もうそれで終わりです。より良いゴールの方向から離れてしまいますから。

一方で別の人は予想と違うことが起こっても、「うん、これはなかなか興味深い。どうやって自分がここにたどり着いたのかを見直してみよう」。そしてそのステップをひとつずつ振り返ってみます。「ここはOK、次は……」と頭の中で考える。少しの間振り返ってみて、ときには「一体自分のゴールは何だったかな？」ということもあるでしょう。そして「ああ、そうだ」と再確認することもある。

そして質問します。「起きたことをどのように使えば、ゴールに進み続けることができるのか？」

もちろん、さまざまな見方ができますが、「間違いをおかした」「失敗した」と言う人は当然別の方向へ行きます。失敗だと言った途端、その人にとっては終わりなのです。

ふたつ目の見方は、意図したこととは別のことが起きたことを認識していますが、**これは「ひとつの段階である」とフレーミングします。「興味深い。これは計画してなかったことだ。少し見直してみよう。ここでどうやったら目的の方向に進み続けていくことができるかな」、と。**

どちらのフレーミングでも予想外、計画外のことが起きたのだと認識はしています。起きたことを否定してはいません。

この瞬間をどのようにフレーミングするか、それが次の段階でどのような決断をしていくのかを決めるのです。次に質問をします。起きたことをどのように使ってゴールへ進み続けることができるのだろうか、と。そのために、私たちは言葉を使うのです。

ビジネスコンサルティングのセミナーで、働く人たちの話を聞いていると面白い。このように、そのセミナーの中で何を学ぶかがあいまいなまま参加したことで、かえって複数のより有効なフレーミングが可能になったといえます。

喜多見　なるほど、そういうふうにもいえますね。

信念／観念と現実

2006.08.21.Tokyo

喜多見　私は、広告業界にいたときに、ある大手企業の車のコピーを書いたことがありました。

クリス　私はその会社の車に乗っていましたよ。

喜多見　それはありがとうございます（笑）。そのときに、私が書いた「マザー」というキャッチがありました。その車は大衆車なのですがきびきび走り、非常に広い層にたくさん売れていました。私は「マザー」を宣伝部にプレゼンテーションしました。「それでいいでしょう」ということになり、メーカーがカーディーラーさんを集めてプレゼンテーションをしました。今回はこういうキャンペーンをやります、と。すると、ディーラーの社長さんたちが、「マザー」というコピーを見て、「これはどうもいかんのじゃないか」と言うのです。なぜかと言うと、「マザー」（母親）というのは大きなお尻の年配の女性をイメージさせると……！

クリス　どっしりとした、と言った方がいいわね（笑）。

喜多見　私がそもそも「マザー」という言葉に込めたイメージがあります。コピーライターという仕事は、ある特定の言葉に対して、集合的無意識の中で、どういうイメージを持っているかを分かりながら作っているのです。「マザー」という言葉は、「母なるもの」というイメージです。世界中にお母さんがいて、子供を産み、子供たちを包み込んで養育する、食事を作る。またそれだけではなく、「母なる大地」「マザーマシン」などなどさまざまな意味が含まれている。クリエイターとしてそういうさまざまなイメージがあるから「マザー」にしたわけです。ところが、ディーラーの社長さんたちにはそれがうまく伝わらなかった。つまり、「マザー」というひとつの言葉なのですが、そこにはいろいろな側面があります。先ほどの話と似ていますが、どこにフォーカスするかによって、その意味が全然違ってくるということをそのときに体験しました。

クリス　あなたが選ばれた「マザー」という単語は、とても情緒的な価値が関連している言葉です。コピーライターは言葉の選び方として、CMの三十秒や六十秒という限られた時間の中で、最小限の言葉で最大限の広がりをもたらしてくれるような、そういう言葉を選ばなければいけない。しかし、そのディーラーの方たちは、彼らが持っているイメージ、彼らがその言葉に付け足した意味をもとにして反応しただけで、その「マザー」という言葉によって新しい意味、価値を創造していこうとは考えていなかったのです。ここで分かるのは、言葉というものは、その言葉に付け加えられた意味によって、その可能性を拓いて、多重構造的にいくつもの意味を持つこともできるし、意味をどんどん狭めてしまって、かえって制限してしまうこともできるということです。

喜多見　先ほどのリフレーミングやディストーション（歪曲）についてお聞きしたいと思います。あるひとつの体験をしたとします。たとえば、男と女がいて、異性に対して積極的にこちらから愛し、働きかけたにもかかわらず、ある日突然相手が去っていった、という経験です。それも、二回続けて。その人は男でも女でも構いません。そうすると、私がその人だったら、こう考えるのではないでしょうか。

「ある日突然去っていった」という部分にひとつの歪曲か置き換えが起こるかもしれない。ふたつ目は、こんなにこちらが愛したのに去っていったということは、「能動的にこちらから愛していくと異性は突然去っていく」という意識が自分の中に形作られていく。すると、三回目に女性と会ったときも同じような体験を再現してしまう可能性があるかもしれません。

クリス　いくつかのことが起きる可能性があると思います。たとえば、ある日突然その人が去る。そこで、意識は、なぜこういうことが起きるのかという**理屈を理解したくなる。**特に初めてこうした出来事を経験したときはそうです。まったく新しい経験ですから、どう理解してよいか分かりません。通常起きたことに対して、人は自分の過去の経験を振り返ります。そして起きたことに対してなんらかの感情を抱く。**人はどうしても意味づけをしたくなる。なにか出来事が起きたとき、何の意味もそこに与えずにそのままにして**

おくことができません。

というのも、意味を与えることによって、人は何かを終わらせることができるからです。意味が自分の中ではっきり分かるまでは、その人はずっと探し続けます。そしてなんらかの意味づけができたときに、「ああ、そうか。こういうことが起きたんだな」と納得する。通常は、過去を振り返って、同じような感情を感じた別の状況を探そうとします。もちろんこれは意識的にやっているとは限りません。無意識の中で行われることもあるでしょう。「三歳の時に突然父は去ってしまった」と思い出したり、友達が引っ越していなくなってしまったという別の例を思い出すかもしれません。その人がそれをどのように解釈するかによって違ってきます。たとえば、「あれは自分のせいだったんだ。自分がなにか間違ったことをしてしまったからだ」と解釈する可能性もあります。

私が、個人カウンセリングをしていたときには同じような経験をしたクライアントが多く来られ、「もし私が○○ということをしてさえいれば、あの人は去ってはいかなかったはずなのに」という言葉が出ることがありました。これはまさしく、歪曲が実際に行動に移された例です。実際にその人が○○をやっていれば、それが助けになったかもしれないし、そうではなかったかもしれない。まったく関係なかったかもしれない。にもかかわらず「私がいけないんだ、私が何かいけないことをしてしまったからだ」と思ってしまうのです。実際に人はそう思いがちです。

私がマーケットに行ったときのことをお話ししましょう。夫婦がいて、その後ろに小さな子供がいました。子供は泣いています。菓子売り場でしたからお菓子が欲しかったのでしょう。お母さんが「だめよ」と言うと、子供はもっと泣き声が大きくなる。「静かにしなさい」と語気を強めるとさらに大きな声で泣いてしまう。お子さんがいる人は皆さん分かりますね（笑）。子供はまだ泣き続けている。すると、お母さんは買い物かごをのぞき込んでお父さんに、「牛乳を買い忘れていたわ。ミルクを持ってきてくださる？」と言いました。お父さんはミルク売り場へ向かいます。そして、お母さんが子供に言いました。「ほらね、あなたが泣いてばかりいるからパパはあっちに行っちゃったでしょう」、と。お母さんはたぶん子供が叫んでいたので恥ずかしくて、静かにしてほしかったのでしょう。

しかし、日常生活の中で、こうしたパターンを彼女がよく使ったとしたらどうでしょう。たとえば、「あなたがご飯を全部食べないから、おばあちゃんが病気になっちゃったでしょう」とか。多くの親が、子供は理解しているとは考えていないのです。しかし、そうではありません。**親はその時、将来の子供の信念／観念***を形作っているのです。**そして実際、子供の未来で、誰かが去っていったとき、人生ではそういうことはよくありますが、そうした信念／観念を形作っていると、そのパターンが別の状況でも使われるようになります。相手の人が去っていってしまったときに、残されたその人は、もう既に自分の中にできている信念／観念を使ってその出来事を解釈しようとするのです。「自分のせいだったんだ」と。そして「自分は一体何をしてしまったんだろう」と探ろうとします。

ここでもうひとつの歪曲があります。人間関係はフィードバックシステム、つまりお互いが関係性の中で成立するシステムです。英語では、「二人いないとタンゴは踊れない」と表現します。つまり、一人だけでは存在できない。人間のかかわり合いの中で存在しているのです。だから、人は信念／観念を使って出来事の意味づけをし理解しようとします。同じような出来事を何回経験してからそうなるかはその人によって違いますが、その人が別の人と付き合うようになったとき、無意識のうちに相手の人を去らせてしまうような行動をとる可能性がある、ということです。

＊本書では英語のbeliefを信念／観念とダブル表記します。英語のbeliefにはポジティブ／ネガティブの区別はなくニュートラルで、その人が信じていること、の意。日本語では「信念」にせよ「観念」にせよ、始めから言葉に強い前提が含まれている。

喜多見　子供のころに母親から虐待を受けた女性が、長じて自分が子供を産むと、虐待がつらいと分かっているにもかかわらず、なぜか虐待してしまうというのと似ていますね。

クリス　そうですね。あるいは、彼女自身を虐待するような男性と結婚してしまうことも多いようです。私はそうした状況の女性にかかわるワークが非常に多かった時期があります。虐待を受けた人たちは子供のころから、「ああ、これが人生なんだ。こういうものなんだな」と思って育ちます。ときには、父親と母親が、「私がこういうことをするのもお前を愛しているからだよ」などと言うことすらあります。これはとてもひどい言い方ですが、よくあることなのです。だから、その人たちは「愛とはこういうものなのだ」、という信念／観念をもって育つ。そして、当然、そのパターンを繰り返して、同じように自分を虐待するような夫を選んでしまう。というのは彼らや彼女たちにとって、愛とはそういうものだからです。

セラピー的なワークにおいてはかなりむずかしいものになり得ます。虐待を受けて育った女性たちが知っている家族はそれだけです。もちろん虐待を受けた男性もいますが、女性の方が圧倒的に多い。もちろん私たちも自分の家庭の経験しか知らないのですが、その人たちの体験は、私たちから見ると快適ではない経験と思えます。しかし、**その人たちはそのような経験をすることで、既に人生にある種の構造を与えてしまっています。**そして、どのような行動をすれば受け入れられて、どのような行動は受け入れられないのか、どのような行動をするべきなのかを学んでしまっているのです。

それが信念／観念のひとつの目的でもあります。つまり、**あいまいさを減らし、「ラベルによって構造化する」ことで、予測できるものにする。そのために信念／観念があるのです。**セラピストにとって質問とは、体験を取り除くことではなく、でき上がった信念／観念をいかに置き換えるのかという役割です。虐待された体験だけを取り除くことはできません。セラピストがまず取り組まなければいけない重要なものは、相手の信念／観念です。特に私がかかわって、ワークをしたすべてのそうした状況に置かれた女性は、「自分が悪いから、自分がいけないから殴られたんだ」と信じています。それは家族の中でその女性を虐待した人からそう言われたり、もしくは別の形でそのことが伝えられたりしたからです。

ですから、その信念／観念の部分をもう一度形成し直さなければなりません。そうしないと、その人は同じような経験を続けてしまうことになります。

喜多見　つまり、自分がいけないからアビューズ（虐待）された、ぶたれたという信念／観念を変えていくわけですね。

クリス　たとえば、二歳の子供が何度もひどくぶたれるということがあります。しかし、二歳の子供がそんなひどい目に遭わなければならないような悪いことをするとは考えられません。そこで、まず重要なのは、子供の信念／観念です。たとえば、二歳の子供が殴られるシーンを思い浮かべてください。お母さんが夕飯を作ったけれど、子供が豆を残した。お母さんが「豆を食べなさい」「いやだ、嫌いだ」と言ったらパシッとたたかれる。当然子供は泣き出します。その時点で、なぜ自分がそういう目に遭うのか子供は分かりません。「世の中にはおなかをすかせて食べられない人もいるんですよ、だめじゃないの」などと親は言います。そうして、子供に理解させるためにその状況に意味づけをするのです。そして、同じようなことが何度も何度も繰り返されます。そうすると子供は状況を“理解”するようになります。

私はかつて、虐待を受けた女性のワークをたくさん行いましたが、この視点から考えてみると、虐待をする人は、自分の怒りへの対処の仕方が分からない。そういう場面でのコミュニケーションの方法を知らないのです。たとえば、子供が豆を食べなかったから殴ってしまうのはいくらなんでもやりすぎです。このことを理解するためには時間がかかります。一回のセッションでは終わりません。しかし、それをやることによって虐待を受けた人本人が、意識の中で理解できるようになる。つまりあの振る舞いは、自分ではなくて殴った人、この場合は親が、自分の感情への対処の仕方を知らなかったからなのだ、相手の振る舞いが問題だったのだ、ということが理解できるようになります。

こうした理解によってものの見方が変わるのもセラピーのひとつの方法です。もちろん、子供よりは大人の方がそうした状況を認識しやすい。信念／観念がいかにパワフルなものであるかがここに現れています。**そして信念／観念が「言葉」を使うことによって形成される、またその言葉に伴う非言語的な振る舞いによっても信念／観念が形成される、ということが分かります。**

もうひとつの例を紹介しましょう。私が今年の前半、ダラスで教えていたときの例です。ある女性がセミナーの終わりごろに私のところにやってきました。彼女は四十代になったばかりで、チリ出身の女性でした。彼女が言いました。「ビジネスで大変成功していてお金も儲かって、仕事も非常に楽しいときに、いつも何かが起きて、すべてがガラガラと崩れてしまう。すべてがなくなってしまうんです」、と。「今までに何度ぐらいそういう経験があったのですか？」と私が聞くと、「たぶん六回ぐらい」と答えました。これらから分かるのは、これは周期的なことであるということ。つまり、頭の中で起きていることが原因でその現実の結果に結びついているのではないかと想像できます。彼女は少し英語になまりがあったので、「どちらの出身ですか？」と聞きました。「チリです」「いつチリからいらっしゃいましたか？　ご両親も一緒ですか？」「チリからやってきたころのことを覚えていますか？」

彼女が答えました。「父はビジネスマンとして成功していてかなり裕福でした」「そのとき、チリでクーデターがあって、私たちは国外に逃れました。そして、もう一度国に戻ったら元通りの状態でいられると確信していました」、と。私は聞きました。「戻ったとき、何が起きたのですか？」「お金や財産を全部没収されてしまったんです」。「その出来事が今あなたのビジネスで起きている出来事とどのように関連性があるのか、教えてもらえませんか？」。彼女はしばらく考えていましたが、こう言いました。「親がすべてを失ってしまったわけですから、彼ら以上に裕福になるという権利を私は持っていないのです」。私は聞きました。「でも、あなたがビジネスで成功されたら、あなたのご両親はとても誇りに思うのではありませんか？　私たちの子育ては間違っていなかったと誇らしいでしょう？」。彼女は私を見て言いました。「ああ、今までそんなふうに思ったことはありませんでした」と。

喜多見　意味づけを少しずらしたんですね。

クリス　そうなんです。彼女は親を傷つけたくないと思っていたのです。親よりも成功すると、傷つけることになるのではないか。彼女の頭の中では、自分が彼らよりもいい状態になることは許されなかった。だから私は彼女を**招き入れたのです**。インビテーショナル・ランゲージ（招き入れるような言葉）で、「もし、こういうふうになったとしたらどんなことが起きるでしょう？」と。

　まず最初に、彼女の注意はある方向に向かっていました。つまり、親に対する忠誠心を失いたくない、嫌な気持ちになりたくないなどです。しかし、親の立場からすると、自分たちの育て方が間違っていたと考えているかもしれないという可能性を、彼女はまったく認識していませんでした。

　ですから彼女を、違う視点から物事を見るという可能性へと招待しました。少し違う方向から見てみたら、と。別の視点、別のフレームから物事を見ると、物事がどんなふうに見えるのか。これは枠組みをリフレーミングするということです。彼女は驚きとともに、はっきり見えてきたと感謝してくれました。今まで彼女は、自分でも自覚がないままに、そのような状況を自分で作り上げていた、と気づいたのです。彼女がいつも、ある程度まで成功すると突然だめになってしまうのは、それによって自分は親に対してあるコミュニケーション、あるデモンストレーションをしていたのだと彼女は認識したのです。

　表現を変えると、**彼女の振る舞いの背後には「意図」があったといえます。**しかしながら、彼女が選んだ振る舞いは、彼女の意図を明確に伝えるものではなかった。そこで、彼女の注意を別のところにシフトするように私が提案し、違うものの見方をするように招待しました。それによって彼女は、両親をもっと理解できるようになり、彼女の愛情や感謝の気持ちを表現するという可能性が見えるようになったのです。

喜多見　「招待する」というのはとても美しい言い方ですね。今の話を聞いていて、電車の例を思い出しました。ある人がホームへ駆けていきます。たとえば、二時にある会社に面接のために行かなければならないのに、家を出るのが遅くてとても焦っているとしましょう。しかし、ホームに着いた瞬間に電車が出て行ってしまうというシチュエーションです。そこで、自分がホームにいて、電車が走り去っていくという状況に対して、人間は意味づけをしないといられないから、そこで当然、「ああ、もう一分早く家を出ていたら」と思います。

クリス　そうですね。それでは、あなたの言う「電車」を「信念／観念」の比喩だとして話を進めましょう。

　信念／観念とは前提（プリサポジション）であり、あらかじめ何かを決めておくものです（刺激に対して一定の反応をするように決めておく）。これはもちろん意識下のレベルですが、信念／観念は、私たちが世界に対してどんな反応をするのかの指示を出しています。つまり、振る舞いが「地図」（自分が信じていること）とマッチするようにその振る舞いを選んでいるといえます。しかし、反応を選択する前の時点で、選択肢は既に制限されているのか拡大されているのか、自分では分からない。なぜならば、信念／観念は色眼鏡のようなフィルターの役割を担うからです。信念／観念が、その人がある事柄は知っていて、ある事柄は知らないという、そのようなことまでも指示しているのです。そして**普通、人は自分の信念／観念と一致していることだけを信じる傾向がある。**そうなると、「では、現実とは一体何なのか」という質問が出てきます。**人は、自分の信念／観念に一致したことにだけ気づくものなのです。一致しなかったものは、見えていても見ていない。**ふたつの例を挙げましょう。

信念／観念は、それが想定していることの正当性を証明しようとする。たとえば、「積極的に誰かを愛するたびに相手の人は去ってしまうのは、何か私にいけないところがあるに違いない」という信念／観念は、「私はたぶん、愛される存在ではないのだ」ということを想定しています。ここでふたつの出来事が起きます。根底にある信念／観念が、自分は愛されない存在だということだとすると、愛情があるように見なし得る振る舞いを誰かがしてくれたときでも、その振る舞いは自分の信念／観念とは一致しない。そうすると、その人はその出来事を①「削除」してしまう。または、信念／観念に一致させるために②「歪曲」してしまうのです。

歪曲するときには、再解釈するような言葉を使います。たとえばこのようなことを言います。「きっとあの人は私を操ろうとしているに違いない」「あの人は本当の私の姿を知らないんだ。本当の私を知ってしまったら愛してくれるはずがない」と。起きた出来事の価値を低く評価したり、それをなんらかの形で取り除いてしまうということが起こるのです。

ここで大変面白い引用があります。ノーマン・カズンズの「信念／観念の定義」です。「人間の脳の中にある百五十億個のニューロンが思考と希望とアイデアと態度を化学物質に変換する能力はまさに脅威だ。従ってあらゆることが信念／観念から始まる。すべての選択肢の中で最も強力なのは本人が何を信じているかなのだ」。

ゲーテは、「信念／観念は知識の始まりではなく終わりである。信念／観念は、既にそこに想定していることを『確認』するために存在するのであって、それを調査検討するためではない。正当性を調査検討するのではなく、**正当性を『立証』する**のである」と言っています。いずれにせよ、あらゆる信念／観念は、歪曲によって作られているのです。

喜多見　マーフィーの法則といわれるものがありますね。たとえば、洗車をしてピカピカに磨くと翌日必ず雨が降る、というものです。でも本当はそうではなくて、ピカピカにしても翌日晴れるときもある。でも、それはデリート（削除）されてしまって、雨のときのことだけ覚えている。

クリス　ええ、その人は特定の出来事（洗車しても晴れることがあるという事実）を削除してしまうのでしょう。その人の現実の中には、それがもう含まれないかのように。

喜多見　信念／観念というものはたぶん、たとえば、人間が火に手をかざしたらやけどをしてしまうので、火を見たらそれは触れてはいけないものだというように、元々は自分を守るために生まれたものでしょうが、そのシステムがどんどん独自に発展していってしまった。

クリス　私は、あらゆる信念／観念が学習の結果だと見ています。ですから、**しばらくの間、信念／観念のシステムについて批判や判断をせずに、ただ気づきを持っている状態でいたいと思います。**信念／観念とは、私たちがこの世の中を生きていくときにどのように自分自身をケアし守るかというものです。ひとつひとつの信念／観念は学習の結果であり、ひとつひとつの信念／観念がそこに選択肢を提供しています。ですから、信念／観念を捨てるということは、ある種の選択肢を捨てることでもあります。

しかし、**脳は、すべてを保存していくアーカイブになっていますので、本当の意味では信念／観念を捨てるということはできません。ただ、信念／観念を再組織化して五年前のその人ではなく、現在のその人にフィットするような形にすることはできます。**

電車は信念／観念のようなものであるという比喩を終わらせましょう。信念／観念はフィルターであって、私たちはその知覚フィルターを通して物事を見ています。ですから、信念／観念としての電車はもう既にそこにいるのです。その電車に走り込もうとする。常に信念／観念は私たちの前を走っているものですから、つまり信念／観念は、その状況に投影されていて、私たちは常にそれにマッチするように振る舞いを調整しているということなのです。その信念／観念を立証するために。（ここで博士は、ホームから自分を残して出ていく電車を信念／観念の比喩とし、私たちはその信念／観念を追い

かける行動をする、という意味で使っている）

信念／観念について、関連性のある例をお話ししましょう。

何年もの間、私はよく質問されてきました。「クリス、いつになったら言葉に関する本を書くの？」。私の答えはいつも、「そうしたいんだけど私には書けないのよ」。これまで、言葉についての本を書こうと思って机の前に座りましたが、いつもただ座っているだけというような状況になってしまうのです（笑）。まるでドラマのワンシーンのように書いては破り書いては破り……。友達とこのことを話していると、「そんなことを言うのが面白い」と笑うのです。「だって、私、あなたのマニュアル全部持ってるのよ。あなたはマニュアルはこれだけ書いてるのに」。「ああ、あれね」。「“あれ”ってどういう意味なの？　あれだって書いていることには変わりがないでしょ」。私は、「そうね。でも、そう思ったことがなかったわ」と答えました。というのは、私は非常に狭いフレームでしか考えていなかったのです。『これはマニュアルであって本ではない。人は本を書くのであって、マニュアルは準備するもの』、と。書いているのだけれど、意識の中では準備している。面白いでしょう？　そんなふうに考えていたのです。

彼女がこう質問しました。「OK、クリス。もしあなたが本を書いているのだとしたら、どんなふうにやっている？」と。彼女はそのように考えることに私を「招待」してくれたのです。私は彼女にそう言われてから、たとえば、私が書いたマニュアルをひとつにまとめるということを思い浮かべてみました。そして、彼女の言った「書く」という言葉と関連付けるようにしました。彼女が、別のものの見方をするという可能性を私に示し、招待してくれた。それによって私は、他にも実際に書いた経験があるのだ、と思い出すことができました。もちろん、本を書くというのは他のことをするほど簡単にできるわけではないし、練習が必要なのかもしれませんが。ただ、私は書くときに、口をたくさん使って書くということがあります。

このストーリーのポイントは、私がその信念／観念を持っていた間は、私が座って何かを書こうと思うたびに書けなかったということです。だから、「ほら、やっぱり私は書けない」と思っていました。しかし、「いや待てよ、私はこのことを人に教えているんだから、自分自身でもやらなければいけない（笑）」と思い直しましたが。ある人が自分との内面での会話や人との会話の中でも「できない」（can not）と言った途端に、前に進むという方向の動きはすべて止まってしまうのです。そして、自分にはできないのだということを立証しようとします。もちろん、それは意識的にやっているのではありません。別のレベルで、その振る舞いを形成しているのです。

喜多見　クリスティーナさんと話していると、自然な形でですが、気を付けてお話しになっているなと思いますし、私もとても気分よくいつも話せます。でも、貴方のようなエキスパートでも書くことに対してはそのように考えたりするんだということが、私たち凡人にとっては非常に心強い（笑）。

クリス　私も人間ですから（笑）。英語に「木が森を見るのはむずかしい」ということわざがあります。ちょうど水の中の魚が水を理解するのがむずかしいように、私もどっぷりこれに漬かっていると、かえって自分自身のそうした部分に気づきにくかったりすることがあります。絶望的かもしれませんが（笑）。

喜多見　こうやって私どもが、クリスさんの長年の「夢」であった本作りにかかわれているのは非常に誇りに思います。

クリス　ありがとうございます、私にとっても夢のようです。

先ほどドンファンの話が出ましたよね。「呪師になる――イクストランへの旅」で、彼が提案したことを私もエクササイズだと思って初めてやってみたことがあります。八日間、私は自分自身にずっと言い続けてきたことを言ってみました。たとえば、私は書くことができない、これができない、あれができない……。そして、次の八日間はまったく逆のことを自分に言い続けました。これは大変興味深い方法ですね。先ほどの友達が私に会いに来たのは、そのすぐ後のことです。彼女は私の家に遊びに来て、ときどきご飯を一緒に食べるのですが、だからこそ彼女が先ほどのような言葉を言ったときに、私はそれに聞く耳を持てたのです。タイミングがすべてです（笑）。タイミングが違いを作ります。

信念／観念がプラスかマイナスかということを私は判断していません（日本人は、日本語の「信念／観念」が既に判断を含んでいるので余計にプラス・マイナスの判断をしがちである。英語の「ビリーフ」は中立）。それは「二次的体験（セカンダリー・エクスペリエンス）」です。信念／観念がポジティブだ、ネガティブだというのは、その結果を見て判断するからです。たとえば、起きたことが気に入ったときには、これはプラスの信念／観念があったんだ。起きたことが嫌いだと、マイナスの信念／観念があったからだと考える。それはとてもパワフルなことです。というのは、誰かが、「これはマイナスだ」という「ラベル化」をした途端に、それは事実とは離れて「意見」になる。されてしまう。しかし同時に、人はもうそれを「現実」なのだと信じてしまうのです。

人は何かを判断すると、A＝Bという自動化されたフィルターで見るため、そこにはB以外の体験はなされなくなり、本来CでもありDでもある体験Aもまた、自動化されてしまうために、もはや「経験していない」に等しい。「経験から削除」されてしまう（コージブスキーの「一般意味論」）。人が判断する、信念／観念が悪いものだと批判をするのは、「二次的体験」です。思考（マインド）があるから判断してしまうのですが。信念／観念そのものがいいとか悪いとかではなく、**人は「評価に対して自動反応」をしている。**それは学習の結果であるということです。

喜多見　今説明してくださったことはとても重要ですね。

クリス　そうです。読者の方々に理解してほしいのは、信念／観念を批判すると、必ずその批判に対しての結果を伴う、ということです。たとえば、ニュートラルに信念／観念とは「構造や秩序を提供してくれる」ものだと考えていると、その信念／観念の有用性を評価していることになります。信念／

観念についてNLPには「前提」があります。それは、あらゆる**信念／観念はコンテクスト（その時の文脈）によっては、実践的に役に立つ**、ということなのです（たとえば、信念／観念には、その人の信じるところのものへと人を行動に駆り立てていく性質があるため、アウトカムを作るときに、モチベーションのひとつになる）。

喜多見　信念／観念の説明をテリトリーとマップとの関係の中で説明していただけますか？

クリス　一次的体験が土地そのもの（テリトリー）で、二次的体験が地図（マップ）を作るのでしたね。だから、地図（マップ）は土地そのもの（テリトリー）ではありません。私たちが注意を向けていることを意識の中に表象したものがマップです。

たとえば、今、あることが起きます。そして、私たちは注意を起きていることのどこかに向けます。**地図（マップ）を作るとは、自分の注意の範囲の中にあるものの中から意味づけした地図を作ることです。ここに意識を向けたものと向けなかったものの区別化があります。**地図は土地そのもの（テリトリー）の再現化であり、テリトリーを表象（リプリゼンテーション）したものなのだと言う人もいます。しかし、私は、**地図（マップ）とは、私たちが一次的体験をしたものの中で、注意を向けた要素を地図にしている**のだと考えています。このマップ、テリトリーという考え方は、アルフレッド・コージブスキー*が研究しています。

一般意味論（General Semantics）、『科学と正気（Science and Sanity）』の中でコージブスキーが言っているのは、その人に「言葉の使い方」を教えることによって、まったく違う人生の経験をさせることができるという考え方で、実際にそれをやった人です。彼は信念／観念に関して、大変興味深いことを言っています。「人間は進行中の感覚フィードバック（自分が感じていること）から超越、あるいは分離して、何事かの本質についての意見や判断、信念／観念に到達することができるかのごとく振る舞っている」と（それはできない、の意)。

分かりやすく説明しましょう。

今起きている自分の感覚(一次的体験)がありますね。その感覚は今まさに起きているわけですから、本当なら自らがその感覚を自分から切り離すことはできないはずです。しかし、人間はあたかもその感覚を、自分から切り離したりすることができるかのように思っている。そして感覚を切り離しながら、その感覚から何かの本質についての意見や判断、信念/観念を持つことができるかのように振る舞っている、というのです。でも本当はそんなことはできません。

たとえば何かに対する批評、批判をする。そのときその人は、その出来事と自分はまったく切り離されているかのような位置から、あれはネガティブだとか、ポジティブだとか言っている。その物事の本質に関しても、「絶対的

＊<アルフレッド・コージブスキーと一般意味論>

一般意味論(General Semantics)は、ポーランド生まれで後に米国に移り住んだアルフレッド・コージブスキー(Alfred Kozybski 1879-1950年)が、その著書「科学と正気」(Science and Sanity 1933年　日本未訳)でとなえた考え方。原著は八百ページを超える大著だが、私たちが言葉を使って、世界をどう認知しているか、言葉の心理学的側面、認知学的側面などを主に扱う。認知心理学、認知言語学、認知神経学、脳科学、サイバネティクス、AI、ロボット科学、哲学、認識学にまで広がる広範囲なエリアを含む根本的研究。コージブスキーはここで「ヒトは言葉で世界を認識しているが、その言葉がさまざまな変形を受ける性質をもっており、それが世界認識を歪める可能性がある。私たちには、言葉が変形しているかもしれないことへの"気づき"が大切」と語っている。有名な言葉に「地図(マップ)は土地そのもの(テリトリー)ではない」がある。この一般意味論からNLPの「メタモデル」(言葉の多層構造)のコンセプトも生まれた。一般意味論はアカデミックな世界にはあまり受け入れられなかったようだが、きわめて大切な世界認識を含んでいる。コージブスキーの弟子のS.I.ハヤカワによる著作「思考と行動における言語」(岩波書店刊)は翻訳本として日本でも読める。一般意味論はヴァン・ヴォークトのSF小説「非(ナル)Aの世界」(創元SF文庫)にも語られ、コージブスキーが設立した「一般意味論協会」も米国に存在している。クリスティーナ・ホール博士はかつて、一般意味論を研究なさっていた。

な意見」を持っているかのように語っているが、本来は**その人はその物事とまったく切り離すことができない位置にいるのだから、「絶対的な意見（主観的ではない意見）」は持ち得ないはずです。主観的以外の意見などは、幻想である。本当の現実ではない、と。**その人の頭の中にその経験に対するマップ（判断）があってはじめて、あれはマイナスだ、あれはプラスだと考える。その人は、マップ（二次的体験）とそこで経験しているテリトリー（一時的体験）を同等に評価している。そして、あの経験やその環境の本質をあたかも自分が知っているかのごとく批判の意見を述べている。でもそれは幻想です。人間はそういうことができるかのように頭で考えているだけなのです。謙虚な気持ちでいなければいけません。

喜多見　信念／観念から中立でいるという、何か例を挙げていただけませんか？

クリス　私が映画に行ったときの例を見てみましょう。六人で映画を観に行ったあと、コーヒーを飲みながら感想を話していました。面白いことに話の食い違いが多いのです。本当にみんな同じ映画を観ていたのかしら、と言って笑ったほどです。私のパートナーがあるシーンのことを語ってくれましたが、私はまったく覚えていませんでした。私はその映画『時計じかけのオレンジ』が特に好きだったわけではありませんでしたから。少し暴力的ですし。しかし、パートナーはそれをとても気に入っていたので、私は「分からないから助けてほしいんだけど、あなたは一体その映画のどこが気に入ったの？」。「気付かなかった？　とてもいいリフレーミングの例があったじゃない」。当時、私たちは二人ともNLPのプラクティショナーで教えていました。私はとにかく、暴力に嫌悪感を持ってしまって、そればかりが頭にありましたが、彼はとても客観的なところから映画を観ていて、音楽をある特定のことのアンカリングに使ってリフレーミングをするというパターンに気づいていました。私は「全然気づかなかったわ、そういうものには」なんて（笑）。

三〜四週間たってから、今度はレンタルで借りてきました。彼の答えが私にとってひとつの新しい見方への招待だったので、新しいフレームからその映画を観てみました。今回は少し画面が小さいこともあって、新しい枠組みから観やすかったようです。そうしてみると、本当に驚くべきものでした。NLPで教えているようなプロセスの例が山ほど出てきました。

喜多見　スンタリー・キューブリックですし。

クリス　映画館では全然気づかなかったけれど、二度目に見たときに気づいたことのひとつは、飛行機に爆弾を乗せて飛行機の爆撃口から爆弾を落としていくシーンです。爆弾が飛行機の中に戻り、そしてまた飛行機が元の方向に戻って、その爆弾を飛行機から片づけていきます（フィルム逆まわし）。戦争から平和に至るという、バックトラックの素晴らしい例です。**私たちがどこに注意を向けるのかによって、何に気づくのかが決まる。「別の見方へと招待する」ことが重要なのです。通常は、質問するのも効果的です。質問によって同じ物事を別のフレームから見ることができるから。**

異なったフレームから見ることに招待したとき、それはその人に「再カテゴリー化する」ということを示唆しています。**リフレーミングとは再カテゴリー化することを意味します。**その異なった（一連の）関係性を使って、今度はあなたはそのことをどのように考えますか、と再カテゴリー化をしているのです。**なぜ再カテゴリー化するかというと、一次的体験は基本的にあいまいであって、そこには意味がない（まだ判断、認識されていないから）。もし一次的な体験が固定化していたならば、変化は可能ではありません。**

喜多見　先ほどの電車の例にも、続きがあります。面接があって急いでいたのですが、電車は行ってしまった。仕方がないから次の電車を待っている。次の電車に乗ると、幼なじみの友達が乗っている。彼は新しい会社をやってくれる経営者を探していて、それならということで経営者になる。つまり、社員になるのではなく会社の経営者になる可能性もあるのです。最初の電車に乗り遅れたということは、乗り遅れたのではなくて、単に電車が向こうに走り去っているというニュートラルな状況があるだけだ、と。つまり、状況には意味がないという視点は私にはとても衝撃的だったのです。

クリス　その通り。状況は基本的にニュートラルなのです。人間がなんらかの意味を与えない限り、その出来事には特定の意味はありません。つまり、電車が行ってしまったことは私が希望していたより、五分か十分遅れて目的地に着くということでしかない。「希望」していたのと「計画」していたのは、また少し違いますが。いずれにせよ、そのことは、あなたが人間として良い、悪いということを意味していない。たとえば、人によってはそうした出来事で、「私は決して時間に間に合うことができない、怠惰な人間なんだ」と考えるかもしれない。でも、状況には意味はないのです。

私がさまざまな国で教えるためにたくさん旅をしなければいけなかった一年目、八十年代のことです。私はいつも離陸十五分前ぐらいに息を切らして空港に着いていました。本当にそれはとても嫌なことでした。しかし、どうしてもそうなってしまうのです。あるとき、私がゲートまで走っていくと、まだ飛行機がいるのに、もうゲートが閉じていました。早めにゲートが閉められてしまったのです。どう頼んでも決して乗せてくれません。ヨーロッパへのフライトだったので、私は泣いてしまいました。デンバーへ二時間のフライトではないのです。とにかく、あらゆる手を尽くして頼んだのですがだめでした。一日一本しかフライトはないので、それは単に五分遅れただけではなくて一日遅れることを意味しています。サンフランシスコまでは来ていたから、家に帰るには遠すぎる。その晩はホテルに泊まらなければならなくなってしまいました。そのため、考える時間がたっぷりできましたが（笑）。

ホテルの部屋で座って考えました。「私はいつも、必ず、遅れる。きっと遅れることを“計画”しているに違いない」。そんなこと、今まで考えたこともありませんでした。そういえば母は常に遅れて帰ってきた。私は気づきました。第一に、これは母から学んだのだ、と。私は実際に遅れるような「計画」をしていました。では、どうすれば私の計画を改善できるのか。私はいつも離陸の十五分前に着くという計画だったのです。私は自分に聞いてみました。

空港に行くという旅で、どんな経験をしたいのか。ぜいぜい言いながら、汗をかいて空港に着きたいのか。いや、私は一時間前には空港に着いていたい。そうするためには、何時に家を出なければいけないか。では、朝、準備をして何をするためにどれくらい時間がかかるのか。そのように、バックワードプランニング（逆方向への計画）をしました。先ほどの『時計じかけのオレンジ』の例を自分でも使ってみた、飛行機を後ろ向きに飛ばしてみたのです。それは、時間の構造をどのように使っていくのかということでもあります。これについてはあとで詳しく話しましょう。

そうすることによって、たとえば、何ときには起きなければいけないかが分かります。そして明らかになったのは、あらゆることに時間がかかるということです。私はいつも時間というものは、じっと静止している、そんな感覚があったのです。たとえば、朝、私がシャワーに入るとき、「今は七時ね。……温かいお湯、なんて気持ちいいのかしら」（笑）。二分ぐらいしかたってないような感覚です。しかし、出てみると「え、七時半？」。温かいシャワーに当たった途端、私のフォーカスが変わるのです。その瞬間に私の注意は、ああいい気分だなという方にいってしまう。そして、三十分もたったという時間の経過にまったく自覚がない。そうやって私はいつも遅れていたのです。これが心の底から本当に「分かった」瞬間です。そのときに、時計というものは決して止まることがない。誰のためにも止まってはくれないということを痛感しました。

どうすれば私はこの経験を使って、人生を豊かにできるのか。それによって、かえって負担が増えるのではなく、豊かな人生になるにはどうしたらいいのか。空港に行くまでの活動すべてを焦って急ぎながらやると、何をやっていてもそのよさを味わえません。電車の例のように、いつも電車はあなたが着く少し前に行ってしまう。私の心の中で聞いてみました。「私は本当にこのように人生を生きていたいのか」。というのは、この問題は空港に行くことだけではないからです。あらゆること、すべてにおいてそうでしたから。これは、私が母親から学んだパターンです。だから、自分自身が今までとは異なったフレームで見てみることを自分に招待してみた。いつも焦って急ぎながらやっている、いつも電車に間に合おうとしていてはどんな経験も味わうことができない。そんな生き方ではなく、バックトラックしていくことによって、喜びが増えていく、より豊かになるような時間の使い方をしていこう。つまり、自分が一日のさまざまな経験を楽しみながらできるような、そんな生き方をしていこう、と考えたのです。

そして、私は今は十五分間、素晴らしいシャワーを味わっています。シャワールームの中に、ウォータープルーフの時計が置いてあるのです（笑）。数分おきに見ています。「見ていると、お湯を沸かすのには、とても時間がかかる」ということわざがありますが、やかんに水を入れ、ガスをつける。そして、別のところで何かをして戻ってみると、もう水が全部蒸発してしまっているなんてことがありますね。つまり、時計をシャワーの横に置いて見ていると、十五分はとても長く感じられるのです。自分の現実の経験を歪曲して、それをとても豊かなものにすることができるひとつのよい例です。

喜多見　リフレーミングするときに、今クリスさんがおっしゃったように、急がない生活は豊かさを自分にもたらすというように、リフレームすることで、なにか自分にとって良いことがあると力が出ますよね。

クリス　そうですね。また、その決断をするモチベーションを強化する別の方法もあります。ここでも「時間」を使います。可能性のある将来をふたつ作ります。ひとつの将来は、私はいつも遅刻していて、いつも焦っています。たとえば、セミナールームに九時一分前に到着するというふうに。それをもっと長い時間のスパンで見てみます。私が四十歳だったとして、たとえば九十歳まで生きるとする。ということはこれからの五十年間、同じ振る舞いをしていく、そして人生の最後までいってから振り返ってみる。九十歳までいって振り返ったときに、どのように感じるか。その前に自分はもう倒れてしまうかもしれません。「そんな人生を生きたいのかな」と質問してみる。それが一番目の選択。

もうひとつの選択肢があります。私が気づいたのは、たとえば一時間前に空港に着くと、「どうやって時間を使おうかしら」と考える余裕ができる。お茶を飲むこともできるし、クロスワードパズルもできる。私は編み物も好きだし。焦っている側の選択肢では決してそれらはできなかった。

ここで私が気づいた違いは、最初のタイムラインでは「選択肢が制限」されていることです。言い換えると、私がいつも電車を追いかけていたら、何かを探索する時間もなければ、本当に味わう、楽しむという余裕がまったくない。それはとても制限的な選択です。私はこれをするまでまったく自覚がありませんでした。長い時間を使ってリフレーミングをするまでは。

九十歳になったときから「過去」を振り返ってみるという時間の計画をすることで、人生がより豊かなものになる選択肢が広がっていく、と分かったのです。今では、私はいつでも空港には一時間から一時間半前に着きます。セミナールームでも通常三十分から四十五分前に着いて、いろいろ問題をやったり、準備したりしています。

喜多見　これはNLP用語でいうと、バックトラックなんですか、それともフューチャー・ペーシングですか？

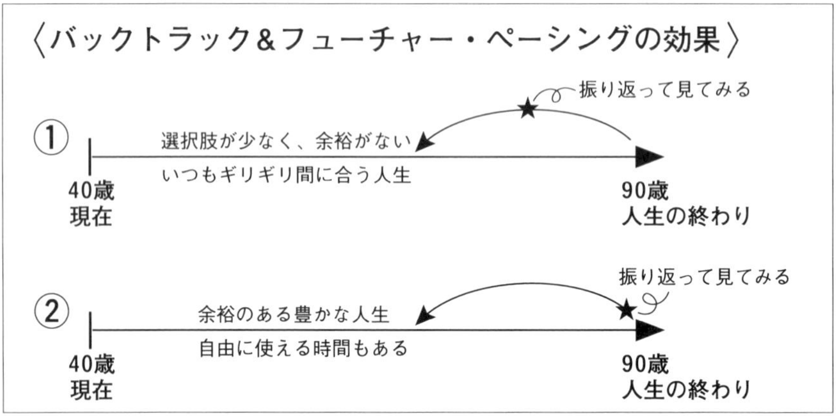

クリス　両方ですね。未来に行って、そこから振り返る。**未来の時点（たとえば九十歳の自分）から見るとそれ以前の全部が過去の自分の歴史になります。これを「フューチャー・ヒストリーを作る」と呼んでいます。これはフューチャー・ペーシングの大変パワフルな形といえます。**

それに私は「遅れる」だけではなくて、他のこともしてしまっていたのです。家に入ったときに、いつも鍵を「どこかに」置いてしまう。そして出かけようとすると「鍵がない、鍵がない」と十分ぐらい大騒ぎするのです。これもやはり注意力の問題。私の注意はいつも次のもの、次の未来に向かっていたのです。だから、どこでも置きたいところに鍵を置いてしまう。そして家を出るときになって、「鍵はどこかしら」と。「でも、それほどひどいことじゃない」と私は考えていました。鍵だけではなく、眼鏡もなくなります。イヤリングも片方は見つかるけど、もう一方が見つからない。仕事の領収書なども。

これをひとつのモデルとして、私は本当に振る舞いを変えたいと思いました。そして、こう考えました。オフィスがとても家に近かったので、いったん家を出た後で二度も三度もなくなったものを探しに家に帰るということが少なくなかったのです。毎日十分、鍵を探すなんて大したことじゃないと思っていました。でも、この戦略を試してみた後で少し考えてみました。一回十分間。一年間で三千六百五十分、約六十一時間。一日三回として、「じゃあ、今までどのぐらいやってきたのかしら」。もう二十五年ぐらいそうやっていた。二十五年間でどのぐらいになるか分かりますか。約百九十日です、鍵を探すだけで。ほかにも眼鏡にイヤリング、領収書、これからの二十五年を考えると貴重な人生のうち、「二年以上」それらを探していることになる。びっくりしました。もう、絶対に変えようというモチベーションになりました。

もうひとつ。では、この探すために使っていた時間、それは他のことに使っていたらどのくらいの価値に相当するんだろうか。価値を測る物差しとして「自由」というものに置き換えてみましょう。五十年間、常に遅れていて、電車を追いかけているというのは、ほかに選択の余地がありません。いつも間に合おうとしているだけで、まったく自由がない。あたふたしたことがなくなれば、たくさんの可能性の中から選択するという自由が手に入る。鍵に関して私は、三百八十日間ただただ鍵だけを探していて、ほかのことをする自由がなかったことになります。一回十分間だけなのに。ここで私の注意がシフトしました。私は本当は自分の「自由な時間を使うことを制限している」。ここが大きな変化でした。では、次のステップは何かというと、家に戻ったときに鍵をどこに置くかということです。家の壁に美しいフックがあります。宝石がついているような、きらきらしたフックです。帰ってきたときはそこに掛けて、出て行くときはそこから持っていく。このようにしてより楽しめるゲーム性を使って、人々をより開くような形の選択へと招待していくことができます。

喜多見　セカンダリー・レベルについてお聞きします。プライマリー・レベルで起きていることを自分の頭の中に「マッピング」していきます。このマッピングと信念／観念の関係について、もう少しお話しいただけませんか?

クリス　先ほど読んだ、アルフレッド・コージブスキーの引用、「人間がある経験から超越、または分離することができるかのごとく振る舞っている」ということに、さらに付け加えたいと思います。私たちがマップを作っているときはまさしくそれをしているわけですが、コージブスキーはまた、信念／観念の性質について、大変興味深い考え方を示しています。信念／観念は「一般化」ですよね。(本来はあいまいなプライマリー・レベルの出来事を、ある信念／観念の中で特定し固定していくことは、その時点で他の選択を排除し一般的な概念のひとつへと選択を固定化する「一般化」がなされている)

私たちは、何が現実なのか分からないのに、信念／観念を作り上げています。そもそも、それより前に、私たちが何が現実かを知っている、と思っている、という前提に立っているのです。

私たちは何が現実かを知っているかのように振る舞っている。私たちは何が善で何が悪であるとか、何がプラスで何がマイナスと言っているときに、何かに関して「本質を知っているかのように振る舞っている」のです。**言い換えると、「人は意味を知りたくてしかたがない」。どうしても意味を追求したがる傾向がある。**私たちが理解できないことに出会ったとき、その意味を分かろうとするために、そこになんらかの「秩序」が存在するかのようにするために「一般化」を行います。私たちはいくつかの一般的な考えの中からひとつを選んで「一般化」を行う。そういう意味で信念／観念の「一般化」とは人工的・恣意的なものです。**信念／観念の一般化は、ひとつの「可能性」を示す宣言に過ぎない、もしくはまだ作業中の「仮説」である、**と私は思います。ある出来事に関連したいくつかの体験に基づいて、人はその事柄に関する一般化を行う。**「一般化」とは、その文脈／状況における「振る舞い」を生み出すためのマップ、もしくは「テンプレート」（鋳型）を作るということにほかなりません。つまり、私たちは信念／観念を作らなければ経験の世界の中を動いていくことができないのです。**

喜多見　意味づけできないから。

クリス　まさしくその通り。信念／観念を作り上げることによって、私たちは「体験の意味づけ」をします。ある状況において、こういうことをすると人は普通こんな反応をするものだ、というようなことに気づく。現実的な例としては、母親が子供に「何かをしなさい」と言ったとします。子供は「嫌だ」と言う。ある年齢では子供はよくそう言うものです。そして母親が子供をぶったとします。そういう例が何回か繰り返されると、子供はたぶん、意識的には考えてはいないが、「ノー」と言うとゴツンとやられてしまうと考えるようになります。それは大変不快なことですね。ですから、子供はたぶんノーと言わなくなるでしょう。もしくは子供はノーと言わずに、それをしなくてすむ別の方法を探すようになります。

たとえば、お母さんが、「起きなさい、学校に行く時間ですよ」と言う。子供は、「嫌だ」という答えはあまり有効ではない、受け入れられないということを学習しています。では子供はどうするでしょうか。たとえば「今日はおなかが痛いの」と言うかもしれません。私も小さいころ、そう言ったことがあります。お母さんがそれをある程度受け入れてくれて、私も二時間ぐらいは病人らしい状態で居続けられます。それから徐々に回復していくように振る舞います。子供というのは大変賢いものです。お父さん、お母さんとの関係性の中で、何をすることがふさわしいのかということをかなり早いうちに学習します。人がなにか信念／観念をもっていた場合、それは、私は「何回も同じことを体験しました」と言っているのに等しい。子供は、嫌だと言うたびごとに殴られるのかどうかは、本当は知りません。でも、ぶたれるということが何回か起きたとき、子供はそこで賭に出なくなります。**信念／観念を作るのに何百回もの例を必要としないのです。何度か経験すれば、それによって信念／観念は形成されます。**

「ノー」と言うと、こういう反応が起きるのだというマップ（地図）を作る。こういう状況になったときには、ノーと言うのはあまりいい考えではない、殴られたいならば別だけど、ということを地図に加えます。**ときには、子供たちはそのことを別の状況にも「一般化」していくことがあります。**たとえば、学校で先生に、「嫌だ」と言うのもあまりいい考えではないんだろうな、と。**そしてまたその振る舞いが、フィードバック・ループとして、他の状況においても一般化されていきます。**また子供によっては、たとえばほかの人にノーと言ってみたときに、同じ反応がくるかどうか試してみることもあります。

ある意味で、地図（マップ）は鋳型（テンプレート）のようなものです。ある状況において、ひとつのことが起きたならば、こういうことにつながるというひとつのテンプレートですね。基本的に私たちは、自分が作ったマップに関して、二次的なレベルから反応します。たとえば、人が、「その経験はポジティブだ」「その経験はネガティブだ」と言っているとき、本当はその人が言っているのは一次的体験の「土地そのもの（テリトリー）」についてです。ある経験に関して言っているときに経験とは基本的に、プライマリー・レベルなのです。「その経験はポジティブだ」「その経験はネガティブだ」とラベルづけして言っているときに、その人のマップはテリトリーに関して判断し、言い切っているのです。もしも、「私はその経験はネガティブ（ポジティブ）であるという“判断”を下しました」と言ったとしたら、「その経験はネガティブだ」と言い切るのとはまた別のものになります。

つまり、人が何かをラベル化するとき、別の言い方をすれば、絶対的な言い方をするときには、もうそこで可能性のドアを閉めているのです。「この経験を考慮する方法はこれしかありません」「すべての人にとってそういうことなんだ」と言い切っています。一方、たとえば、**「私が見たところでは、これはネガティブなものに見えます」と言うこともできる。このふたつには違いがあります。これはネガティブと「結論づける」、ネガティブと「私は判断する」、という言葉の選択ですね。少なくとも後者の言い方だと「可能性を拓いています」。**

バンドラーとグリンダー著の「リフレーミング」（ヒューマングロウス・センター刊）の最初のところに中国の農民の話が載っていますが、元の話はたぶん、「人間万事塞翁が馬」（淮南子《えなんじ》）ではないかと思います。リフレーミングの使い方の例なのですが、ポイントをお話ししましょう。

中国の北の方に住む老人の馬がある日逃げてしまいました。とても良い馬だったので近所の人がなぐさめに行くと「このことが幸運になるかもしれない」と老人は言い、事実、その馬が他の馬を連れて帰ってきた。近所の人にお祝いを言われると、「このことが禍になるかもしれない」と。しばらくすると、老人の息子が馬から落ちて足を折ってしまいます。しかし老人は「このことが幸運になるかもしれない」と言います。その後、戦争がありましたが、その息子は足を折っていたので、戦に行かずにすんで無事だった、という話です。通常、人が出来事のラベル化をするときには、その瞬間の見方を選びます。私自身の人生のいい例があるのでそれを紹介しましょうか。

私は、大学院を卒業し修士号の学位をもらいました。州の試験にも合格して、ライセンスを取得し、プロのセラピストとしてスタートできる、そういう状態になってからのことです。ロサンゼルスに有名なセラピストがいて、彼女がセラピストの募集広告を出していました。そこには、応募のレターを出してくれたら、その後、面接のための連絡をしますと書いてありました。履歴書を見ることもしないんだと私は思いました。「じゃあ、手紙の目的は何なんだろう。彼女が私に会ってみたいなという気持ちにさせるような手紙でなければならないだろうけれど」。私はかなり時間をかけて考えて、そのとき私が言語について知っていたことも書き加えて、自己紹介の手紙を送りました。連絡が来て、彼女のオフィスに行きました。しばらく話をすると彼女が、「あなたにお見せしたいわ」と言いました。そして、彼女はこのような形で話し始めたのです。

「これがあなたのオフィスです」「あなたの初任給は一週間九百ドル（当時のレートで二十二万円程度）です」。ということは、これで仕事は決まったのかなと私は思いました。一九七八年当時、これはかなり高額です。それまではとにかく苦学生でしたから（笑）。私は心の中で、新しい車を買おうとかいろいろ想像していました。彼女は、「明日は出張に行かなければいけません。私が戻ってきたらあなたにご連絡します。一年間の契約に署名していただくことが必要ですから」。私は頭の中で計算していました、九百ドル×五十週は……大きな金額です。

一週間たちました。彼女の方から連絡が来るころでした。しかし、連絡がありません。その後四、五日がたちました。連絡がないので、私から連絡しました。彼女は電話に出られなかったので、私がメッセージを残したのです。さらに一週間たち、私はもうすっかり意気消沈していました。新しい車のイメージがだんだんと消えていきます。もう一回私の方から連絡しました。でも「彼女は電話に出られません。後ほど連絡します」という受付の人の言葉だけです。既に四週間ほどまったく連絡が来ません。そのころには、ああ、私は仕事はもらえなかったのだと分かりました。大変失望しました。そして私は思いました。「彼女はとても熱心に言ってくれたのに、一体私は何をしてしまったというのだろう」。私はいろいろ考えてもみましたが、理由は思い当たらない、ということが分かりました。

それから一週間後です。私はとても惨めな状態でした。車もないですし(笑)。そのとき、リチャード・バンドラーから連絡がきました。「自分と一緒にトレーニングをやらないか」と。信じられないような話です。私の本当の夢が実現したという感じです。もし私があのセラピストの仕事をもらって一年契約に署名していたらどうでしょう。いったんサインしてしまえば絶対にそれは実行しなければなりません。ということは私は、今ここにいなかったはずなのです。私にとってあれは本当にパワフルな経験でした。それによって私は古くから持っていた信念／観念を再構成することができました。

何かの出来事が起きたとき、そのときにはその後に起こることを理解できないことがあります。次の出来事が起きて、先に進んだ後で振り返ってみて、初めてその出来事の意味を理解することができる、ということがあるものです。この経験によってひとつの信念／観念を形成することができます。それはしばしば、ひとつの扉が閉じたときにはもうひとつの扉が開くものだ、ということです。つまり、しばらく時間がたってバンドラーから一緒にやらないかと招へいを受けるという出来事があってはじめて、あの最初の状況をひとつのフレームに入れて見ることができたのです。それによって古い信念／観念を再評価する、再調整する機会が得られました。こういう場合は、将来を形作るための新鮮なフレームを提供している、または、自らの「マップ」を改訂しているわけです。トレーニングルームの中でも、そのようなことはよくあります。

喜多見　その新しいマップは先ほどの電車の例にも通じますね。たとえば、一時間に一万ドルを稼ぐなんていつでもできると思っている人もいるし、真面目に働いても豊かな生活はできないものだと思っている人もいる。信念／観念として何を持つかという「選択」が大事ですね。

クリス　私は考えたのですが、幼少期はそんなに選択の余地はないように思います。幼少期は、親や先生など、自分の環境で身の回りにいる人たちから学んでいるからです。そして、子供たちが持っている信念／観念の多くは彼らによって形成されたものなのです。だから、ある程度成長するまでは多くの選択を持っていない可能性がある。幸いなことに私は、周囲にとても豊かで多様性のある信念／観念を持っている人たちがいました。私の両親はどちらも、読書や教育を重要と考えており、音楽も重要で、みんななにかの楽器を演奏しました。たとえば、家族が集まったときに、父母、そして私と妹の四人が演奏して、祖母が聞き手になるということがよくありました。祖母はヨーロッパ出身で、私はある程度の影響を受けています。私を育ててくれた人は韓国出身の人で、彼はその当時、大変豊かで身分の高いファミリーの出身でした。私は彼とのかかわりの中で学んだことも多いのです。アメリカの文化では得られないものを多く学びました。ですから私がさまざまな題材に他の人とは少し違うアプローチをしていくのは、幼少期にとても多用な価値体系の人たちに触れる機会を得たおかげだと思います。

それでも、今と比べると子供のときにはあまり選択の余地は多くはなかった。大人になってから私もいろいろなことに触れ、禅やNLPなどを知って、自分には多くの選択肢があることを認識しました。選択の幅を教えてくれたという意味で、NLPが与えてくれた価値は大きいものがあります。セラピーやNLPにやってくる方々の中に、自分は幼少期、被害者だったと感じている方がいます。私も話を聞いて、それはもっともだと思います。そうした場合、しばしば人は「自分にはまったく選択の余地がない」と感じるものなのです。そして自分は被害者であると感じてしまいます。

ここで、自分には選択の余地がないという見方をしている方に招待したいことがあります。それしか選べなかったから、そうしたということ、たとえば貧しかったから子供の頃から家族を支えるために働かなければならなかった、とします。でも、その「働く」という体験から「学んだこと」もあったのではないでしょうか？「身についた技術」もあったのではないでしょうか？　そうした、それがあったから学べたことにその人を招待したいのです。

これはその人たちに無理やり押しつけるのではなく、招待する、励ますためのものです。もちろん、その人の人生でとても大変だった時期もあったでしょう。しかし、学びという見地から過去を見ることを勧めているのです。それによって、今とは違う見方で、将来を生きていく可能性を拓くことになりますから。あまり多くの人は認識していないかもしれませんが、**過去をどのように見ているのかが、これからの将来をどのように見ていくのかということに深い影響を及ぼしています。**それが将来を形作っていくからです。

物事の中立性

2006.08.21.Tokyo

喜多見　クリスティーナさんは、物事を見るときにあまり「これはネガティブなことで、こっちはポジティブなこと」とお分けにならない。それは素晴らしいことですね。

クリス　ありがとうございます。私には韓国人のお父さんと呼んでいる人がいます。彼から学んだことがあります。彼は朝鮮で育った人で、論語を学んでいたのです。「易経（The Book of Changes）」に出てくる話をよくしてくれました。あらゆることは常に変わり続けていくという見方を彼は教えてくれました。つまり、自分で何かについて判断をするときには、現時点では私はこのように見ている。でも、明日はまた違う見方をするかもしれない、ということに留意する必要があるというのです。そうして私は、「パラドックス（逆説）の構造」にとても興味を持つようになりました。何かが問題化するひとつの土台にあることは、「二極的なパターン」です。どういう意味かというと、こういうことです。

「私はどうしても整理ができないんです」と言う男の人の例をお話ししましょう。彼にはある表象（リプリゼンテーション）があって（「整理できている」「整理できていない」というのは、こういう状態なのだという彼自身のセカンダリーなマップがあって）、彼がその方法で部屋を片づけよう（organize）とすると、結果的に片づけられない、という結論に達してしまう。最初は彼の結論が何なのか私は聞きませんでしたが、後になってから聞きました。「何が必要なのですか？」と。「とにかく私は片づけたいんです」と。これは「二極化したシステム」（Paradoxical System）といえます。つまり、**組織化（Organized）＝片づけるということは、片付いていない状態（Unorganized）への解決であると彼は考えているのです。それは「パラドックス」ですね。というのは、アンオーガナイズ（組織化されていない）という状態には「ある種の組織化」がもう既にあるからです。**当然、彼はそんな考え方はしていません。

物事がある種の組織化しかできていない状態のとき、彼はこれを組織化しなければいけない、片づけなければいけないと考える。そして、そのふたつの間を行ったり来たりしてしまうだけなのです。自分はとにかく組織化できない、片づけられないという信念／観念がある。そして整然と片付いた状態、組織化できた状態を求めている。たとえば友達がオフィスにやってきます。この男性は「片付いていなくてすみません」と謝る。その友達は、「うちのオフィスを見てください、もっとひどいですよ。あなたのデスクの上には書類が山積みになっているかもしれないけれど、それ以外のところはみんな整然としていますよ」と言ったとします。そこで、彼はどう反応するのでしょう。「いやいや」と、きっと彼はそれを否定するでしょう。

アインシュタインは、**「問題解決をするには、問題が発生したのと同じ論理では決して解決することはできない」**と言っています。この人は二極化（bipolar　バイポーラー）の構造の中にいるのです。行ったり来たりしているうちに二極化がどんどん自分の中で進んでしまう。現在の世界で起きていること、私たちが日々見ている状態は、まさにこれなのです。

喜多見　そうなってしまったときには、どのようにして抜け出したらいいのですか？

クリス　私は言語の研究によって、このことが理解できるようになりました。それは、自分はアンオーガナイズドなんです（I am unorganized）という言葉が出てくる、**その下の階層にあるパターンが何であるかを知っているからです。**基本的にこういう状況、この例では片付いていないと思っている状況のとき、その人は**とても「受動的に感じている」ものなのです。**つまり、自分は「受け身的」で「被害者」であると感じている。彼はとても自分が受け身的になっていて、自分は何か、能力が欠けていると考えています。つまり、**彼はこの状態が変化するための源は自分の「外」にあると信じ込んでいる。**その信念／観念がある限りは何も変わらないのです。

私はこう聞きました。**「How did you “organize” “that” perception in “that” way? あなたは、どのようにしてその知覚をそのような形で整理した**

んですか？」。言い換えると、あなたはどのようにして、自分は整理できないという考えを「整理」し、「まとめる」ことができたのですか、ということです。

喜多見　それは素晴らしい質問ですね！

クリス　彼の最初の答えは何だと思いますか。「ありがとう」でした！　この質問をすることによって、「できない」「しなければいけない」の両方に縛られている「二重拘束」（ダブルバインド）の状況から彼を救い上げることができたのです。このポラリティー（両極性）は両方とも常に同じひとつのカテゴリーと見なされています。たとえば、熱い、温かい、冷たい、寒いというのは、同じ「温度」のカテゴリーの中にあります。だから同じカテゴリーの中で質問をしてあげるのはいいことです。**その質問に答えるためには、その人が二重拘束（ダブルバインド）の状態から抜け出さなければ答えられないような質問をしてあげることがカギとなります。**

少しアカデミックに聞こえるかもしれませんが、こういうことなのです。これは私が行うトレーニングでも試してみたことがあります。いろいろな質問の可能性がありますが、「いつもそうなるのですか？」。「何に関して？」。「自分が整然と片付いていたときのことを思い出すことはできますか？」。**これら質問のどれもが、ダブルバインドを強化してしまうことになる。**パラドックスを強めてしまうのです。トレーナーの人たちには次のようにいつも教えています。彼らが質問するときに、可能性を拓くような質問をしているのか、それともかえって制限を強化してしまうような質問なのか、常に考えなさい、と。

トレーナーの人たちは、最善の意図を持っているでしょうが、言語のパターンを理解していないと、意図せず、かえって相手の人の問題を強化してしまうことがあり得るのです。多くの場合に人が問題だと考えている状況にはこのような構造があります。私はこういう質問をしました。「あの知覚を（that perception）、あのような形で（in that way）、どのように整理したんですか（How did you organize）」。特に、声のトーンを使って「あの（that）知覚」、「あの（that）方法」と少し強調をしました。そして、あなたはオーガナイズ（整理）したと続けたのです。**この質問に答えるためには、彼は受け身的ではなく、「能動的な立場」に身を置かなければいけません（youが主語になっている）。**

そして次に「あの」知覚の「あの」とは、「これは現実ではなくてひとつの知覚に過ぎないのだ」、と示唆しています。知覚は認識する結果起きます。ですからここでふたつの大変パワフルなリフレーミングが既にあるのです。**「あの」ような形で、「あの」ような方法での「あの」と、声の調子を変えることによって、たくさんの方法がある中で、あなたは特にこの方法を選んだのだ、という感じになります。**そして、とてもシンプルな質問でしたが、これによって固定化していたシステムが開かれたのです。もちろんこういった質問は、作るのに十五年ぐらい時間がかかっているのですが……（笑）。

喜多見　今まさに、私はそのことを聞こうと思っていたところでした（笑）。こういう質問をどうすれば作れるのだろうかと。もちろん可能性を広げるような方向で聞くというコンセプトは分かります。

クリス　私は何年も教えてきました。セミナーで参加者から「私は○○できないんです」「私は△△なんです」と問題を提示されたとき、私はいろいろな実験をしてみたのです。「私はあなたに、ふたつ質問をしますよ。どちらの質問があなたの中の可能性をより拓いてくれるかを私に教えてください」と。最初のころは自分でも何をやっているのかはっきり分からなかったのですが、徐々に分かってきました。「どちらの質問が、選択や可能性の幅を広げてくれますか？」という質問によって「選択の幅が広がりました」と彼らが言ってくれたので、私はフレーミングをしているんだと理解できたのです。

最初のころは、**「What is the problem? 問題は何ですか？」と「What “was” it that you have “perceived” as a problem? あなたが問題として“認識してしまった”ことは何ですか？」のふたつの質問をしていました。**

私は何百もの症例を持っていますが、ふたつ目の質問の方が可能性を拓いてくれるようです。そして、そのことについて質問を続けていきます。これを繰り返すことによってパターンを集めることができました。

ふたつ目の聞き方が良かった。問題から半歩ほど引き下がって見た、という感じですね。それに、その人が問題だと思ったこと、それが何であれ、それは「過去」の中にあった、と思えるようになる（have perceivedと完了形で聞いている）。その質問をされることで、もう前と同じような感じがしなくなったと言うのです。それは、「どうやって“あの”知覚を“あの”ような方法で“整理”したのですか？」、という質問と同じです。そして、このWhat “was” it you have “perceived” as a problem?という質問に答えるとき、その人が問題と認識していたことは、It was ……と表現されます（「私は……できない」の場合は、自分と問題を同一化している）。つまり過去形でしかも「客観的」なitになる。itとは、自分の「外側」に問題があることを意味します。そしてあなた、youは能動的なポジションに置かれるようになります。しかも「you have perceived」、つまりあなたが「認識」したのです。**「認識」は現実ではないということを忘れてはなりません。**

ふたつ目の質問の「問題として——as a problem」というのは、先ほどの質問の「あの方法で——in that way」と基本的には同じ効果があります。この表現は、**問題として見る以外にもいろいろ見方があるのに、あえて「問題として」見た、という意味を含んでいます。そしてまた、問題を「過去」に置くことができた。さら、に自分は全体的にその問題を解決する能力があるのだと見ることができる。**問題は「過去」のことだった、という位置に置くことによって、「現在が開かれ」、また「別の方法」という可能性が現在において拓かれてくる。

この質問に対して「うーん、分かりません」と答えた人は誰もいませんでした。これは「ペーシング」のようなものです。その人がそのステイトメントを発しているときは、既に「過去になってしまった」問題について言っているのです。今振り返ってみて、「あなたが過去に問題として認識してしまったことは何でしたか?」と。通常私たちは現在があって、その人があるゴールに到達するための、その道の途中に問題を置いてしまいます。ゴールを達成する道を邪魔している、と人は認識している(図A)。問題を言葉で表現するときにこのような逆説的な構造があるのです。自分自身をとても受動的な立場で見ている。「自分はその状況に影響を及ぼすことができない」と考えています。だから私は、最初にその問題を過去の位置に置くような質問をするのです(図B)。そうすることによって、現在がより開かれ、より明確になるのです。

喜多見　このような道を「開く質問」を考えつくときというのは、問題の構造をよく観察して、本質的にはこういうことが起きているのではないか、という気づきが先にあるのでしょうか?

クリス　そうです、その通りです。そして、座って、同じような目的を果たす別の質問を考えます。それは、**つまり頭の中に前提、意図を持ちながら質**

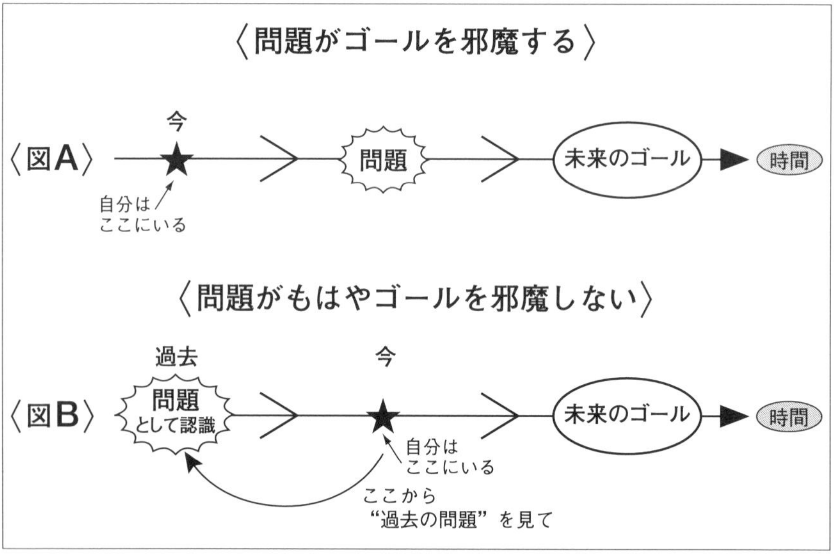

問を考えるということです。この質問によって、その人をダブルバインドの縛りから離してあげることができます。

たとえば、自分は片づけられない、整理できないという人に、どうやって知覚をそのような方法で整理したのですか？と聞いたとき、**彼は「整然としていない状態だと“認識していた”ことは、この整理するという一連の状態の中の一部である」という認識に至るわけです。**それによってダブルバインドの外に出ることができる。

喜多見　あなたはもうこのことをうまく整理しているということに招待するのですね。

クリス　そうです。私がバンドラーと一緒に仕事をした何年かの間に何回かバンドラーが私に言ってくれました。「人はいつも、本人は“できない”と思っていることが、実は“できるんだ”ということを示してくれている」と。最初、私は何を言っているのかまったく意味が分かりませんでしたが、やがて少しずつ分かってきました。この人は、私は片づけられない、オーガナイズできないと思っているが、では「どうやってその知覚をあのような方法で整理したのですか？」と聞かれると、彼は疑いもなく、ただ「ありがとう」と言ったのです。私もびっくりしました（笑）。

彼が自分はどうしても整理できない、と言ったときに、直接ではなく「間接的」に言っていた事柄があります。私はそれがなにかを聞きだすための質問の仕方が分かる。それは、その「下の階層にあるパターン」を知っているからです。

彼は、自分はとにかく片づけられないと言っている。私の務めは、彼に質問してあげることです。つまり、いくつかの質問によって、**彼がその質問に答えるためには、自分ができないと信じていることをできると思わないと答えられないような質問をしてあげる。その意味で逆説的なのです。こうした質問は、前提の上に非常に強く成り立っています。あなたは「整理できない」と言うことはできない、そういう質問です。**

ふたつ目の質問（82ページ下）によって、彼が問題だと認識していたことは過去のことになりました。その次に私は比較的シンプルなワークに進みました。問題は彼が時間をどのようにオーガナイズするのか、ということだけだったのです。彼に今までとは少し違った形で時間をオーガナイズしていくガイドをしました。それだけで達成できたのです。

喜多見　問題が解決されていくプロセスには、非常に興味深いものがありますが、その人には最初の気づきがあったのですね。ひらめきみたいなものが。長い年月をかけてアンオーガナイズだというところにはまっていったということですよね。

クリス　そうですね。自分は片づけられない、アンオーガナイズだという信念／観念に固まってしまうのに何年もかかったでしょう。

喜多見　逆のひらめき、発見が、ほんのささいなことに見えますが、大変強い力を持っていて、それによって、ドミノ倒しのようにうまくいく連鎖が起こるように感じられました。もちろん、もう少し具体的に何かをしなければいけないとか、そういうことはあるのでしょうが。

クリス　そうですね、実際にドミノ倒しのようになりました。それには、言語の研究に何年もかかりましたし、質問の仕方の研究にもさらに何年もかかっています。その人の話を聞いたとき、既に私はこの人のことを、良い悪いと判断するような立場にいないのだという態度で聞いています。

喜多見　それはとても大事ですね。

クリス　そうなのです。**たとえば、私自身の世界観で、これはネガティブなことだと判断したら、彼の二極化をさらに強化することになってしまいます。**助けたいという最善の意図を持っていたとしてもそうなってしまうのです。私が、良い悪いという評価をしてしまうと、彼がしていることとまったく同じことを私がすることになり、それによって彼の両極化をさらに強化してしまう結果になる。だったら、むしろ何も言いたくないくらいです（笑）。

でも、今では私が考えたいくつかの質問があります。また私は、これは真実ではない、これは現実ではないということを分かっています。整然としていない状態とは、これは知覚の問題に過ぎないのだと知っているのです。そして私に分かっているのは、**「そのことをその人に直接言うことはできない」ということです。**

なぜならば、**私が「それは知覚の問題です」と言うと、相手の人はそれに対して「そんなことはありません」という対極的な立場に立ってしまうからです。**それは、また同じこと、つまり両極化、対極化をさらに強化してしまうことにつながってしまいます。だからこそ私は、相手の人に質問する必要があるのです。その質問に答えるために、その本人がダブルバインドから抜け出なければ答えられないような質問をしてあげなければなりません。

もうひとつのいい例があります。「私は決められないのです I am indecisive」「私には意思決定の新しい戦略が必要です I need a new decision strategy」と言う人がいました。そこで聞きました。「面白いですね、あなたはどうやってそのことを「決めた」のですか？ That's interesting.How did you decide that?」。同じような種類の質問ですね。決められないとは、本人が自分は意思決定力がないと思っているということです。だから「あなたはどうやってそれを決めたのですか？」と聞きました。彼は、「ああ、分かりました。あれも決断だったのですね」と。これは「どのようにしてそれを決めたのですか？」と聞くことによって、彼が表象の要素（この場合は「自分は決められない」というマップ）をどうやって決めたのかを聞いていきたいのです。

このプロセスは先のプロセスと大変似ています。とても面白いですね。このようなことはトレーニングの中にしばしば出てきます。「分かりません I can't understand」と言うときには、その人はもうこれで終わりですと言っていることになります。この人に私は、「あなたがまだ分からないことは何ですか？ What is it that you “don't ” understand yet？」とまったく違う質問を返します。「私には分からない I can't understand 」と言うときには、自分は理解能力がないと言っているのです。ですから、この質問ではcan'tではなく「don't」を使って聞いています（英語のニュアンスでは「あなたが理解しないこと、は何ですか？」という感じになる）。そして、相手の人が説明し始めます。その説明によって、実はその人は理解しているということが分かるのです。

あなたがまだ理解していないことは何ですか？　という聞き方をすると、**その質問に答えるためには、その人はもう一度そのプロセスのスタート台に立たなければいけません。バックトラックしなければならないのです。**これをやっていくと通常、その人が「分かりません、理解できません」と言ったポイントの先までいくことができます。するとだいたい80～85％の人はそこで、「ああ、ありがとうございます」「分かりました」と言います。**もし、その人の理解を明確にするために、私の方からその人に答えを与えてしまったら、それは本当の意味での理解にはならないのです。**私がその人がまだ分かっていないのは何ですか、と聞いたときに、その人本人が自分の考えるプロセスをもう一度見直すことになります。**私は、人々に自分の思考の中でそのプロセス、その可能性を拓いてほしいのです。**そして、その人が答えることによって、**自分の注意がどこに向かっているのか**が分かったときに、私に何か付け加えることができるものがあるならば付け加えてあげたい。

これはトレーニングやセラピーで応用できるものです。

喜多見　いろいろなところでスタックして（行き詰まって）いる人は、現実に起きている「中立」なことがあって、その中に自分の意識のフォーカスを当てて、色をつけた一側面だけを選び取っているのかもしれません。

クリス　彼らが注意を向けると選択したことにはひとつの「外因」あるいは「意味」があって、そこにある種のラベル化が行われているのです。あなたの言うフォーカスも興味深い考えですね。

初期のころ、バンドラーと私がサブモダリティ*（従属要素）について研究していたことを覚えています。私たちはニューオーリンズにいました。私は参加者にエクササイズを出していました。ひとつは「理解」のサブモダリティは何か？　そしてもうひとつは「混乱」のサブモダリティは何か？　でしたが、そこで起きたことは本当にめざましいことでした。

私はデモンストレーションをしていました。参加者が「混乱」というラベル化をした認識のサブモダリティをリスト化してもらいました。比較的少人数のグループだったので、グループの人たちにペアを組んでもらって、サブモダリティのモデリングをしてもらいました。そうすると、八つぐらいの異なったラベル化の方法が出てきました。何人かの人は「混乱」のサブモダリティは「好奇心」というラベル化をして、「とてもモチベーションを感じる、やる気が出てくる」と言った人も、「イライラする」と名付けた人もいました。非常に興味深いことです。一人が混乱とラベル化したものは、すべての人にとって、必ずしも混乱を意味しなかったのです。しかも、同じサブモダリティのグループにも、別のラベル化を与えているということも分かりました。

先ほどの話に戻りますが、「ある方法でラベル化する」ことを学んでいたのだと思います。その人が、絶対的な言葉で言い切ってしまったときに、それ

＊<サブモダリティ（Submodality 従属要素）>

私たちは、外的なプライマリーな体験を、内的に置き換える際に、表象システム（VAKOG　五感）を通して置き換える。その感覚システムが「モダリティ」。「サブモダリティ」は、その感覚モダリティを[サブ]「細分化」したもの。サブモダリティは「意識の物理的次元」（自分の意識にプライマリーな出来事を格納するときの物理的な次元）とも呼ばれる。その物理的次元には、出来事は五感を通じて細かくコード化されて保管される。感覚モダリティの細分化は、「視覚」でいえば、色、形、サイズ、前景・後景、明るい・暗い、動画・静止画など。「聴覚」でいえば、口調、テンポ、音量、リズム、ステレオ・モノラルなど。「体感覚」でいえば、温度、湿度、圧力、感触など。「嗅覚」では、有機的香り、無機的香りなど。「味覚」では、甘い、酸っぱいなどとなる。たとえば、ある体験は「暗いモノクロの静止画」として意識に格納されたりする。こうして五感を細分化して格納されたサブモダリティの一部（たとえば大きい・小さい）を変化させることで、その人にとって意味することが変わって認識される、ということを利用したのがスウィッシュ・パターンである。

以外のものの見方の可能性を落としてしまう。その人が、自分はとても整然としていない、アンオーガナイズなんだと思い込み、そしてその思い込みがどんどん強化され、その経験が繰り返されていく。そしてそれが時間を経て、何回も繰り返されていくと、ちょうどタマネギのような状態、つまり、**思い込みが何層も重なっていくと、別のものの見方をすることがむずかしくなっていく**のです。このように、**人は自分の弁護、自分の言葉によって思い込みを強化してしまう**ものなのです。

つまり、サブモダリティのシステムは普遍的な意味を持っているわけではないと分かります。**私たちがサブモダリティに与えるラベルは「学習」の結果によるものが多い**のです。

リフレーミング

2006.08.22.Tokyo

クリス　次にリフレーミングのプロセスについて、どのように考えればよいのか例を挙げてみましょう。というのも、一般的にいって、リフレーミングを初めて学ぶ人は、物事にはプラスの意味とマイナスの意味があると考えがちです。しかし、私はそうは考えていません。先ほどの「人間万事塞翁が馬」の話のような見方（悪いことの後ろにいいことが、いいことの後ろに悪いことが隠れているたとえ）をしているのです。

人は、出来事が起きた直後に、その出来事について判断をする傾向があります。というのは、私たちは通常は、**後ろを振り返ることによって意味を与える**からなのです。何か起きたときに、人は「あれは不快な出来事だった」「達成したいと思ったことができなかった」などと、それで何かが終わったかのように評価をします。つまり、**それが「ひとつの状態から次の状態に至る移行期間」であるとの見方をせずに、**あたかもそれで終了したかのような見方をしてしまう。言い換えると、人はその状況が良いか悪いかを、**自分の気持ち、感情を土台にして評価する傾向がある**ということです。

リフレーミングについて説明するとき、私はこの塞翁が馬の老人の話をします。大変パワフルな話ですから。ここで、注意しなくてはならないのは、**この話はなにかの出来事をプラスのものにリフレーミングするのではない**ということです。プラスにリフレーミングするということは、右か左か、いいか悪いかという構造をそのまま持ち続けてしまうことを意味します。別の表現をすると、出来事をプラスにリフレーミングするようになると、人は出来事が、元々プラスかマイナスの性質を持っているかのように考え始めてしまう傾向があるからです。だから「ああ、これはネガティブだね」と言った途端、それ以外の可能性を探求するための扉を閉じてしまうことになるのです。そのことによって、何かを学べるかもしれないその経験の範囲全体を削除しようとしてしまうともいえます。

例を挙げましょう。私がロスに住んでいたとき、少なくとも週に一回は母の家を訪れ、一緒に夕食を食べることにしていました。もう既にNLPを学び始めていたころですから、一九七八年前後です。一緒に楽しく食事をして、おしゃべりをする良い時間を過ごしていました。私が家に帰らなければいけない時刻になると、母はいつも車のところまで送ってきてくれて、そこで止まって、私を見て言うのです。「必ず家に鍵を掛けるのよ。それから必ず歯を磨きなさいね」「ビタミン剤をちゃんと飲むのよ、睡眠時間もたっぷりとって。あなた、疲れているように見えるから」。私はその言葉に対して笑うことはありませんでした。私はいつも少しイライラした反応をしたのです。「ママ、私はもう三十六歳になるのよ。私はずっと自分のことはちゃんとやってきているんだから、なぜ私を信頼してくれないの。私は大人の女なのよ」。いつも軽い言い争いになりました。彼女も不快になっているのが分かるし、私も気分が悪い。そうして少し嫌な、悲しい気持ちになって家に帰るのです。大変楽しい夜だったのに、いつも嫌な終わり方をする。それが必ず車寄せのあの場所で起こるのです。

そのころ私は既に、リフレーミングを少し勉強していました。リフレーミングの目的は、同じ状況を違った視点から見ることだと理解していました。注意を向けるところが変わることで、今までとは別の振る舞いが引き起こされる。二人にとって、もっとしっくりくるような振る舞いが出てくるはずです。

私は座って「私が母のような振る舞いをすることがあるだろうか？」と自分自身に質問をしたのを覚えています。そして思いました。「ああ、……あるある」と。そのとき私は結婚していて、夫に「ビタミン、飲んだの？」などと、小言を言うことがあったのです。英語ではぶつぶつ小言を言うことをナグと言います（nagging）。私が批判した彼女の振る舞いと同じようなことを自分もやっていたし、これからもやってしまうだろうと思うと少し恥ずかしい気持ちになったものです。

そして次のような質問を自分にしてみました。「私の意図は何なのだろう」。それは、その人にぶつぶつ小言を言って、嫌な気持ちにさせようというものではありません。では、なぜ私はそう言ってしまうのか。意図しているのは、その人を思いやっている、その人を愛している気持ちを伝えたいということです。にもかかわらず、私はそれを相手の人に分かってもらえるような形で表現していなかったことに気づいたのです。そこで、私は自分の頭の中で練習しました。母はもちろん私を愛してくれているし、私のことを気にかけて、心配もしてくれている。私が健康でずっと元気でいるようにと、彼女が思ってくれていることがよく分かったのです。

翌週、私が母と楽しい時間を過ごし、あの場所に近づいたときに、母がいつもの言葉を言うと分かっていました。はたして彼女は、いつもとまったく同じことを言ったのです。私は母に「ごめんなさい。ママがそう言ってくれるのは、私がちゃんと自分のことを大切にして、元気でいてほしいと思うからなのよね」と伝えました。すると母は大変うれしそうな顔になり、私を抱きしめて、「とにかく私は、お前にそのことだけを知っていてほしいんだよ。お前が大人になって、自分のことは自分でできるということは、私もよく分かっている。昔みたいにお前が私を必要としないことも分かっている。でも、こういうことを言えばお前が昔を思い出してくれるんじゃないかと思って」。そして母は言ってくれたのです。「ときにはお前が私に『歯を磨いてね』なんて言ってくれるのもいいかもしれないね」と。やはり母にとっては、そうしたことを言うのが相手に対する思いやり、愛情の表現だったのです。そして母に、「ママ、ちゃんと歯を磨いてビタミンも飲むのよ」と言うと、彼女は「ありがとう」と答えました。それはお互いにとって、大変貴重な瞬間になったのです。それ以降は、車寄せでのいつもの行動が、私にとっては新しい意味を持つようになりました。

この例から分かるのは、**出来事そのものには意味がない**ということです。ただ、**別の枠組みを付け加えることによって、別のところにフォーカスが向き、その結果として別な意味が生まれてくる。**人が出来事にどのような枠組み、フレームを与えるかによって、意味が生まれてくるのです。母が私にぶつぶつ小言を言っているというフレームで見ていたとき、私に連想させていたことがあります。それは、子供扱いされた、自分を信頼してくれていないということです。だからそのフレームで見ているかぎり、常に言い争いになってしまいます。

これでは時間とエネルギーのむだです。私はそんなコミュニケーションをしたくはありませんし、私たちの関係は、もっとかけがえのないもののはずなのですから。

リフレーミングではこのように、同じ出来事を今までとは違う方向から見ることを人に招待します。そして違う方向から見たときにどのように感じますか、そしてどのような振る舞いがそれによって引き起こされますかと質問をしてみるのです。

喜多見　リフレーミングの根本には、すべての出来事は中立だ、ということがあるわけですが、人間はどうも、良い悪いなどの二者択一で考えてしまう傾向があります。人間は、結構そこにはまってしまうものなのかもしれません。

クリス　あるセミナーの中で、誰かデモンストレーションをしたい方はいますか？ と質問をしたことがあります。ひとりの男性がこんなことを言いました。「私は自分の仕事を本当には楽しんでいないのです I really don't enjoy my job.」。私は、「では、あなたは人為的に仕事（Job）を楽しむのですか？ So,you artificially enjoy your job?」と聞きました。つまり、少しユーモアを加えたのです。ユーモアは、とてもパワフルなツールです。「パラドックス」の概念で遊んでみたのです。

喜多見　ここで言うパラドックスというのは？

クリス　**人は出来事をあれか、これか、という構造で記号化して保存しがちなのです。**

喜多見　パラドキシカルというのは、二者択一しかないのだと思い込んでいるというニュアンスなのですね。

クリス　そうです。この時点で、この男性の持っている構造は、仕事を楽しむことが解決法であると考えているのです。彼は自分は仕事を楽しまないからマイナス、楽しむことがプラスと思い込んでいた。彼がそこにフォーカスし続ける限り、彼はこれなのか、あれなのかというダブルバインド（二重拘束）の構造の中にはまっていることになります。二重拘束とは、その人が両極的な考え方、こちらの極とあちらの極の間を行ったり来たりする状態です。その中間には何も存在しません。白か黒かという考え方です。両極はまったく異なった価値観で、そこに解決法はありません。自分は今仕事を楽しんでいるだろうか、いや楽しんでいない、いつ仕事が楽しめるんだろうか、と行ったり来たりするだけで、頭がおかしくなってしまいそうです。でも、本当はそうではありません。

私が、「では、あなたはわざわざ人為的に仕事（Job）を楽しむのですか？」と聞いたとき、これは反対のものを紹介しているのです。反対のものとは、リアル（本物）かそれともアーティフィシャル（人為的）なものかという対立です。だからこの言葉は、本来、彼が意図するところと一致していません。「私は自分の仕事（Job）を本当には楽しんでいないのです」とは、一体どういう意味なのでしょうか？　この時点で彼の使っている表象（リプリゼンテーション）は区別化がされていない、つまり、あいまいなのです。だから、彼は何も区別化することができない、ただ大きな固まりのような状態といえます。

「あなたは人為的に仕事を楽しむのですか？」という質問に対して、彼は笑って、「いいえ、私は仕事をまったく楽しんでいません No,I don't enjoy it at all」と答えました。このようなステイトメント（声明）は、私が導いていきたいものなのです。というのは、ここで彼は初めて少し区別化をし始めたといえます。でもそれが解決法ではありません。彼がこう答えることによって、私が彼にダブルバインドから抜け出ることへと招待するための扉が少し開いただけです。

私は彼に聞きました。「あなたにとって、本当に重要なことは何ですか？」。あなたが本当に大切だと思っていること、価値を認めていることは何ですか、という質問ですね。彼はこう答えました。「(Doing the work that I enjoy.) 私が楽しめる仕事（Work）をすることです」。今度はワークという言葉を使いました。日本語では同じ仕事という意味ですが、英語ではjobとworkにはニュアンスの違いがあります。jobで表される仕事とは、たとえばオフィスで秘書をしています、私はエディターをしていますという意味。workとは、その職種やその仕事によって、私はどういうことができるのか、という意味です。つまりワークとは、どちらかというとキャリアのようなもので、私がその職種によって、どのような貢献をしているかを意味しています。だからここでworkという言葉を使うことによって、彼はもう既に別の視点から見ているといえます。

次に「あなたのjobは何ですか？」と聞きました。「IBMです」。彼は続けました。「でも、自分が本当にしたいことは、トレーニングなのです」。「あなたはどのくらい仕事をしているのですか？」。「もう何年もしています」。「あなたは長い間勤めていらっしゃって、その間にいろいろなスキル、能力も身につけたことでしょう。たとえばどんなスキルを学びましたか？」。ここで私は、スキルを学ぶというフレームを付け加えました。彼は、「いろいろなことを学びました」と答えました。私は言いました。「あなたはたくさんのスキルを学んでこられた。それはあなたがこれからやっていくことを支えてくれるものです。しかもそれを学びながらお給料までもらっていた。それは素晴らしい仕事ですね」と。彼は、「そんなふうに見たことは、一度もありませんでした」と答えました。「確かに私は本当にたくさんのスキル、能力を学んできました。そしてそれらのスキルは、生涯使えるものです」。で、私は聞きました。「では、今のあなたの仕事の中で、どの部分が楽しめますか？」。彼はなんとこう言ったのです。「IBMの仕事は、トレーニングの場なのです」と。そう、そこがポイントなのです。つまり、**仕事そのものではなくて、彼の態度、彼がどこにフォーカスを向けるのかという問題だった**のです。

ここで彼は、自分は何を学んでいるのか、そしてこれから、学んでいることをどのように使えるのかという方向へ注意が向かった。それは、「自分は楽しんでいるんだろうか？」「まだ楽しんでいない」「いつ楽しめるんだろうか？」という二重拘束ではありません。もうそこからは抜け出したのです。この人は、マスタープラクティショナーでした。六カ月後に彼は、トレーナートレーニングに参加し、終わってから一年以内に、自分で事業を始めました。そしてIBMが、彼のトレーニングのクライアントのひとつになったのです。

私が彼の問題提起の構造をより深いレベルで理解することによって、彼が考えを深めるサポートができたのです。本来の価値を認めるような考え方に変えていくことを援助できた。彼の強調しているポイントが、シフトしたのです。それまで、彼は常に、自分は楽しんでいるのだろうか？　いつ楽しめるのだろうか？　という質問をしていました。その状態からシフトして、これはトレーニングの場なんだ、そしてそれをどのように使って貢献していけるのだろうか、と変わっていった。コンテクストそのものは変わっていないけれど、その質問によって別のフレームを使うということへと彼を招待しました。その結果として、今までとは別の知覚を持てるようになったのです。

喜多見　素晴らしいのは、彼が自分で考えた点ですね。

クリス　そうなのです。

喜多見　クリスさんは、これとこれを結びつけて考えたらどうですかと、具体的なアドバイスは何もしていない。

クリス　そうです。そして、それが最も効果的なのです。もちろん私から提案することはできますが、それでは自分で考えたのと同じだけのインパクトがありません。

喜多見　そういう時、クリスさんはこの人はここに着地するだろうなと、ある程度見越しているのですか？　それともいくつかの可能性があって、どこかに着地するように持っていっているのでしょうか？

クリス　私はひとつ以上の、いくつかの可能性を考えています。そして、先ほどの母とのエピソードなど自分自身の経験を、よく例として取り上げて説明をします。

この男性の最初の言葉を聞いた途端に私の意識の中に浮かんできたのは、かつて私が十五年間していた仕事です。私は、非営利の学校法人で、奨学金のための募金を集める仕事をしていました。特にその仕事を好きでもなかったことを覚えています。でもそのことは問題ではありません。私はあまり能力のないボスのアシスタントをしていたのですが、今ではそのことが大変恵まれていたのだなと考えるようになりました。つまり、上司の彼女が仕事のできる人だったら、私はなにも学ばなくてもよかったはずです。しかし、そうではなかったおかげで、私は非常に多くを学ぶことができました。

私たちの仕事のひとつに、年二回の募金集めのためのイベントがありました。それは盛大で、何人ものセレブリティを招待したり、パンフレットや招待状の製作をしたり、人に会いに行ったり、また電話をかけたりといろいろな準備がありました。その後、仕事を辞め、自分でビジネス、つまりトレーニングをするようになってはじめて、「ああ、前のあの仕事が、自分にとってはトレーニングの場だったのだ」と分かったのです。しかし、その仕事をしている当時は、まったくそんなことは考えていませんでした。というのは、自分がその後、仕事を立ち上げ、トレーニングで教えるようになるなんて、思いもしなかったからです。自分がトレーナーになり、事業を起こして、セミナーを教えるようになって、はじめて分かりました。前の仕事でしていたことのほとんどすべてが、セミナーをオーガナイズする仕事と同じアプリケーションだったのです。

この男性は三十五、六歳で、非常にフォーカスの範囲が狭く、仕事をその時の時点でしか見ていませんでした。そしてこの仕事を、ずっとしなければいけないかのように考えていたのです。

私がもうひとつ学んだのは、**人は必ずしも次に何がやってくるのかを分かっているわけではない**ということです。私はあとになって、あの仕事はその次にやることの準備だったのだと気づきましたから。私がこの男性に提案したのは、彼がその当時IBMでやっていたことは、もちろんその時点でもメリットはあるけれど、同時にそのあとで彼がやるであろうことの準備になっているのではないか、というものです。そのことを直接彼に言うのではなく、私はこんなふうに提案しました。「今やっている仕事が、これからやるであろうことの土台になっていくと考えてみてはどうですか？」と。リフレーミングは、こうした、物事の視点を変えるということの役割も果たします。つまり、**今注意を向けているフォーカスをシフトすることによって、今現在の振る舞いが変わると同時に、将来の振る舞いも変わっていく。ある意味ではフューチャー・ペーシングでもあるといえます。つまり、単に今だけではなく、将来的にその振る舞いがもう一度起きたときに、そこから今を振り返るとどのように見えるだろうかということなのです。**

喜多見　NLPの手法は、リフレーミングやフューチャー・ペーシング、メタモデルなどさまざまなスキルが独立してばらばらにあるわけではなくて、立体的につながっているのですね。

クリス　そうです。メタモデルというのは、私たちが経験を組織し、分析し、説明するときに使うモデルです。そのように理解すると、NLPの世界で時々言われる「あなたの話にはバイオレーション（違反）がありました」ということはないのです。「I am frustrated」（私はイライラしています）「I am confused」（私は混乱しています）と言ったとき、いくつかのバイオレーションがあると主張する人がいますが、**実はたくさんの情報が「削除」されているだけです。**NLPの表現の中にあるバイオレーションという言葉。バイオレーションとは権利の侵害、妨害といった何かの違反という意味です。しかし、ここでは**何も違反をしているわけではなく、経験を意味づけするときに**

よく使ってしまうパターンなのだ、ということです。経験を組織化し、まとめていくときに使うパターンでもあり、さらに人に自分の経験を説明するパターンでもあるということですね。

喜多見　「I am confused」をバイオレーションとまでとらえる人がいるのを知りませんでした。

クリス　私は混乱していますと言ったその人は、単に「一般化」をしただけです。その知覚要因を自分で組織化したということですね。別の例を挙げてお話をしましょう。

この前にお話しした、私はオーガナイズされていない、私は片づけられないという人の話です。復習しましょう。彼は、「私は片づけられない、オーガナイズされていない」と言いました。彼の考えていた解決法は、「私は整然とする必要がある、組織化する必要がある」ということです。こちらかあちらかという二重拘束の構造が、ここにあるわけです。私が「あなたはそのような知覚をどのようにして組織化したのですか」と聞きました。それによって彼はそこから引き上げられたのでしたね。

というのは、アンオーガナイズもオーガナイズも、つまり雑然としていても整然としていても、オーガナイゼーション（組織化）が、表象モデル（意識に格納するときの型）としてあることに違いないのです。もちろんこの質問には、メタモデルがあります。あらゆるものには、メタモデルがあることはご存知の通りです。

オーガナイズか、アンオーガナイズであったかは問題ではなく、彼が二重拘束の中にとらわれていたことが問題なのです。二重拘束にとらわれている限りは、決して解決法は見つからないでしょう。というのは、アンオーガナイズでもオーガナイズでも、どちらもこの問題を恒久的に存在させてしまうからです。彼は私の質問に対して、ありがとう（何が起きていたか理解できた）と言いましたが、その後で私は、でもまだまだ先がありますよと、続けました。

こうしたとき私は、「非言語的な反応」に注意を向けます。これは大変重要です。というのは、人は（ジェスチャーなどで）内面的なオーガナイゼーション（組織化）がどうなっているか、のヒントを与えてくれるからです。たとえば位置、そのイメージが「どこにあるのか」、あるいは「自分とそのイメージの距離」を見せてくれることもあります。彼は「こういう絵があるのです」と言いながら、体の前で何かを掴むような動作を繰り返したのです。私はそれを見て「場所は五つですか？」と聞きました。すると、「どうして五つだって分かったのですか？」と驚いたように聞かれましたが、彼が説明するための、空をつかむような動作を手で五回繰り返したのを見ていたのです。

次に「とてもイライラしているんです」と彼が言いました。それに対して私は、「その反応（イライラすること）が出たときに、どうやってあなたは分かるのですか？ How do you know when to have that response?」と聞きました。すると彼は、「なんだか分からないけれど、何かが起きてしまうのです」と。これは何かが始まっているということを、彼が私に教えている、といえます。ここでの前提は、その人が「イライラする」とラベル化したことは、それよりも前に起きたことへの反応であるというものです。何かが起き

〈オーガナイズできない男性の中のイメージ〉

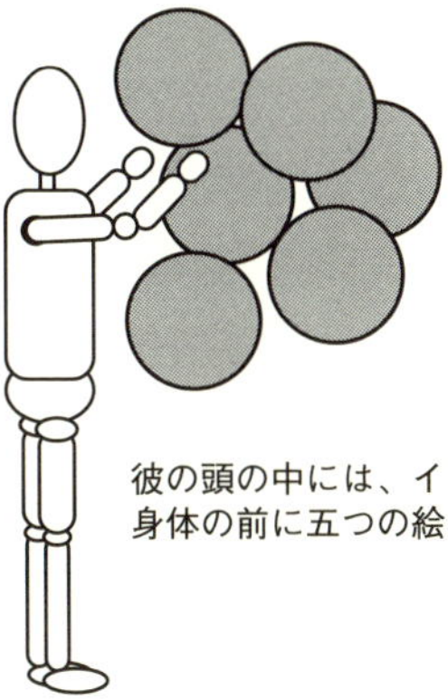
彼の頭の中には、イメージとして
身体の前に五つの絵があった。

ている、その反応として彼はイライラしているのです。

反応（レスポンス）という言葉は、何かがあってそれに対して起きることですね。そして反応はひとつの「判断」です。私が知りたいのは、その前に何が起きるのかということです。どうして知りたいのかというと、その人がその出来事を別のフレームで見ることができたとき、違った反応をすると考えられるからです。**リフレーミングをはじめて学んだときには、たとえばこの「イライラ」に直接働きかけて、それを変えようとしてしまうものです。しかし、それは大変むずかしい。**ここでリビング・システム思考モデル＊（Living Systems Thinking Model 169ページ参照）が大変役に立ちます。

「イライラする」は、セカンダリー・レベルです。「その反応があるということをあなたはどうやって分かるのですか？」という質問によって、彼はバックトラックしなければなりません。私は、彼にバックトラックしてもらって、一次的体験のデータにたどり着きたいのです。一次的体験に近づけば近づくほど、事実はよりあいまいになっていきます。そしてあいまいになれば、よりリフレーミングしやすくなるのです。

リフレーミングのプロセスの背景にあるのは、そのことです。彼が身体の前で手を動かしたとき、「ああ、あなたにはそうしたイメージがあるのですね」と私が言いました。彼は、「ええ」と。「私は少し興味があるのですが、あなたの頭の中にあるそうしたイメージは、どのようにイライラするという意味を持つに至るのですか？」。すると彼は、その言葉の意味が分からない、というような感じでした。「もしあなたが、イライラを（より主観から離れた）『情報』として考えたときに、何が起きますか？」。彼は、「ああ、そうですね。これは情報ですね」と。「何をするための情報ですか？」と私が聞くと、彼は考えて、「その状況を違った角度で見るためのものです」と、答えました。次に私は、「あなたがその状況を違った目で見たとき、どのような可能性や選択があなたに開かれていきますか？」と聞きました。基本的に私が行ったのは、仕事を楽しんでいない人の例と同じことです。大事なポイントは、その人が自分の注意を前とは違うところに向けてはどうかと招待しているところです。そのためには、まずその人に少し前に戻ってみることへと招待する必要がある。それを私たちは、「バックトラックする」と呼んでいます。

彼が自分にはイメージがあることを私にジェスチャーで示してくれたときに、彼がそのラベル化から離れて一次的体験に近づいているのだと、私には分かりました。私は、「では、あなたの頭の中にイメージがあるのですね」と質問します。「ええ、それは絵のようなものです」。私は聞きました。「その頭の中の絵がどのようになったらイライラしているという意味を持つのですか？」と。私はこれを「関係性を検証する」質問と呼んでいます。基本的な原則は、次のようなものです。

誰かが、「自分はイライラしています」「混乱しています」と言ったとき、それはひとつの「判断」です。**その言葉には、『今自分が感じているこの気持ちは、自分が将来何かを達成するのを妨げている』という意味が含まれています。**つまり、「将来」を見ているわけです。しかし、**その人が将来の方向を向いている限り、その判断を変えることは大変むずかしい。だからその人が後ろ（過去）を振り向くように私は招待しているのです。**そしてまた、**私は、人がイライラしている、混乱していると判断することを「レスポンス」（反応）であると再ラベル化しました。**「これは単なる反応だったんだ」という彼の答えは、私の前提を含んだ質問によって導かれたものです。

「いや、反応とはどういう意味ですか？」と聞く人はいませんでした。反

〈リフレーミングの構造〉

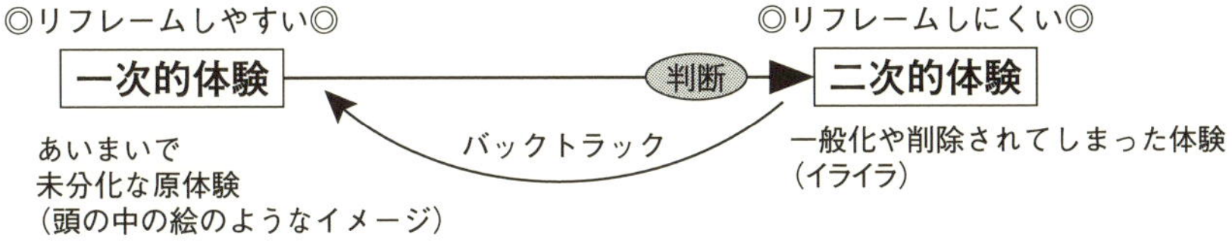

応と言われると、「ああ、確かにそれは反応だな」ととらえるのです。**それは常に目の動きによっても示されます。**この場合、彼の目が左下へ動いて(218ページ参照)、左の手で動きがあったのは、左手のあたりにひとつの絵があるということを示しています。このように、ある種の非言語的なゼスチャーによって、そこにその人の表象システムの感覚要素があることが分かります。頬杖をつく姿勢、これは自分の内的なダイアログ（頭の中の会話）を誘発するための、アクセシングキュー（身体や目の動きなどから、その人の内的活動を知るためのサイン）のひとつなのです。

神経学的には、こういった動作は、既に私たちの中に配線ができているものとされています。ですから、このような動作が出たときには、私はそれを見て、「あなたはご自分と対話をされているのですね」と聞きます。NLPではこれを「オーディトリー・デジタル」といいます。これは頭の中で言葉が響いている状態。オーディトリー・デジタルは、二次的経験です。自分自身に語りかけるのは、二次的経験といえます。ですからさらにもう少しその前にあるものに戻りたい。できるだけ一次的体験に近づきたいのです。そこで私はこう聞きます。「内的会話は何に対する反応なのですか？」と。というのは、内的対話も何かに対する「反応」として出てきているからです。**私は、イメージの段階まで戻ることを求めています。絵になったときには、リフレーミングしやすいからです。**

もうひとつ、基本的な原則がここにあります。**その人が前、つまり将来の方を向いていたのを、後ろを振り向くように方向を変えるとき、それは「知覚的な視点」を変えているのです。そのときに、そのコンテンツ（内容）を前とは違ったふうに見たり聞いたりできるようになります。そうすると意味が変わります。**将来の方を向いているときに人はイライラします。イライラして何かをすることができないと感じています。でもそこから過去を振り返ったときには、まるでまだイライラのところまで到着していないような感じがするのです。少し「ずるいやり方」かもしれませんね。もう少し外交的な言い方をすると「微妙なやり方」です。

「今、あなたは頭の中の絵に気づいていますね？」と聞きます。この言葉を使っているとき、これは単なる絵なのです。単に事実を淡々と述べているような、何か写真を見ているような感じです。そして相手の人は、通常、この質問に「はい」と答えます。その反応が出たならば、そこでオフィシャルな形でリフレーミングすると、非常にやりやすくなります。当然、この作業全部がリフレーミングになります。というのは、**知覚の視点を変えたときには違ったフレームになるからです。**イライラを「反応」と言ったとき、それもリフレーミングです。そしてこの絵とイライラの関係性をテストするような質問をします。

「あなたの頭の中の絵は、単なる絵、もしくはイメージですよね。この頭の中のそのイメージが、どのようになったらイライラするという意味を持つのですか？」と。相手の人は私を見て、少し「混乱」したような表情を見せます。「疑い」の表情ですね。このステイト（状態）の重要な点は、ここにあります。**いわゆる混乱や疑いの状態とは、それはあいまいさの状態なのです。人はあいまいさから遠ざかろうとする傾向があります。**はっきりさせたいのです。というのは、あいまいさの状態では、自分が何をしていいか分からないから。そしてその人は、あいまいさを減らすものを何か探します。つまり、自分にとって意味をなすものを探すのです。**その状態にいる人は受容性が高まり、暗示を受けやすくなります。**頭の中に空間が開けてきて、そこから出るためにその人は何かを探している状態です。そのときに私は、提案、暗示を提供します。もし、それをしないと、その人は元の考え方に戻ってしまうのです。

私のお気に入りの言い方は、「もしあなたがこの絵をひとつのインフォメーション（情報）だととらえたなら、それは何をするための情報ですか？」。単に情報というフレームを提案するだけでは十分ではありません。その「情報の意味」を考えさせることが重要なのです。今までのところは皆それを受け入れてくれています。
　ここで私は、その人が前とは違った形で前に進んでいくことができるような振る舞いを生み出したいのです。「その情報は何をするための情報ですか？」と聞いたとき、たとえば「イライラすることについて、別の考え方をするための情報です」というその答えは、通常はその人のインターナル・ビヘイビア（内的振る舞い）を答えているのです。さらに私は聞いていきます。「それをすると、何につながるのですか？」。この質問によってその人は、そこを超えて先に進んでいきます。イライラの状態を通り越して、その先まで行ってしまうのです。これがその人の将来において、どのような意味を持つのでしょうか。それは、その人が将来のある時点でまたイライラという反応が出たときに、**新しい戦略に戻って、「ああ、このイライラは未来を見るためのひとつの反応なんだな」と思えるようになり、**また未来の方向を向くようになるということです。だから、**バックトラックするのはこのイライラする状態を取り除くためではありません。**このイライラする反応が、ひとつのシグナルになります。NLPで言うとひとつの「アンカー」なのです。つまり人生の中で、このアンカーに出会うと、「これは情報だな。では何をするための情報なんだろうか？」という見方ができるようになるということです。
喜多見　イライラからバックトラックして、その人の内的な絵はなんのためにあるかを問い、たとえばそれが「別の考え方をするための情報です」という答えであれば「それはなににつながりますか？」とさらに聞いて「イライラ」から始まった帰結を未来の方向に持っていき、イライラを重要なアンカーにしてしまうと。
クリス　そうです。**そうすることで、因果のメタモデル**（173ページ参照）**を作っているのです。「これは何をするためですか」と将来に向かっての進行（プログレション）を作っている。バックトラックすることによって、フューチャー・ペーシングの設定をしているのです。**
喜多見　今聞いていて思ったのですが、実にさまざまな手法が入っていますね。タイムライン、バックトラック、フューチャー・ペーシング、ノンバーバルな観察、サブモダリティ（従属要素）も、メタモデルも、プリサポジション（前提）も、アンカリングも入っている。本当にあらゆる手法を総合的、立体的に使っているのですね。

クリス　これがこの仕事における、私の使命なのです。私がNLPを学び始めたころ、私はNLPに対して大変ゆるやかな、ゆったりとしたものであるというイメージを持っていました。たとえば最初にメタモデルがあって、アンカリングというものが呈示されて、すべてのことがひとつずつ箱の中に入れられて、「さて、リフレーミングとは……」とプレゼンテーションされているような感じ。そして私は大変イライラしてきたのです。「ちょっと待って。バンドラーがデモンストレーションをするときに、いつもそれ以上のことがいろいろ起きていると私は聞いている」と。私は自分自身に、さまざまな手法の相関性について、質問してみることにしました。

質問というのは、すべてそうですが、質問の仕方が大変重要です。言い換えると、**質問の前提が大事なのです。**私は自分自身に、「ああいうことは、全部つながっているのか？」とは聞きませんでした。その質問をしたら、答えはイエスかノーしかありませんから。私が自分に聞いたのは、「こういったものは、どのようにつながっているのだろうか？」。それによってもっと深いレベルで探求してみようと、私の意図が設定されます。そのときにはじめて私は分かってきたのです。このプロセスは、ほとんど入れ子状態、ひとつの中にもうひとつのものが入っているという感じだったのです。

自分が理解できてから、自分のワークショップの中で少しずつそのことを紹介していきました。そして、参加者たちにより深いレベルで、聞いていくようになったのです。非常に面白いですね。

喜多見　そうですね。NLPがこのように統合的・立体的なものであると聞いたのは、はじめてです。

クリス　そうでしょう。私にお会いになる方にとっては、本当にはじめて聞くことですね。私自身が、これはどのようにつながっているのかということに興味があったのもありますが、同時に、バンドラーがやはり大変パワフルに、私にインスピレーションを与えてくれました。彼がワークショップでデモンストレーションを行ったときのテープを、何度も聴きました。彼の言葉の使い方は、信じられないほど素晴らしいものです。彼がやっていることは、私がその時に教えられていたものとは違うのだなというのが実感でした。

前提　可能性を引き出す質問

2006.08.22.Tokyo

クリス　ずいぶん前のことです。あるセミナーで、バンドラーがデモンストレーションを行ったときに質問が出ました。「素晴らしいデモンストレーションでした。どのようにしてこのようなデモンストレーションを作り上げることができたのですか？」。彼は「(自分は自然にやってしまっているので）分かりません。私の仕事は、ただやることなのです。解説はここにいるクリスの仕事です。私が何をやったのかを解明して、それを皆さんに教えるのが彼女の仕事です」と。私はそう言われて大変うれしかったのを覚えています。というのは、既に、これが私の仕事だということを決めていたからです。

しかし、本当にきつい仕事でした。バンドラーに質問すると、直接的に答えてくれることはほとんどありませんでした。彼はストーリーや比喩で答えるのです。あるとき、私ははっきりと理解したかったので、「前提とは何ですか」と聞きました。そうすると彼はいつものように、いろいろなストーリーやメタファー（比喩）を話してくれたのです。家に帰る途中、なぜ私の質問に答えてくれないのかしらと、イライラしたのを覚えています。そして三、四カ月ほどそういう状態が続き、帰り道に私はいつも大変イライラしながら運転していました。そしてあるとき、思いついたのです。「待って！　彼は質問に答えてくれているんだわ」と。

彼は私の質問に答えるときに、定義を使って答えてはいません。**なぜなら、定義は経験を与えてはくれないからです。人生は定義ではありません。**彼は「前提」をデモンストレーションしてくれていたのです。前提が私たちの考え方や振る舞いに影響を与えることをデモンストレーションで示してくれていた。つまり、彼の話は全部、前提の使い方の例だったのです。それによって私は自分の経験を使って解明していくことができました。ちょうどIBMの男性が、これはもうトレーニングの場だと言ったのと同じことですね。バンドラーがいろいろなことを私に言ってくれたおかげで、前提とはこういうものなのだと、だんだんつかめていったのです。

喜多見　リチャード・バンドラーがメタファーを使って説明するとおっしゃ

いましたが、たとえばどんなメタファーを使うのですか？　昔話などを用いるのですか？

クリス　いえ、常に彼自身の経験による物語でした。彼がおとぎ話や物語を使ったのは覚えていません。たまに映画を使ったことはあるかもしれません。彼は格闘技系の映画が好きで、『ブック・オブ・ライフ』や『リング・オブ・ファイア』などの映画を使って説明をしてくれたことはあったかもしれません……。でも通常は、こういうことが自分に起きたとか、自分の友達でこういう人がいて、こういうことがあったというような話として説明してくれました。本当に実在する人なのかどうかは私には知る由もありませんが、それは、ある意味ではどちらでもよかったことです。つまり、ある時点で彼はある種のメッセージを、ストーリーを通して私に伝達しようとしていたのです。

喜多見　バンドラーは、無意識や潜在意識、内的なイメージなどに非常に長けていた方ですね。

クリス　そうだと思います。彼が誰かに働きかけ、ワークをしているときのテープを聴くと、本当に興味深い質問をいろいろします。私の大学院でのセラピストになるための訓練のときには、決して聞いたことがないような質問です。たとえばある女性が、「私は手を洗うのが止められないのです」と言いました。それに対する彼の最初の質問はこうでした。「それで？　教えてください。（手を洗うのを止めて）余分な時間がたくさんできたときに、あなたは何をするのですか？」。その質問への回答として彼女はさまざまなやりたいことを挙げ始めたのです。

つまり、手を一日五十回洗わなければいけない、という振る舞いがある人に、彼が聞いたのは、「それで？　もう既に手を洗うという行動をしなくなってしまって、時間がたくさんできたときに、その時間であなたは何をしていくのですか？」。**大変強い前提ですね。そして前提だけではなく、もうほとんどそれは、一連の指示（インストラクション）なのです。**

この情報を受け取って、この前提の意味に従って、その情報を整理、組織化しなさいという指示なのです。**この質問に答えるためには、質問をされた人が、その前提を処理せざるを得ない。**前にも言いましたが、**言語は多重構造になっていて、表面意識そして無意識、この両方にまたがっています。**

たとえば、「あなたは自分がこれまでどれくらい学んできたか、今気づいていますか？」という質問があります。表面意識は、はい、いいえと答えようとします。ここでの前提は、「あなたは学習というプロセスの中にいる」ということです。ですから、その答えがイエスでもノーでも、それは問題ありません。**しかし、その質問に答えるためには、聞かれた人は、今まで学習してきたという経験にアクセスしなければならないのです。**

私は前提を、「言語の中に隠された影響」と呼んでいます。聞かれた人は、その前提の中に含まれた指示に従って、情報を組織化しなければなりません。表面意識が、「それで？　それがどうした？」といった感じであっても。「余分な時間ができて、それであなたは何をなさるのですか？」。これは質問ではありますが、もう既にひとつの宣言（ステイトメント）でもあるように彼は言っているのです。ここで表面意識は、その場面での振る舞いのリストを作るという方向に向けられます。

そして、**リストを作る前に、無意識レベルにおいて既に変化が起きている、起きていなければならないのです。**このような形で質問をしない限りは、その人はやはり手を洗うという行動に戻ってしまいます。

喜多見　そうですね、フォーカスがそこにいっていますからね。

クリス　私が鍵を探す話をしましたよね。一日十分のことでも計算すると、とても長い時間になってしまう。一日五十回手を洗うというのはたぶん強迫観念的な症状でしょうから、一回に五分手を洗っているとしましょう。それが五十回とすると、実に四時間以上になります。構造的には彼女は手を洗うのか、それとも手を洗わないのかの問題です。手を洗わないとすれば、非常に長い時間的スペースができますから、彼女はそのスペースを何で埋めていくのかを考える必要があります。無意識のレベルでは空いた時間的スペースはありません。経験しかないからです。

無意識レベルには否定（ニゲーション）がありません。私が次のように言ったとき何が起きるでしょう。「ゾウがネズミを追いかけていないのを、見ないようにしてください」。

もちろん最初に、ゾウが追いかけているところを見てから、それを見ないようにします。つまり無意識のレベルにおいて何かを否定するためには、最初にそれが存在していないと否定できないのです。否定する（ニゲーション）とは、ネガティブとはまた違います。ニゲーションもネガティブも日本語では両方とも否定ですが、ニゲーションとは何かを「削除する」プロセスのことです。ここを混同してしまう人が多い。

NLPにおいては、アウトカムを設定します。アウトカム、つまり作り出したい結果は、肯定的、ポジティブでなければいけません。しかし、私自身はその言い方は使わない。というのも、「肯定的」という言葉には必ずそれに対する「否定的」という存在が出てきてしまうからです。私の言い方はアファーマティブ（日本語では肯定的断言）です。

ニゲーション（否定）には、たとえば「たばこをやめたい」「体重を減らしたい」「不安感を取り除きたい」などがあります。ここでの共通点は、何かを「削除」したいという願いがあること。困難な点は、無意識のレベルにおいては否定は存在せず、経験しか存在しないので、否定したいもの、削除したいものは、もう既にそこに存在しているという点です。存在していて、はじめて削除することができるのですから。

喜多見　つまり、よけいにたばこを吸ってしまったり……。

クリス　そうなのです。その例をお話ししましょう。母は禁煙をするために、いくつものプログラムに参加してきました。どれもうまくいかなかったのですが、確かスモークエンドという九カ月のプログラムは、彼女にとっては大変むずかしいものでした。その間彼女はまったくたばこを吸わなかった。でも面白いことに彼女は、たばこの話しかしないのです。なぜなのか私は不思議でした。そして、プログラムの終わりに卒業式があったので、私は母に言いました。「私も卒業式に参加して、一緒にお祝いのディナーに行きましょう」。みんなを承認するセレモニーで、大変甘く優しい感じがして、本当にすてきでした。最後にインストラクターが誘導瞑想をしたのです。彼女はたぶん、大変いい意図をもってやっていたことは分かるのですが、言葉の使い方をあまり知らない人だったのでしょう。

彼女はこのように言いました。「座って楽にしてください」。軽い催眠ですね。「家にいる自分自身のイメージを見てください、たばこを吸っていません」(笑)。「あなたが運転をしているイメージを見てください、たばこを吸っていません」(笑)。「オフィスにいるあなた、たばこを吸っていません」(笑)。十回か十五回、この言葉を言ったのですね。母は我慢するだけで大変です。どうりでむずかしかった理由が分かりました（笑)。私もそのころは、たばこを吸っていたのですが、やめようとしていたところでした。しかし、インストラクターの言葉を聞いているうちに大変吸いたくなってしまって（笑)。その女性は、言葉のパワーを理解していなかったのです。

ディナーを食べに行ったときに、「どう？」と聞くと、母は「とにかくたばこが吸いたくて吸いたくてたまらない」。「分かるわ。少し質問するわね」「代わりに、時間がたくさんできちゃって、どうするの？　これから」。代わりに、の部分は、英語ではinsteadといいます。この言葉には、「その代わりに、かつてあったものの代わりに」という前提があります。母は私を見て、「その言い方の方がずっと気持ちがいいわ」と言うのです。ヨガなど、いろいろなことをしたいと言っていました。

ですから「もう不安は感じたくないのです」「もうこんな雑然とした状態は嫌なのです」と言うとき、これは（逆の意味で）フューチャ・ーペーシングになってしまっているのです。暗示がジェスチャーとなって現れています。だから、本人が望んでいない結果を作り出すことになってしまうのです。あなたはそれを望んでいないのですから、「では、あなたが自分のために達成したいことは何ですか？」という、よりアファーマティブな言い方で言ってあげる。その人がその振る舞いをやめることによって、そこにスペース、空間が広がります。それでそのスペースで何をするのか。これが大事なのです。

先ほどの女性も手を洗うことを、まったくやめてしまうわけではありません。というのは、手を洗うのにふさわしいときもあるからです。でも強迫観念、強迫神経症的に手を洗っていた振る舞いが止まったときに、スペースがたくさんできます。では、代わりに何をしようかなと考えざるを得ないのです。

下の図を見ていただきましょう。それはある地点まで目を近づけると見えていたものが消えるのですね。そのものが消えるわけではなく、視界から消える。目に盲点があるからです。つまり、私たちがその点を認知することが

〈視覚の削除、「盲点」〉

本を両手で持ち、目から40cmほど離し、この図が正面にくるようにします。＋が左側、グレーの丸が右側です。左目をつぶり、右目で十字を見るようにします。ゆっくり本を顔に近づけてください。20cmくらいのところで、グレーの丸が視界から消えるのが分かります（本を左右逆にし、左目で同じように試すこともできます）。

できなくなるわけです。

図には黒い線があって、十字と丸があります。これをどんどん寄っていくと、グレーの丸が視界から消えてしまうのです。それはニゲーション、否定の例ですね。

しかしながら、グレーの丸が消えたときどうなるかというと、空白なスペースには見えないのです。このレベルでは、常に脳というものは完了、完結を目指します。そのため、私たちの脳はそれを歪曲するのです。何が起きるかというと、消えた部分に全部黒い線があるかのように見えるのです。これは知覚のあいまいさということと、関係があります。

下図はシステムモデルです。同じ長さの直線のうち二本の両端に二本の斜線を付け加えます。こうするとどれが長いように見えるでしょうか。つまり、私たちはそのことだけを個別に見ているのではなくて、常にパターンの「関係性」を見ているということが分かります。**私たちは自分の経験の意味を自分で理解するために、削除や歪曲を使う**のです。こちらが長く見えるのは、それがより長く見えるような方向の線を付け加えたからですが、その線の方

〈視覚の歪曲〉

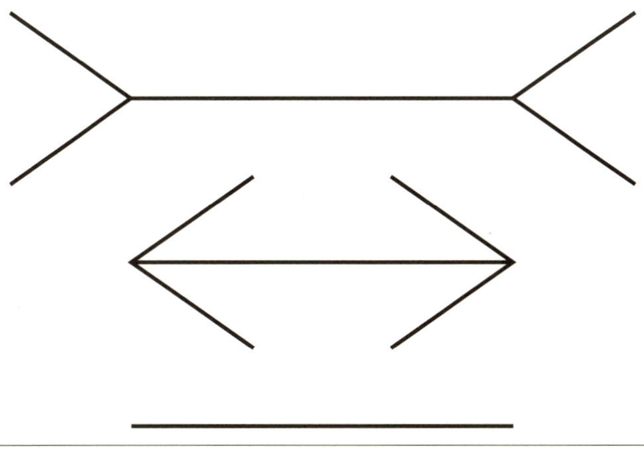

向を変えると、今度は短く見えます。このように「知覚」は、あいまいさを持っている。だからこそ、変化が可能になるわけです。

トレーナーズトレーニングに参加した物理学者が言っていました。私たちの視覚には、常に盲点がある。でもその盲点を、ほかの部分で埋めているのだ、と。

つまり**コンテクスト（状況）が意味を形作っている**といえます。別の方向の線を加えるというコンテクストで、知覚が変わってくる。

次に下の図を見てください。これは何だと思いますか。Bだという人、13だという人もいます。これはまだコンテクストが与えられていない、これが意味を持つためには、これをフレームの中に入れなければいけない。コンテクストの中に置かなければならないのです。

もう少し両方の大きさを同じぐらいにすると、これは女性の胸を上から見たものだという人もいました。女性の後ろ姿だ、眼鏡を横から見た図だなど、いろいろな答えが出ました。コンテクストの外側に置くと、どんな意味でも持つことができるということです。これが意味を持つためには、あるコンテクストの中に置かれなければいけない。たとえば文字というコンテクストの中に置かれたときにはBのように見えるし、数字というコンテクストの中では13に見えてきます。

コンテクストの中に置くことで、私たちが意味を作っているのです。どのようなフレームの中に置くかによって、私たちはそれに反応している、とも

〈コンテクストが意味をつくる〉

いえます。最初の、「イライラする」という人の例に戻れば、プライマリーの「絵」に戻って見たときには、それは単なる絵にすぎません。しかし、その後でそれがコンテクストの中に置かれることによって意味ができてくるのです。

前提の例を、少しお話ししたいと思います。否定についていくつか終わらせましょう。

先程のグレーの丸が消える絵ですが、紙を目に近づけていくと、ある時点で消えますよね。消えて何が起きましたか？

喜多見　消えて、線はつながっているように感じました。

クリス　そうです。意識レベルでは何も否定はしていないので、無意識が働いて、無意識は開いている場所をすぐに埋めようとします。それは、向きを変えても同じことです。×印を右側に置いて、右目を閉じて左目の焦点をその×印に合わせても、同じことが起きます。私は知覚、特に視覚のあいまいさを教えるために使っています。黒いサークルが消えるわけではありませんが、それがなかったかのように認知するということです。

今のことを現実的に応用すると、**教師やセラピスト、トレーナーにとって重要なのは、この「ニゲーション」（否定）をどのように使っていくのか、ということです。**人はときには、パターンに対して否定的、肯定的といった判断をします。**私が人々に理解してほしいのは、良いパターン、悪いパターンというものは、ないのだということです。パターンとは何かを達成する構造です。それは、使い方によりますし、どのような内容をそこに入れるかによって、異なった結果になります。**

ですからニゲーション（否定）を使わないのではなくて、その使い方を学んでいくことが大事なのです。私がここで紹介したい有効な例は、二重否定にする使い方「あなたは学習をやめることなど、決してしたくはない、そうですね？ You wouldn't ever want to stop learning,would you?　または、Don't you want ～、do you?」という聞き方です。こうして少しずつ使い方を学習していきます。

アメリカの有名なインタビュアーでフィル・ドナヒューという人がいます。彼はよくこう言っていました。「そのことについて、もっと話すことをしないでくださいませんか Could you not tell us more about that?」。常に人はあることについて、長々と語ってしまうという反応をするものです。この質問を最初聞いたとき、人は「えっ？」と驚きます。驚いた後で可能な反応としては、「もちろん」と言うことでしょう。このように先生やセラピストは「否定」をまったく使わないのではなくて、「否定」の使い方をよく知るということが大事だと思います。

最近のことですが、マッサージセラピストがわが家に出張してマッサージをしてくれました。彼女には赤ちゃんがいて、その赤ちゃんはまだ言葉は覚えていません。やっと何か音を聞いて、これが言葉なんだなと分かりかけてきたようなレベルです。お母さんになったばかりの女性の多くがそうであるように、彼女にもこういう言葉掛けをする傾向があります。「ミルクをこぼしちゃだめよ」、床に何かを描きそうになっているときに、「床にいろいろ描いちゃだめよ」と。よくあることです。

その時、私は気づきました。おいっ子が二歳のころ、ぬり絵をしていたときのことです。わが家に来たときに、彼があるペンを選んで、その色が気に入らないと、ポイと投げるのです。「そんなことしちゃだめよ」と、私は言いました。でも、また別の色を使っていて気に入らないと、投げます。それで私はこう言いました。「その色が気に入らないときには、まずふたをして、それから投げてね」と。

これをやっちゃだめよという言葉には、どうすればいいのかという、子供の未来の動作についての指示が何も含まれていません。「ミルクをこぼしちゃだめよ」と言ったにもかかわらず、ミルクをこぼしてしまうことがよくあるのはそのためです。そのときには、**「ミルクをしっかり持ちなさい」という、相手の人ができる行動の選択を与えてあげることが重要なのです。そうする**

と、本人は「そのことは自分にもできるのだ」と思うことができます。マッサージセラピストの彼女は「それは大変いいことを聞いたわ」と言っていました。シンプルなことですが、とても役に立ちます。

時間の構造

2006.08.22.Tokyo

クリス　次に「時間の構造」について、少しお話をしましょう。

オーガナイズできない、整理できない、と言っていた人のワークの重要な部分だからです。

一般的にどのようなステイトメントにも、なんらかの形で「時間」の要素が入っています。

先ほどの手を洗わずにはいられない人の例で、時間がたとえばどのように使われるのか説明をしました。人が時間をどのように組織化し、時間をどのように保存するかは、人生のあらゆる分野に非常に大きな影響を及ぼします。**私たちが時間をどのように表象し、どのように保存するのかには基本的に三つのパターンがあります。**

一番目は「インタイム」、二番目が、「ビトウィーンタイム」。そして三番目が「スルータイム」。私たちは日々を過ごしながら、常に時間の中を生きています。時間の経過はずっと継続しているからです。この時間の三つの構造を説明していきますが、これは基本的に私たちが時間をどのように組織化し、再体験し、そして保存するのかということなのです。

私が教室でよく使うメタファー（比喩）を挙げましょう。

カメラでカシャッと写真を撮る、これは「インタイム」の場合の表象の比喩です。常に進行中のプロセスの中の、その「時の中」にいる瞬間です。写真をパソコンで印刷して見てみると、そこには過去もなければ未来もないかのように見えます。それはその時の中の瞬間だからです。

もうひとつ、「インタイム」の表象があります。時を保存する別の方法です。たとえばそれが三枚の写真で、写真と写真の間に空間を置くように保存することもできます。これは静止した「時と時の間」という構造の中の、「インタイム」の表象です。

「ビトウィーンタイム」の表象としては、たとえばビデオを見ていてポーズボタンを押すと、そこでフレームが止まります。ポーズを外すと続いていきますね。またポーズボタンを押すと、静止画面になる。静止画面があって、動いて、そして次の静止画面がある。また回し始めると動いて、止まるとまた次の静止画面がある。このような感じです。静止画面は、時の中の瞬間ですが、静止画と静止画の間に流れている時間がある。この動画の間に静止画がある状態を「ビトウィーンタイム」と言います。

「スルータイム」とは、映画のようなものです。時間を通じて動き、プロセスが起き続けている。ですから、たとえば「呼吸」というのは「スルータイム」の範疇に入るといえます。

これに加えて四つの「タイム・オリエンテーション」(時間の位置づけ・時制)があります。それは「過去」「現在」「未来」、そしてもうひとつ、私が「フューチャーパスト(未来過去)」と言っているもの、その四つです。フュ

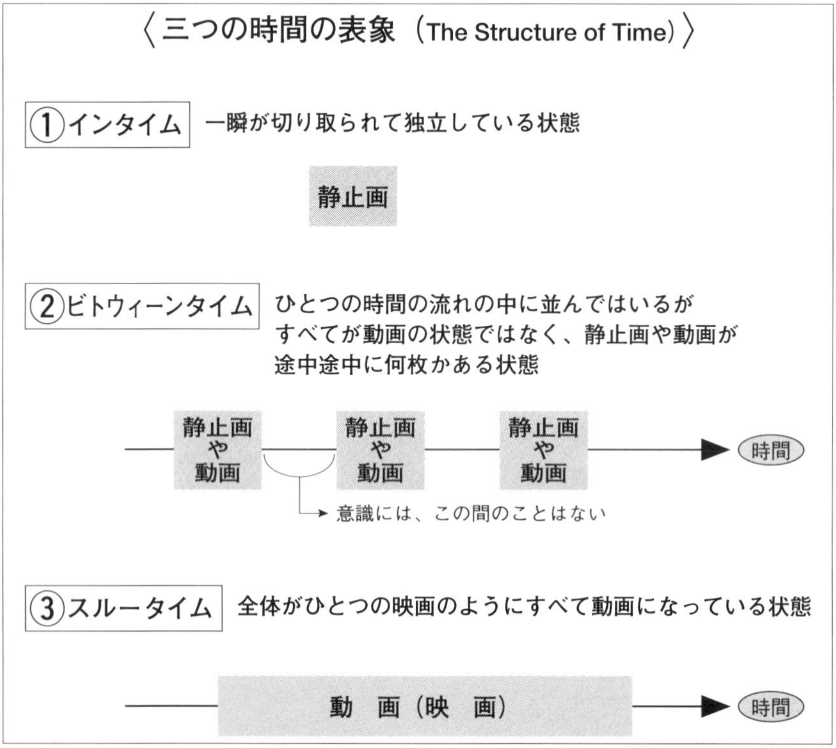
〈三つの時間の表象(The Structure of Time)〉
①インタイム
一瞬が切り取られて独立している状態
静止画
②ビトウィーンタイム
ひとつの時間の流れの中に並んではいるがすべてが動画の状態ではなく、静止画や動画が途中途中に何枚かある状態
静止画や動画
静止画や動画
静止画や動画
時間
意識には、この間のことはない
③スルータイム
全体がひとつの映画のようにすべて動画になっている状態
動画(映画)
時間

ーチャーパストとは未来に行って過去を振り返るという意味ですが。

「ビトウィーンタイム」という構造も、ある種のことをするときには役に立ちます。あなたは一枚目の写真を見ることもできるし、二枚目の写真を見比べることもできる。何が似ているのか、あるいはどこが違うのか分かります。その間の通過過程、進行過程はそこにはありません。全部削除されているのです。ですから、ここからここまでどうやってそうなったのかを、その人は知りません。ひとつひとつの別々の表象があるだけです。ひとつの表象だけを使ってその記憶を保存するということは、いくつかの進行中のプロセスを一部削除して、たったひとつの代表にしたことになります。それが引き起こす結果として、「計画する」ことはむずかしくなります。またアウトカム（望ましい結果）を達成するのもむずかしくなります。このような表象では、あるプロセスが同じ時間の中で「始まり」であり、また「終わり」でもあると認識されるのです。

大変興味深い例を挙げましょう。私がロサンゼルスで、まだパートナーと一緒に住んでいたころのことです。彼もまたNLPのトレーナーであり、セラピストでした。金曜日はいつも何か夜のイベントをプランニングしていました。「今晩何したい？」と彼が質問をします。私は、「どこかにディナーを食べに行きたいわ」と。彼は映画を観に行くのが好きで、「Can you be ready by six o'clock?（じゃあ、六時までに準備できる？）」と聞きます。それに対して「Yes,I can（はい）」と答えます。でも私は、六時までに準備できていたことは一度もありませんでした。これは、「前提」とも関係があるのです。

この例の中には、いくつかのことが関係しています。can（できる）ですね。「六時までに準備できる？」Can youと彼は聞いているわけですね。自宅の中に私の事務所がありましたので、彼は当然六時にオフィスからわが家に帰って来ます。ところが私はまだ働いていました。彼は私に言います。「I thought you said you would be ready by six o'clock.（六時までに準備するって言ったんじゃなかったの？）」。私は「いいえ」と答えます。「いや、言ったよ」。いつもそうした言い合いになるのです。この会話がだんだん激してきたある時、突然私はひらめきました。「ああ、これは叙法助動詞*（Modal Operator　モーダル・オペレーター）だ」と。Canは、ふたつの前提を持っている。つまり、ふたつの意味があるのです。

あなたが道を歩いていたとします。「今何時か教えてくださいますか？ Can you tell me the time?」と、Can youで聞いたときには、「はい Yes,I can.」と答えます。NLPのメタモデルでは、そのことを「叙法助動詞」（モーダル・オペレーター）と言います。ミルトンモデルでは、「前提を含む質問*（Conversational Postulates　カンバセーショナル・ポスチュレーツ）」とも言い、簡単に言えば、丁寧な質問の仕方です。

そのラベルはさておき、Canで質問をしたときの前提のひとつは、これは「可能」であるという意味です。私は、人はいつもそれに対して同じ反応の仕方をするのだろうと思っていたのですが、そうではなかった。彼は、違う反応をしたのです。彼が「六時までに準備できますか？」とCanで聞いたとき、私は「Yes,I can」と答えました。それは「可能」ですという意味です。これは別に考えるほどのことではなくて、私の中に、「あらゆることが可能だ」と

＊<叙法助動詞（Modal Operator　モーダル・オペレーター）>
Modal モーダルは、Modalityと類語の形容詞で「話し手の心の状態を表すもの」。モーダル・オペレーターは日本では「叙法助動詞」と訳されている。NLPでは、メタモデルの中の一要素。Must （～ねばならない）、Should （～べき）、Can （～できる）、Cannot （～できない）などのこと。Modal Operator of Necessity （必要性の叙法助動詞 should, must, need to, have to等）やModal Operator of Possibility （可能性の叙法助動詞 can, may, might等）が有名だが、他にも、Wanting (欲求の叙法助動詞)、Impossibility 不可能性、Certainty 確かさ、Capability 能力もあり、叙法助動詞は全部で六つある、とホール博士は語っている。
メタモデルの削除・歪曲という「一般化」にも、この叙法助動詞は関係している。「I cann't do it」できない、や「I have to do it」しなければならない、には主観的な歪みが入っているといえる。この叙法助動詞は、NLPではメタモデルの細目のひとつとして説明されることが多い。

いう信念／観念があるのです。ひとつの態度としては役に立つものですが、朝、「はい」と答えたときには、これらのことに気づいていたわけではありませんでした。

彼は私の「はい」という答えを、「決断」ととらえたのです。つまり、ひとつのコミットメントとして認識した。これは、彼は異なったモーダルオ・ペレーターに反応していたことになります。でもそれを言っているときには、私たちはそのことが分かっていなかったのです。私は、それは可能ですよという意味で答えていた。けれども彼は「六時までに準備してくれますか？ Will you be ready by six o'clock?」「はい、そうします Yes,I will」というものとしてとらえたわけです。

私たちは、叙法助動詞の話をし始めました。プラクティショナートレーニングでは、叙法助動詞の中にはカテゴリーがふたつあることを学びます。マスタープラクティショナーでもそうです。Possibility（可能性）とNecessity（必要性）です。でも実は全部で六つ（この他にwanting,impossibility,certainty,capability）あるのですが、それぞれの叙法助動詞のグループが、それぞれ異なった一連の注意のフォーカスを提供します。canの叙法助動詞では、

＊＜前提を含む質問（Conversational Postulates　カンバセーショナル・ポスチュレーツ＞
ミルトン・エリクソンが使用した語法を体系化したミルトンモデルの中の一項目。I want you to open the door. あなたにドアを開けてほしい、と言う代わりに、Can you open the door? ドアを開けられますか？（開けていただけますか？）という言葉には、「はい」と答えるだけでは終われない、なにものか（実際にドアを開ける行為）が「前提」（話し手と聞き手の同意事項）として含まれている。はい、とだけ答えてなにもしなければ、このコミュニケーションは完了しない。また同時にこの言い方は、ドアを開けてほしい、という意味の「丁寧」な言い換えでもある。日本語では丁寧語（～いただけますか？ ～くださいますか？等）として表現されるが、英語の場合は叙法助動詞（would, could, can, will等）がこの作用をもっている。ホール博士は、これらの助動詞を、メタモデルでは「モーダル・オペレーター」と呼び、ミルトンモデルでは「前提を含む質問（カンバセーショナル・ポスチュレーツ）」と呼ぶと語っている。

「これができます（Can)」とその人が言ったとき、「私にとってそれは可能だと信じています」と言っているのです。しかし、可能性はあるけれども、それができるとは「信じていないかもしれない」。たとえば、私はそうしたい、Want toと言ったとき、そこには「意図」があります。これをしたいんだという「願望」があります。でも、必ずしもその人は、これをすることが「可能だと信じていないかもしれません」。対して、私はやるでしょう、私はやりますとWillを使ったときは、「意図がより強くなります」。ほとんど「確信」のような形で、私は「絶対にやります」と言っているのです。また私はやる必要がある、I need to do that、と言ったとき、ここでは「必要性」があるので、ぜひこれは「しなければならない」と私は信じている、ということです。叙法助動詞とは、**人が自分自身の内側にあるもの（たとえば「必要性」など）をモデリングして、その内容に沿って行動していく、ということを表しています。**

私たちが話し合って分かってきたことは、彼が「Will you be ready by six o'clock?（六時までに準備をしておいて)」、と聞いたとき、このWill youは、Canのできますかと聞いた場合とは、まったく違った内面的プロセスに関与しています。私がWillに対して、「はい」と言ったとき、もうこれは「絶対にやるという約束」、より「強いコミットメント」です。ですから自分の内面において、「では、六時までに準備するためには、一体何をしなければいけないのか？」と考えるという、まったく違ったプロセスが起きます。このようにカップルにおいても、また職場においても、人々が叙法助動詞に対して異なった反応をしたときに、問題になることがあるのです。

では次に、その人の変化していくプロセス（チェンジプロセス）を考えてみましょう。たとえば、誰かが自分はオーガナイズできない、雑然としていると言ったとき、私はそのことを変えることができない、という「不可能性」の叙法助動詞（can't）を使っていました。その人は、自分が何かを達成することは不可能であると信じているのです。ですから、セラピストやコーチやトレーナーが、さまざまなテクニックを使ったとしてもうまくいきません。なぜなら、その人本人が自分にとって可能であると、信じることができないからです。

変化のプロセスにおけるキーポイントのひとつは、本人が「変わることは可能なのだ」と思える状態にすることです。 先ほどの男性が、自分はオーガナイズできない、自分は雑然としていると答えたとき、そこに含まれているメッセージは、私は物事を整然（オーガナイズ）とできない、というものです。そのときもし私が、彼に直接的に「もちろんあなたはオーガナイズできますよ」と言ったとしたらどうでしょう。彼はその言葉を信じようとはしないでしょう。しかし、「あなたはその知覚を持つことを、どのようにオーガナイズしたのですか？」と聞いたとき、**この質問の構造として、もう既にあなたはオーガナイズすることができるし、今までもそれをやってきましたという前提が存在しています。私の質問は「可能性」を含んでいるのです。**

「私にはこういうイメージがあるのです」と彼が言って、なにかを掴む動作をしたとき（105ページ参照）、彼は、写真と写真の間に空間のあるタイプの「インタイム」の中にいたわけです。そこで、私は彼に質問をしました。「それぞれの五つの絵がどこからスタートして、どこで終わるのか、分かりますか？」「いいえ」。「これらはなんらかのアウトカム（望ましい結果）を表していますか？」、彼は「はい」と答えました。私は「どのようにして自分にアウトカムがあるということが分かったのでしょうか？」と質問をしました。なぜこの質問をするかというと、彼に、問題の状態、制限の状態を説明してくださいと言ったとき、その答えがたとえどんなものであったとしても、本人が今存在すると思っている問題が、将来何かを達成していくのを妨げているという信念／観念があるからです。でも既に彼は、あるアウトカムを持っているのです。彼はある信念／観念を持っていて、自分がオーガナイズできていれば、これを達成することができるはずだと思っています。私は彼に聞きました。「あなたにはアウトカムがありますか」と。目的や意図がある質問です。これは、バンドラーとグリンダーの両方から学んだことですが、アウトカム自体には特に何の意味もないのです。しかしそれは、アウトカムに向かうための行動に大きな価値を与えます（行動のモチベーションとなる）。ですから、アウトカムは常により大きな目的に対して奉仕するものであるとさらに良いのです（下図参照）。

たとえば、トレーナーズトレーニングでは、参加者は自分の休暇を使って、トレーニングに参加しています。ほかの人たちや同僚たちは休暇なのになぜ、わざわざワークショップに参加するのだろうと思っています。でもそれは、「自分の人生で役に立つことを学びたい」からです。ですから、仕事や家族とのスケジュールを調整して、トレーニングに参加します。その人たちにとっては、そこに行くことがとても重要なのです。なんらかの目的があるから時間やエネルギーやお金、そしてそのための労を惜しまずに達成しようとします。それがモチベーションになり、それがインスピレーションの源泉になる。つまり、自分の目的は何なのか、それによって動機付けられるということです。

そこで、私はいつもトレーニングの最初に参加者たちに質問をします。それによってその人たちの目標が、より大きなゴールのコンテクストの中に位置づけられるようにするために。そのときに、タイムオリエンテーション（時間の位置づけ・時制）もしていきます。現在その人はアウトカムを知っています。「あなたが現在から、それが達成される未来を見たときに、これを達成することは、あなたの人生にとってどんな意味がありますか？」。目的地を心の中にはっきりさせて現在の行動をスタートさせるということですね。

〈アウトカムとさらに大きな目標の関係〉

行動（例：資料を集める） ＜ アウトカム（例：タイムマネジメントの本を書く） ＜ さらに大きな目標（例：世界への貢献）

入門編としては、少しむずかしくなりますが、チェンジワーク（変えていくためのワーク）をして、その**効果が時間の中で長続きしていくためには、「時間の要素」を学ぶことがキーポイントであると理解しなければなりません。時間の構造を理解することは、プランを実行に移し、そして何かを達成するためには重要な要素なのです。**

この男性が、自分はオーガナイズできないと言った理由は、彼はアウトカムを達成できていなかったからです。そのため彼の内部の表象が、五つのイメージの形でオーガナイズされていた。そしてこの五つプロセスのどこが始まりでどこが終わりか、本人が分かっていなかったし、目的ともつながっていなかったということです。

いくつかの例を挙げましょう。「 What does this outcome mean to you and for you? あなたが望んでいるアウトカムが達成されることは、（今の）あなたのために（to you)、そして（将来の）あなたにとって（for you）どんな意味があるのでしょうか」（この例文は日本語ではto youとfor youのニュアンスの違いが表現しにくい。「今の」や「将来の」という言葉を挟むとより明解になる。がしかし、もはや「前提」ではなくなるが……）。英語では「to you」と「for you」というふたつの表現があります。このふたつは、異なった前提を持っています。日本語では「あなたにとって」「あなたのために」となりますが、この違いを説明しましょう。

「to you」には、今、この現時点で、あなたにとって価値があるという意味があります。「for you」は将来、より長い時間のスパンの中で、どんな価値がありますか？という意味を持っています。ですから、これは今あなたにとって価値があると同時に、より長い時間がたった後も、あなたにとっても価値があると、前提を使って言っています。

トレーニングで私が使う例です。では、夕飯の準備をしていると思ってください。冷蔵庫を開けます。「さて、何がよさそうかな」「さて、私のためには（for me）何がよさそうかな？」

「to me」と「for me」で聞くときの違いは何でしょう。

喜多見　「to me」だと、現在の空腹を満たしてくれるもの、という感じですか。「for me」だと、将来の自分の健康により良いのは何か、というような感じ。

クリス　そう、「for」の方が、より価値が大きい、より長い時間の経過において、価値がある。ここでは、どちらを使うかという構造があるわけです。

「あなたにとって、そしてあなたのために　to you and for you」と聞いたときは、より統合的なパターンを使っています。これによって選択肢の幅がより広がります。重要な価値に基づいた選択肢です。アウトカムに関しては「to you」「for you」のパターンは、現在の価値を、より長期的な価値へとつなげてくれるわけです。大変シンプルで、大変微妙なところですが、大変パワフルです。

「このアウトカムはあなたにとって、そしてあなたのためにどんな意味がありますか？」。英語では「Mean to you」です。その人がそれにどのような価値を与えているのかということを質問しています。モチベーション、動機と関連付けするために意図的に、そう言っています。この質問は別の言葉で言えば「何があなたを動機付けているのですか？」ともなりますが、もう既に時間のスパン（今～未来）がそこに組み込まれています。

この男性に聞きました。「これから先、このアウトカムを達成していくことは、今のあなたにとってどんな意味がありますか？ What does it mean to you now looking forward to accomplish this outcome?」（第１の質問）。次の質問は、「もう既にこの結果を達成した後、その結果を振り返ってみたとき、それはあなたにとってどんな意味がありますか？ What would it mean to you now looking back having already accomplished this outcome?」（第２の質問）。

喜多見　未来から現在にバックトラックしているんですね？

クリス　ひとつ目の質問は、達成した後の「未来」までいって、そこから現在まで戻り、もう既に完成しているという状態を振り返ってみたとき、今のあなたにとって、そのアウトカムはどんな意味がありますか、ということです。

ふたつ目の質問は、将来の達成したという時点よりも先の将来まで行ってみて、「どういうことがあったから」これは達成できたということを、そのもっと先から振り返ってみて、あなたにとってどういう意味がありますか？と

〈時制を使った、ふたつの質問〉

質問1　将来このアウトカムを達成していくことは、今のあなたにとって、どんな意味がありますか？

What does it mean to you now looking forward to accomplish this outcome?

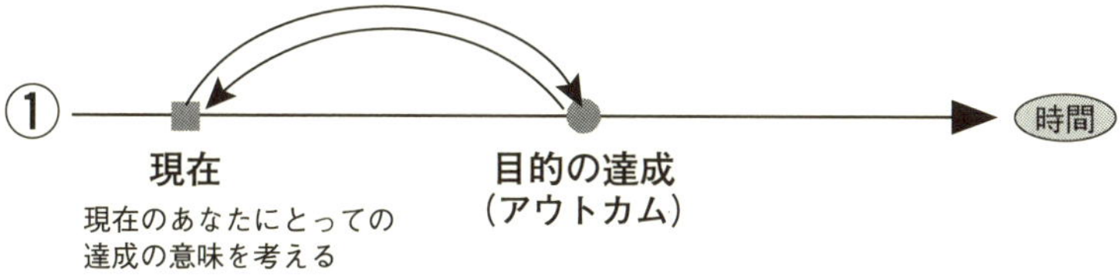

質問2　もう既に目的を達成してしまった、後の時点からそのアウトカムを見て、それはあなたにとってどんな意味がありますか？

What would it mean to you now looking back having already accomplished this outcome?

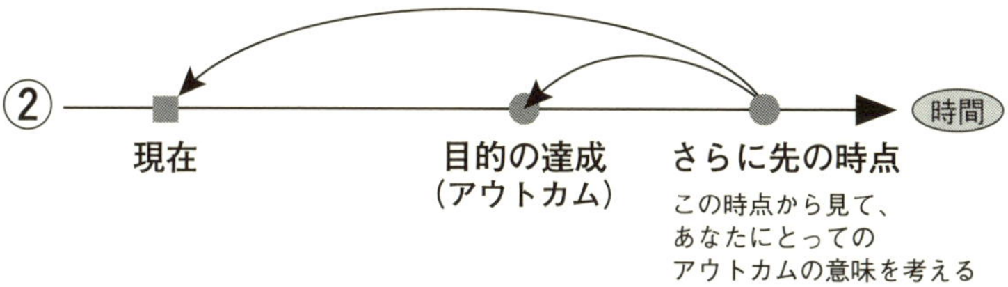

聞いています。

このふたつの質問の働きですが、最初のものは、これからこれを達成するんだなと将来を見たときに、そのことが今の私に意味を与えてくれる。将来達成していくということを見たときに、それが今の私にとってどんな意味を与えてくれるのか。それは、今あなたの中に意味がある。

喜多見　たとえば、それが達成できたら自信がわくと思います、とそんな感じですか？

クリス　人生がもっと豊かになります、人間関係がよくなります、仕事でもっと生産性が上がりますなどの答えが返ってくるかもしれません。日本語と英語とは少し違うのですが、第1の質問の「今から先を見る」を英語で、「now looking forward」と言います。文字通り今から未来を見ていくという感じです。

同時にこの言葉には、これから先のことを心待ちにする、ワクワクして待つという意味があります。明日お会いするのを楽しみにしていますといった意味と同じです。英語では非常にいい言葉で、ダブルミーニングになっています。

このアウトカムを達成していくプロセスに、高い価値を与えてくれるのです。ここにはたくさんのメタモデルが入っています。たとえば「あなたにどういう意味がある」の意味（mean）という言葉ですが、これはバリュー（value　価値）を聞いています。メタモデルでは「複合等価」（complex equivalance 259ページ参照）と言います。つまり、どのようなフレーミングを付与していくかということです。価値というフレームを付与しているのです。

そして、「将来に行って、もう既に達成してしまった時点を見たときに、今のあなたにどんな意味がありますか？」と聞いています。（未来と現在をつなぐので）**ここで「知覚の位置」をシフトするようにと言っています。そうすると、この質問によって、「バリュー（価値）」に、「より長期的な目的」とい**

うフレームが付け加えられます。将来に行って、もう既に達成してしまった時点で振り返ってみたとき、それによってこのプロセス全体に長期的なバリュー（価値）を与えてくれるのです。これもまた、アンカリング*の一種です。そして現時点に戻ってきます。

これによってこのプロセス全体が、その目的（たとえば、より豊かな人生）という、より大きなコンテクストの中に位置づけされます。コンテクストが意味を形作る、それを思い出してください。特定のアウトカムを達成することで、それが満足されるような、より大きな**目的が、そのプロセス自体を前に引っ張っていく牽引力となります。**そして整理できないと言っていた彼は今、これらのプロセスによって、目的とつながることができました。その目的があって、時間の中で前に進み、達成していくことができるわけですから。

喜多見　アウトカムと目的は常にセットになっていると。

クリス　目的に気づいていないということは、あるかもしれません。でも**私が発見したのは、目的という感覚とつながることがなければ行動しないということです。**

喜多見　そうですね、モチベーションがありませんからね。

クリス　そうなのです。やろうという動機がないからです。

喜多見　そもそも今、私たちの前にある五枚の紙は、アウトカムではない？
（クリスティーナはオーガナイズできない男性の五つのイメージを五枚の白い紙として机の上に並べていた）

クリス　現時点では、そうです。しかし、彼は目的とつながることによって、目的意識ができました。

＊<アンカリング（anchoring）>
人の特定の記憶や行動を特定の感覚刺激（五感）と関連づけ、条件付けすることで、その記憶や行動の再現や、ステイト（状態）を変化させることなどをしやすくすること。ポジティブにもネガティブにもアンカリングは私たちの生活の中でも起きている。

今、目的とつながったことは、彼にとっては大きな驚きでした。というのは、彼の注意はオーガナイズできていない、雑然としているというところにだけ向かっていたからです。何のためにやっていくのかという目的意識を、まったく失ってしまっていたのです。しかし、目的とつながってもなお、いまだに彼が簡単に達成できると感じられるような形には、オーガナイズされていません。

私は彼に紙を五枚与えました。そして、「どこが始まりで、どこが終わりなのか、分かるようにその紙に順番を書いてください」と言いました。彼は数字を当てはめました。まるで、そこに写真でもあるかのように紙を見て。もちろん彼の中には「写真」(イメージ)があったのです。

「今度はあなたが現在から将来に進んでいくように、順番に並べてください」と言うと、彼は順番に並べました。これを見たときに、彼の中ではシークエンス(順番)ができてきたのです。しかしながらその間にまだ空間、スペースがあります。ですからここで欠けているものは、ひとつの紙から次の紙へどうやっていくのか。これらは、いわゆる時と時の間のマーカー(指標)です。

次にこう聞きました。「あなたは、だいたいいつまでにこれを達成したいという、全体的な期間はありますか?」。これは大変重要です。ほとんどの人は、そこに時間的なフレーム、時間的な枠組みを与えないのです。というのは、**無意識のレベルには、時間というものがないからです。**ですから顕在意識のプロセスによって、五枚の紙と時間とを結びつけることが、大変重要なのです。

彼は言いました、「一年で達成したい」と。一枚目は現在です。五枚目は一年後ですね。それでは、これを四つのより小さな時間に分けてください。彼は「では、これが三カ月、六カ月、九カ月、十二カ月」と区分けしました。期間に加えて、暦の日付を入れることも大事です。というのは、それによって時間をオーガナイズするときに、何月何日までにこれを達成したい、たとえば九月三十日までにこれを達成したいという言い方をする人もいるからです。これは七月のことだったと思うので、彼は二枚目に十月三十日、三枚目は一月三十日、四枚目が四月三十日、五枚目は七月三十日とそれぞれ書きました。これは、彼本人が書いています。私ではありません。通常は、年号までは書いてもらいません。一年後のことですから。彼がまだ使っていない時間の構造は、「スルータイム」です。スルータイムでは、物事がひとつのプロセスの中でつながっています。方向性を設定し、そして意図を設定していくときに、最もパワフルな時間の構造です。

次のプロセスは、アウトカムをひとつずつフレーミングしていく「フレーミング・アウトカム」(望ましい結果を枠組むこと) です。これはフューチャーヒストリーのパターンを作っていくことでもあります。彼は、この紙と紙の間の空間を埋めていく必要があります。

「あなたの目指しているアウトカムは分かりますよね。これでより大きな目的意識とつながりました」。次はこれを小さな単位で繰り返します。「それでは三カ月後に行ってください。**三カ月後に行って、振り返ってみてください。あなたの結果を達成するために、どんなことをしてきたのかに気づいてください。**あなたがどのようにそれをやってきたのかを見て、聞いてください」。彼は紙と紙の間に、いわば橋を架けて、つなげているのです。そして、ここで彼は「動き」を付け加えていることになります (インタイムはひとつひとつは静止画であり、その間をつなぐことで、その静止画が動き出す)。

喜多見　彼の五つの紙、ひとつひとつの小さなアウトカムが、実際どんなものなのか、教えてもらえませんか?

クリス　彼は、あるプロジェクトを完成させなければいけなかったのです。なんと、タイムマネージメントに関する文章を書かなければならないのだ、と言われて、私は大笑いをしました。「では、このプロセスはあなたにとって、本当に役に立つと思いますよ」と言いました。彼は時間を、どのようにオーガナイズしていたのでしょう。インタイムの構造の中で、オーガナイズしていました。五枚の紙（内的イメージ）は、それぞれバラバラに存在し、どれが始めでどれが終わりかも分からなかった。最初の第一歩は何なのか、まったく明確ではなかった。その次に何をやるのかということもまったく見えておらず、ただいろいろ異なった絵があっただけだったのです。

喜多見　では五枚の紙は、その目的に至るための小さなステップが五つあって、でもそれが立体的につながっていなかった、と。

クリス　その通りです。というのは、この紙は単なる静止写真のようなもので、まったく動きがありませんでした。だから彼が、最初の一歩は何なのか、次の二歩目は何なのかがまったく分からなかったのです。

このような状態の中で出てきた要素を見て、彼は大変混乱してしまって、自分はまったくオーガナイズできない、組織化できない人間なのだという結論に至ったのです。彼はこのような形でオーガナイズ、組織化している限りは、決してそのプロジェクトを達成することはできないでしょう。**彼がオーガナイズできない、していないということが問題ではなくて、彼が「自分はオーガナイズできないのだと思っている」ことが問題なのです。**それは私が読んだ「ドンファン」の、最初の例のようなものです（24ページ参照）。注意力がどこに向かっていくのか。彼が自分はオーガナイズしなければいけない、でもオーガナイズできないと思っている限りは二重拘束の状態で、そこから抜け出すことができません。だからまずは私が質問して、彼をその二重拘束から抜け出させてあげなければいけなかった。先ほどお話しした最初の質問でそれができました。

「あの知覚をどういう方法でオーガナイズしたのですか？」。「あなたの目指しているアウトカムは何ですか？」と聞きました。アウトカムという言葉は普通の「結果」という感じではなく、こういう結果を見たい、聞きたい、といった意味が加えられています。「今ここにいて、こういう状態を見たいのです」。「では、欠けているものは何でしょうか？」。この質問はどうやって一枚の紙から次の紙に行くか（間を埋めること）を聞いているのです。

「これらの絵は、あなたがそのアウトカムを最終的に達成するために、たどっていくステップを示しているのでしょうか？」と質問をしました。彼はある結果を望んでいます。これらのものは、より大きなアウトカムを達成するための、より小さなアウトカムを示していたのです。

喜多見　タイムマネジメントの本を書くというゴールであれば、テーブルの上のこの紙の一枚は、たとえばほかの人が書いたタイムマネジメントの本を読むといったことですか？

クリス　そうですね。このようにして、彼に数字をふってもらいました。たとえば二番目は、この日までには、既にアウトラインを作っていないといけない、という具合です。「今あなたがそこにいるところから、三カ月後にアウトラインを書くという状態を達成するために、何をすることが必要でしょうか？　どんなことがそれをサポートしてくれるでしょう？」。たとえばある本を読むということがありますね。「六カ月目までには、だいたい下書きを終わらせていたいです」と彼が言いました。アウトラインができても、そこから下書きまでは、なかなかむずかしい。だからその間にしなければいけないこと、起きなければいけないことがあります。

四枚目では、その本を使ってトレーニングができるくらいにまでコンテンツを煮詰めていきたい。第四の段階は完成品ではないがある程度の形でまとめられていて、それをほかの人に読んでもらって意見を聴くこともできるようなレベルにしたいと。そして第五の段階では、実際に印刷所に持っていけるような状態にする。このように目的意識とつながることが、とても大事なのです。彼がこれをすることによって、本当に「大きな貢献」をすることができるのだということが明確になり、はじめてワクワクする気持ちになっていきました。

基本的なパターンは、こうです。これから三カ月後に行きます。もう既にアウトラインができている状態です。そして振り返ってみます。これを達成していく過程の中で、あなたがどんなことをしてきたのかに気づいてみましょう、と。

喜多見　未来から見て、ですね。

クリス　そうです、**バックワード・プランニングです。未来から現在に向けて後ろ向きにプランニングをします。大変パワフルな方法なのですが、ほとんどの人は、そのようなプランニングの仕方はしません。普通ほとんどの人は、現在から未来という方向にプランニングをしていきます。**

喜多見　この章だけでも、この本を読んだ価値がありますね（笑）。

クリス　その通りです。私はこのバックワード・プランニングという戦略を使うことで、バンドラーと一緒にトレーニングをやっていくと決めたのです。というのは、当時私は自分が何をやっているのかを、正確には分かっていなかった。

私は個人セッションをたくさんしていて、ビジネスは大変順調でした。あらゆることがとてもうまくいっていたのです。でも、バンドラーと一緒にトレーニングをやっていくためには、四百マイルも離れたところに引っ越さなければいけないし、家族をおいていかなければならない。だから私はこちらなのか、あちらなのかというジレンマ的状況に自分の身を置いていたわけです。行くべきか、行かざるべきか。こういうジレンマ状態のときに、現在という時間の中で決断をしようとしても、なかなかうまくいきません。

行くことには、たくさんのメリットがあります。行かないとしても、ビジネスは大変順調なのです。だからもう決められませんでした。現在の時点で大きな決断をしようとしてもできないばかりか、こちらとあちらの選択肢の対立が、どんどん大きくなってしまい、決断しようとするたびに二極化が激しくなってしまうのです。

そこで私が紹介した戦略を使いました。私はAとB、ふたつの別のタイムラインを書きました。Aは、行かないというタイムラインです。未来に来ました。そして将来から振り返ります。個人セッションはたくさん入っているし、人生は大変うまくいっている。さらにたとえば**五十年先まで行って振り**

返ってみます。そこまで行くと、少し価値が変わります。人生の終わりに振り返っているわけですから。これは、**人生の終わりから見るという戦略です。**ひとつのメタファーですが、人生最後の時点から振り返ったときには、また別の価値を持ちます。バンドラーとトレーニングには行かなかったんだなと。次に、また現在に戻ってきて、Bの道、バンドラーとトレーニングをするという道を行きました。すると、もう本当にどんどん夢が膨らんでいったのです。最もワイルドなイマジネーション、つまり夢がどんどん大きく広がった状態ですね。Bの道は究極の夢というような感じです。

NLPの創設者の一人のもとで勉強をし、そしてトレーニングをしていくという機会ですから、本当に夢のようなギフトです。そして現在に戻ってきます。もう一度Aの選択肢の方に行きました。これは、意思決定をする助けになりました。ここで振り返ってみます。Aの選択ではBで起きるようなことは、何も起きていないのです。ほかに何かすてきなことが起きるかもしれませんが、Bの道ではこんなことが起きたかもしれない、ああなったかもしれないという可能性を、まったく知ることができないで終わってしまいます。そう考えると、Bに行く怖れはなくなってしまいました。逆に、私にはもっと大きな怖れが出てきたのです。それはAに行ったら人生の終わりに、私はどんなことが起きていたのかを、なんにも知らずに死んでしまうのではないかという怖れです。それを考えたとき、とても怖くなったのです。

ここで現在に戻ってきました。そして再びBを見て、自分に言いました。「こちらで見たことの10%でもいい、ほんの少しでも実現したならば、やってみるだけの価値がある」と。いまだに少しゾクッとする感じがあります。もちろん私はイエスと答えました。これはパワフルだなと思ったのです。もう、私の頭の中には、疑いの余地はありませんでした。

もうひとつ、素晴らしい利点があります。私が人生の最終盤の時間にさしかかったときには、次のチャンスというのがまったく残されていないのです。でも、この方法を用いれば私たちはイマジネーションの中で経験することができます。つまり現時点ではまだ次のチャンスがあるわけです。だからそれこそもう疑う余地もなかったのです。

これと同じような形で、引っ越しする工程を全部プランニングすることができ、私の家を借りてくれる人も見つかって、すべてうまく運びました。

次に私が学んだのは、「イエス、行きます」といった決断の結果起きたことは、そのとき夢見ていたよりも、ずっと良いことだったということです。たとえばバンドラーと一緒に仕事をして、二年、三年たってからのことです。これはすごい夢だなと私が思っていたことが、実はむしろ小さなことだったと思えるようになりました。

私は子供のとき、世界中を旅行するのが夢だったので、寝室に世界地図を貼っていました。朝、目が覚めると、いつも世界地図を見ていたのです。でも、私はドイツやフランスで教えるなんて考えたこともなかったし、ましてや日本で教えるなんて、夢にも思いませんでした。それらのすべてが起きたのです。これはあの時点では、想像すらできなかったことです。

私は、「こちらなのかあちらなのか」に、はまって意思決定ができなくなっている人に、この戦略を使います。これをいくつかの実例に応用してみて思ったのは、**このバックワード・プランニング、つまり、将来に行ってから現在に戻って計画をすると、まるでドミノ倒しのように物事が進展していくということです。**私は、だいたいにおいてインタイムの考えを使っていたのです。これは、注意がいつも現在にあるタイプの人が使っています。つまり、現在というものにとらわれているわけで、だから私はいつも遅刻していたのです。

空港にいつもギリギリに到着するという話をしましたね。「スルータイム」を使ったことがなかったのです。

「インタイム」という戦略が、具体的にどのようなものかを、次の文章を読んで紹介することにしましょう。友人がeメールで送ってくれたものです。別の目的のために送ってくれたのですが、例として完璧なので使っています。

読みますね、アイデアがつかめると思いますので。こんな感じです。

私は車を洗うことにしました。ガレージに向かっていきます。そうするとテーブルの上に郵便物があるのに気づきます。車を洗うのだけれど、でもまずは郵便物を見よう。そしてデスクの上に車のキーを置いて、DMは捨てて……。そうすると、ごみ箱がいっぱいになっているのに気づきます。じゃあ、請求書はデスクの上に置いて、ごみを捨てに行こう。でも、どうせ私書箱の近くまで行くんだから、じゃあ、一緒にこの料金を払ってしまおう。小切手帳（米国では、現金の代わりに小切手帳に金額を書いて切り取り、相手に渡す。銀行に持っていけば現金になる。小切手帳は綴りになっていて、一定枚数しか入っていない）はどこだったかな。あらら、小切手があと一枚しかない。でも、新しい小切手帳はデスクの上にあるんだった。あれ、コーラが飲みかけだわ。まあいいわ、小切手帳を探すのよね。でも、最初にコーラをパソコンから少し離しておかなきゃ。でも、ぬるくなっちゃうから、冷蔵庫の中に入れておきましょうね。それで、キッチンに向かいます。

あら、花がしおれかけているわ。水をあげなきゃ。コーラをカウンターの上に乗せてっと。あら、眼鏡はここにあったんだ。もう朝からずっと眼鏡を探していたのよ。まずはこれを片づけなきゃ。そしてジョウロに水を入れて、私は植木鉢に向かいます。まあ、キッチンにテレビのリモコンが置いてあるじゃない。夜になってテレビが見たくなったときに、キッチンまで絶対に探しに来たりはしないものね。じゃあ、もうこれはリビングの方に置いておかなきゃ。そして私は植木鉢と床にも水を少しこぼして、テレビのリモコンはソファの上に投げ出し、廊下を歩き始めて、あれっ、私は一体何をしていたのだったかしら……。

一日の終わり、車は洗われていないまま、そして請求書の支払いはまだ済んでいません。コーラは、まだキッチンのカウンターの上に置いてある。そして花は半分しか水やりをされていない。そして小切手帳には、いまだに一枚小切手が残っているだけ。そして車のキーが見つからない。なぜ今日は何もできていなかったのかしら、と思ったときに、うろたえてしまう。だって私、一日忙しかったのに……。これは少し深刻な状況だということを自覚して、私は助けを求めなければ。でもまずは最初に、メールをチェックしなきゃね……。

喜多見　ハハハ、面白い。

クリス　確か同じようなことがヴォイスの「おとなのADHD」にも書いてありましたね。

でも、みんなそうですよねと、うなづいています。このインタイム戦略を使っているとき、自分の「フィーリング」に反応する傾向があるのです。ということは、いつも現在にいるが、方向性は常に「未来思考」なのです。これから先のことを考えています。過去はもう終わってしまっているから、存在しない。ドアを開けて次に行くのです。だから、そこに置いたということが視覚的に記録されておらず、単にキネスタティック、体の感覚で、ピッと動いている。「インタイム」のこの瞬間には、とても鍵を片づけるという気持ちにならない、と体の感覚では感じるものなのです。

ここにはまた、「歪曲」も使われます。朝、ついに車のキーが見つかった。そして仕事に向かうべくドアのところに行く。もう既に遅刻するということが分かっていて、行こうとすると、あの植木が、と思いつく。本当は仕事に行かなければいけないのに、植木に行ってしまう。さらに、一日の終わりに家に帰ってくると植木が枯れているというところまで想像してしまう。私が殺してしまったのだと。だからもう水やりをせざるを得ない、それ以外の選択肢はない、と。それはキネスタティック（体感覚）を使っているからです。頭で考えたら、それで死ぬなんてことはあり得ないのですが、体感覚ではそうなってしまうのです。大変疲れます。私は、よくそうやっていたのです。

先ほどお話ししたように、金曜日は、パートナーが言います。「六時までに準備できるかな？」と。私はイエスと言います。「今日は何をする必要があるの？」と彼が聞きます。「今日は銀行に行かなきゃ」。「どのくらい時間がかかるの？」。彼は時間の経過に大変気づきがある人なのです。私は彼に言います。「そんなのすぐよ。さっと銀行に行って、ぱっと出てこられる」と。

英語では「in and out in no time」、全然時間なんてかからない、一瞬のうちに出て帰ってこられる、と言います。もう本当に一瞬以下です、ノータイムですから。時間の経過がない、時間が止まっている間にできてしまうと。そう言っていながら、どういう意味なのかを、私自身はまったく自覚がないのです。こういう研究をしてから分かったことですが、私のマインドの中の表象は、「一枚の絵」なのです。自分が銀行に行く、急いでそこに行ってすぐに出てくる、そういうイメージを見ているのです。

喜多見 「インタイム」では時間が止まっているから……。

クリス そう！ 時間が止まっているからなのです。シャワーに入ったときも同じです。時間が止まっている。それがもつ意味は、コンピュータの「アイコン」のような感じで、時間の流れが静止したそのアイコンの中に保存されているのです。

私はインタイムの寓意として「アイコン」を例に使います。最近は、誰もがパソコンを使いますので、アイコンという概念はお分かりになりますね。

アイコンをダブルクリックすると、それが開いて、今まで自分が行ったプロセスが見えてきます。だからアイコンは「インタイム」の表象なのです。ダブルクリックすると、どこが始まりで、時間の経過の中でどこに向かっていくのかが見えてきます。

それからファイルにファイル名を付けます。「なぜ名前を付けるのですか？なぜラベル化するのですか？」と私は聞きます。次回使うときに見つけやすくなるようにと、みんな答えます。つまり、このラベルは、次回そこにアクセスするための「アクセシング・コード」なのです。私のアクセシング・コードは「銀行に行く」でした。私はもっとずっと長いプロセスのひとつのパートを使って、このプロセス全体を示していたのです。

だから銀行に入るのと出てくるのとが、同じ時間の瞬間の中に起きるかのように考えてもいたし、そう信じて行動していました。どうりで私がいつも遅刻をしていたはずです。当然私は小切手帳だって、いつも同じ場所に置いておくわけではないし。

喜多見　「スルータイム」だったならば、ドアを出て歩道を歩いていって、銀行に着いて用を済ませて帰ってくる、全部で三十分ぐらいだ、と認識する。

クリス　そうです。パートナーはきちんと時間を守る人で、私が「どうすればできるの？」と聞いてみると、彼はなんでそんなことを聞くんだといった顔をしました。「でも明らかに、私はあなたのようなやり方でやっていないのよね。だって私はいつも遅刻しているのですもの」。

喜多見　「ビトウィーンタイム」というのは、どういう場合ですか？

クリス　「ビトウィーンタイム」は、時と時の間です。

喜多見　間が開いている。

クリス　そう。これにはもうひとつ、「スルータイム」というプロセスが付け加わるのです。

喜多見　そうすると、「ビトウィーンタイム」と「スルータイム」は似ていますが、「スルータイム」はこの「ビトウィーンタイム」の間にある「間」が全部動画状態であるということですか？

クリス　そうです。全部動画なのです。しかし「ビトウィーンタイム」は動画と動画の間に空白が空いています。

先ほどの話に戻りますが、私が「どんなふうにやるの？」と聞いたときに、彼が言ったのは、「僕は物事が、どのくらい時間がかかるのかが分かるんだよ」と。時間の経過が分かる？　私は、「えっ？」と思いました。

「インタイム」には経過がありません。時は止まっているので、どのくらい経過するかという感覚がないのです。「何かがどのくらい時間がかかるって、どうやって分かるの？」。「最初にやったときに、僕は時間を見ているんだよ」。私は時計を身につけないので、どのくらいかかるのか、まったく分からない。彼は実際に時間を計ったのです。大変シンプルなことですが、私にとっては今まで考えてもみなかったことでした。

この、銀行に行くという行動は、どこからスタートするのでしょう？　私の場合、自宅がオフィスだったので、まずはわが家からスタートします。では、どこで終わるのか？　通常私はオフィスに戻るので、つまりわが家に戻った時点で終わりとなります。決して銀行で始まって終わるわけではありません。銀行で始まって終わるというその認識の時点では、まだ「ビトウィーンタイム」の表象なのです。自宅〜銀行〜自宅ではじめて、「スルータイム」になります。私は発見しました、銀行に行く準備をするために、私は自宅で何をしなければいけないのだろう？　小切手が必要です。銀行に行ってみておもむろに小切手帳を取り出そうとすると入っていない。小切手帳があっても、そこに小切手用紙が残っていないなんてこともありましたから。

つまり私は鍵と同じように、小切手帳を扱っていたのです。クライアントが支払ってくれた小切手を、ポケットに入れたり本の間に入れたりなんてこともありました。私は思いました、小切手は全部同じ場所に保管しなければいけない。一日十分鍵を探していただけではなかったのです。たとえばクライアントが二十人なら、二十枚の小切手があるので、毎週金曜日になるとそれをいちいち探すのに、かなりの時間を使っていたわけです。

鍵に関しての戦略をやり始めて、四年ぐらいたっていました。鍵だけではなく、小切手を探すためにも、また大変な時間を費やすことになるのです。「もう絶対に変わらなければ」という変化のモチベーションになりました。

一週間、そこで私はずっと小切手を同じ場所に保管しました。ここにあります、素晴らしい。銀行まで運転していきました、ストップウオッチを持って。金曜日に銀行に行くというのは、東京と同じで大変なのです。銀行に行くのに三十分かかりました。駐車場を探して、列に並んで。一瞬のうちに出入りできるなんてことはあり得ない。金曜日には行列が銀行の外に出ることもある。そして家までまた運転して帰る。すると銀行に行くというのは、なんと一時間から一時間半はかかることが分かったのです。私はショックを受けました。どうりで私は遅れるはずです。

もうひとつ重要なことは、このプロセスはどこで終わるのか、という点にあります。始まったところと同じ場所で終わるのです（つまり「銀行へ行く」というプロジェクトは「自宅―自宅」が全動画で完全な「スルータイム」になる。自宅動画+銀行動画では「ビトウィーンタイム」）。小切手帳を自宅の同じ引き出しに収めて、そのプロセスは終わる。だから次回銀行に行くときに、小切手帳もデポジットも全部その引き出しに揃っているようにする。これを一度やってみて分かりました。私はこれで、六時に準備ができている状態になる方法が分かった！

このようにバックワード・プランニングの方法を使いました。自分自身でこれをやってみて、その効果を実感したのです。私の人生の経験が変わりました。ですから、同じような戦略を人にアドバイスしています。アウトカムをより効率的に、効果的に達成する方法を援助しています。

「インタイム」というのは、電車に遅れるという例で説明すると、電車に駆け込もうとしている状態です。そこにはまったく自由が存在しない。何かを楽しむゆとりがありません。常に疲労しているのです。私はもうそういうことはなくなりました。

オーガナイズできない男性に戻りましょう。三カ月先の将来に行って、そして振り返ってみる。この結果を達成していくというプロセスの中で、それまで自分がどんなことをやってきたのかに気づきます。そして、それをどのようなやり方でやってきたのかを、イメージします。それによって彼が今現在のところから、時間管理の本を書くという仕事のアウトラインを完成するところまで、どういった道程を進んでいるのかが見えてきます。人によってはその間のステップを、実際に書き出した方がやりやすいこともありますので、それはその人に任せます。私自身も間のステップを書き出した方がやりやすい。というのは、私自身は常に「インタイム」の中に入ってしまう傾向があるからです。

この男性もまたその間に起きることを、いくつか書き出したいと望みました。名刺の倍くらいの大きさのカードを使って、その順番を作ります。そして私は言います。「それからさらに三カ月先、つまりスタート時点から六カ月先の未来に行ってみてください」。一月三十日です。そして振り返ってみます。「あなたがアウトカムを達成するために、さらにどんなことをやってきたのかを見てください」。**最初は「何を」やってきたのか、それに気づいてから、次にそれを「どのように」やってきたのかを聞きます。**最初はWhatで、次はHowですね。そしてこんなことを聞きます。「それがどのくらい順調に進んでいるのかに、気づいてください」。彼がそういった情報を書き出していきますので、それを私は待ちます。

「今度はさらに三カ月未来に進んでみてください」。最初の時点から九カ月後です。そして振り返ってみます。一連の言い方はすべて、同じパターン、同じ言葉ですね。「あなたは、原稿を仕上げるというこのプロセス、それを達成するために、どんなことをさらにやってきたのかに気づいてください」。校正（プルーフリーディング）できるような状態まで仕上げる。そして振り返ってみます。「校正できる原稿を書けるまでになったプロセスの中で、さらにどんなことをやってきたのかに気づいてみましょう。自分がどのようにそれをやってきたのかを見てください。そしてあなたがこのプロセスをさらに展開している、このプロセスをさらに進めているということに気づいてください」。そして、「さらに三カ月先に進んでいきます。そして振り返ってみます。もう既にその結果を達成していて、あなたのプロジェクトは完了しています。それがいかに素晴らしいことなのかを見てください。最後の仕上げのために、あなたがどんなことをしてきたのかに気づいてみます。どのようなやり方でやってきたのかを、聞いたり見たりします」。こういう具合ですね。基本的に同じような言葉の使い方です。

通常私は、最初にその人が言ったことの持つ「価値」を覚えていますので、それも折り込んでいきます。「これはあなたにとって、こういうような価値があることですよね」と言ってあげるのです。現時点まで戻ってきてもらう前に、**完了の時点よりもさらに先を見てもらい、その人が貢献したいと望んでいたこととつなげていきます。「これをすることによって、あなたがどのような貢献をしているのかを見てください」と。これは効果的です。貢献したい、ということは強力なモチベーションの一部で、価値、目的の一部だからです。**

「さて、それでは、今これらのことをすべて持ちながら、戻ってきます」。すべてを持って戻ってくることが大事です。というのは、人によっては文字通り、それを未来の時点に置いたまま戻ってきてしまうことがあるからです。**このモチベーションが、現時点の自分を前に進めてくれる牽引力になってほしいので、これらをすべて持ちながら、現時点に戻ってきます。**

さらに、「今これから先を楽しみに、ながめてみます。あなたの目の前で、未来が明るく大きく開かれています」。「ほかにどのようなリソースが、あなたにとって開かれていて、あなたの人生の質をより豊かなものにしてくれているでしょうか？」「あなたがこれから先を見て、あなたの目の前に将来が明るく輝き開かれてくる感じを想像してみます。より大きなポテンシャルを実行していく過程の中で、どのような選択、どのようなリソースが表れてきたでしょうか？」

これらのプロセスは、アイデア（ここで言う「アイデア」とは、人が何かを成し遂げたいと思ったときの一番最初の「夢」のようなものを言っている）を自分の中に取り入れるプロセスです。そしてアイデアとは「可能性」なのです。これらの一連の質問の全体が、可能性を実現させていくプロセスといえるでしょう。

この彼のアウトカム、時間管理の本を書くということが実現されていくプロセスもまさにその実例です。彼はひとつのアイデアを持っていて、それを実現していきたいのです。でもどんなアウトカムも、基本的にはそうですが、まずはアイデアから始まります。人間が今まで達成してきたあらゆることは、まずは「マインドの働き」、そして「意図」によって達成されてきたことです。

私のトレーナーズトレーニングの目的もまさにこれと同じです。参加者は潜在的な可能性や能力を持っています。トレーニングでは概念的なモデル、「リビング・システム」(169ページ参照)などのエクササイズを通して情報の本質を知ることにより、その潜在能力を大きく発展させていきます。参加者は、より大きな柔軟性や創造性、スキルを現実のものにしていきたいと望んでいます。トレーナーズトレーニングでは、アウトカムをフレーミングしていく作業を参加者同士でしてもらいます。

「リビング・システム」についても少し説明しましょう。これは機械のシステムとは違う、人間ならではの認識システム、つまり人間そのものを意味しています。一人ひとりがリビング・システムであることはもちろんですが、コミュニティもリビング・システムであり、国も、世界全体もリビング・システムで階層を作っています。そして、リビング・システムは文字通り生きているので変化していきます。個人だけではなく世界のリビング・システムも変わります。また、出来事が同じでも時代が変われば認識は変わります。たとえば、地球のまわりを太陽が回っていると認識をしていた時代がありました。しかし、今では地球が太陽のまわりを回っていると認識しています。このように、世界の認識も変わっていくのです。

私はオーガナイズできない男性の例を使います。これが私のトレーニングで参加者がエクササイズでやっていくことのベースであり、フューチャー・ペーシングになります。なぜなら彼が歩んだ過程を知ることによって、参加者はこれからすることを理解できるからです。彼が一年先まで行き、振り返るとき、そこに行き着くまでの方法を知ることになります。それはバック・トラッキングであり、参加者はそこに自分のこれからの姿を重ね合わせることができるのです。ですから、このオーガナイズできない男性のストーリー、メタファーは、ある種のティーチングツールであるということができます。彼らが実際にやってみる前に、プロセスやパターンを教えていくための材料になっているのです。

ここで明らかにしたいのは、**どんな人でも必ず変化をしていく。そして何かを達成していくために必要なリソースは既に十分に持っているということです。リソースがあるのか、ないのかは問題ではありません。オーガナイズできない男性の例でいうと、どのようにオーガナイズ（組織化）していくかが問題なのです。ですから「変化していくこと」は、既にあるものをリ・オーガナイズし（オーガナイズし直し）、それによって彼が達成したいと思うことを達成する、潜在的可能性を現実のものにしていくパターンを作っていくことといえます。**直接そのことを伝えるよりも、ストーリーを通して話していった方が、その考えをしっかりとつかみやすいのです。

喜多見　「私はオーガナイズできない」という男性の話から、今ここに至っているわけですが、この話全体が、そもそもメタファーなのですね。

クリス　そうです。そのストーリーそのものが最初からメタファーなのです。

この例でいうと、彼がオーガナイズされていなかったことが問題なのではなく、彼が、自分はオーガナイズできていないんだと「思っている」ところに問題があります。でも、この言い方ですら正確ではありません。つまり、本当にそこで起きていたことは、**彼がある形でオーガナイズしたときに、彼はそれを歪曲して「自分はオーガナイズしていない人間だ」と解釈していたということです。ですから「ばらばらの形」でオーガナイズされていたとき、彼はある種の結論、自分はオーガナイズできないという結論を引き出していたのです。**問題はここにあるということです。

私は彼を、何をすることに招待したのでしょうか？　同じ要素を違うパターンで並べるということに、です。

トレーニングでは受講生が実際にこの素材をやっていきます。実際にいくつかのグループに分かれてやりますが、彼らはこのプロセスを大変気に入ってくれています。

ある年このプロセスの後で、一人の男性が私のところに来ました。私は彼が質問をするんだと思って座りました。彼は何か言いたげで、少し目がうるうるしていました。そして「あなたをハグしていいですか」と彼は聞きました。韓国人の男性でした。私はびっくりしました。「あなたをハグしたい。このプロセスで本当に人生が変わりました。これは今までで一番パワフルでした」と彼が言ったので、私も涙が出てきてしまいました。

参加者たちはこのような方法を経験したのははじめてで、とてもパワフルでした。プロセスから十カ月後に、私はオーガナイズできないという彼から「もう既に原稿を出版社に送りました」というeメールを受け取りました。

喜多見　素晴らしい!

クリス　彼は、「いったんこれができてしまうと、何をやればいいのかが明確に分かり、次から次に出来事が進んでいって、まるでドミノ倒しのようでした」と言っていました。たとえば彼がアウトラインを作っているときに、仕事に行かなければいけない時間になりました。戻ってきて彼が最初にやったのは、バックトラックをしてみることでした。彼の目的は何なのかも、全部書いてあります。それをやると、まるで中断された時間がまったく存在しなかったかのようだった、と言うのです。

私が提案したのは、プロジェクトを進めているときに、自分がそこをいったん離れる場合、普通は離れる前にやっていったところ、まさにそこからスタートしようとする傾向があります。しかし、それではもう一度その流れに乗るためには、時間が長くかかってしまうものなのです。そこで私が使っているメタファーは、たとえば数週間ぶりに一冊の本の続きを読もうとしますね。あれ、思い出せないな？　と感じたとき、どうしたらいいのでしたっけ？

喜多見　少し前に戻るのですね。

クリス　そう、バックトラックするのです。少し前に戻ってみる。同じアイデアですね。少し前にバックトラックしてから進んでいくことによって、大きな違いができます。バックトラックすると、最後にその作業をしていたときと次に始めたときの間に、まったく中断の時間がなかったような感じがするでしょう。

　バックトラックを、本を読むときのたとえを使って説明すると分かりやすい。「分からないときどうしますか？」「1ページ前に戻ってみるのです」と言うと、「ああ、そうそう」と誰もが分かります。こういったメタファーを使う目的は、日常生活の一場面にアクセスしてもらうためです。たとえば、ある情報を学習しているとしましょう。**本人がこれは新しい情報だと考えている場合には、必ず既に知っているものと関連づけながら理解を形成していくものなのです。**ですからバックトラックの話をするときには、常にこの、本を読むという例を使うと理解しやすくなります。

喜多見　メタファーについてお聞きします。メタファーというと、私にはあるイメージがありました。たとえば森を狩人が歩いていくと熊が出てきてというような話があって、それをある事象を理解するために使うというように思っていたのですが……。

クリス　私はそういう形ではメタファーはあまり使いませんが、そういう使い方もあり得ます。でも、私はそれよりも自分自身の経験の例を紹介します。時間の構造の説明をするときには、自分が銀行に行く話をします。それから鍵の話も。というのは、どんな人もその話を聞いて、自分の人生に似通ったことがあるので、理解しやすいからです。その方がずっとパワフルだと私は信じています。

　たとえば昔々、うさぎの家族がいましたなどという話をしても、たぶんうまくいくのだろうと思いますが、やはりうさぎの家族に同化するのは、少しむずかしいと思えます。

　私があまりそういう話を使わない理由がもうひとつあります。それは、うさぎの家族などのストーリーを話し始めると、人はそれを聞いているときに、**「たぶんなんらかの理由があってそのストーリーを話しているんだな」というふうに注意してしまいます。**彼女は何を訴えようとしているのか、何を言おうとしているのか、解明してみようと思ってしまう。つまり、第三者的な立場になってしまうということです。でも、**私が自分の実生活の中の話をすると、聞いている人はそこに参加せざるを得ない。なぜなら、自分たちも同じような経験をどこかでしているからです。**私は「インタイム」「ビトウィーンタイム」「スルータイム」のストーリーを全部話しますので、どれかを必ず経験しているわけです。これらのストーリーを話すだけでも、三日間ぐらいかかります。でも、長すぎるので、通常は三つのパートに分けますが。

銀行の話は、それほど長い話ではありませんが、参加者がオーガナイズできない男性のストーリーを理解してから私は関連したエクササイズを出します。ストーリーによってパターンを教えていますので、実際に彼らがエクササイズをやる段になったときに、既にマインドの中でパターンはつながっています。トレーナーや先生、コーチ、また親としてもこうしたパターンは、大変重要だと思います。もちろんここにはバックトラックもたくさんあるし、またフューチャー・ペーシングもあります。

さまざまなトレーナーやセラピストのウィークポイントのひとつは、彼らのフューチャー・ペーシングが効果的ではないということです。

彼らにはこういう傾向があります。たとえば、アンカリングなどのワークをしているときに、「さて、将来、同じような出来事が起きたときに、このアンカーをかけたリソースを将来のあの状況に持っていってください。そのときあなたは前とはどのように違った感じがするでしょうか?」などと言うのです。彼らはあるコネクションを将来のいつかの時点に持っていくわけです。**それは将来の「インタイム」の瞬間なのです。つまり、これはより大きなコンテクストの一部でしかないにもかかわらず、その大きなコンテクストからその部分だけ外して考えてしまう傾向があるのです。**私も最初のころはそうでした。

喜多見　全体を見ないで、将来の「インタイム」の瞬間にフォーカスしてしまう。

クリス　そうです。この瞬間にだけ、この時点にだけフォーカスする。たとえばセラピストがオフィスでクライアントに会う、あるいはトレーナーがセミナールームで受講生に会うという状況を考えてみましょう。その時の中においては、かなりいい変化が起きているのを見ることがあります。でも、そのコンテクストを超えて、その先までのフューチャー・ペーシングはしないのです。そのため私はトレーナーズトレーニングで、「あなたが学んだことは、これからの数日間、これからの数週間、そしてこれからの数カ月間に、どのように役に立つでしょう？ How can your learnings be useful during the days,weeks,months to come?」と聞きます。**その質問に答えるためには、実際にそれを応用してみて、役に立ったということを事前に体験する必要があります。**

「Can」という叙法助動詞（モーダル・オペレーター）を使って、それが役に立つということをどのように学ぶことができるでしょうかと聞いています。これは、相手の可能性の領域を拓いているのです。つまり、ほかにどのような形で使っていく可能性があるでしょうかと聞いていることになります。たとえば、「それはどのような形で役に立つでしょうか？ How will they be useful?」と聞いたとします。willで聞いたときには、そこにある種の確実性があるのです。「確実にそうなる」という意味で自由さがなくなりますので、これからの可能性の領域を広げるのではなく、かえって可能性の領域を狭めてしまうことになります。前提、全般的なフューチャー・ペーシングに関係あるのですが、私が聞きたい質問のひとつはこれです。

「あなたの学びが、これからの数日間、数週間、数ヶ月間に役に立つであろう方法のいくつかは何でしょうか？ What are some of the ways your learnings can be useful during the days,weeks,months to come?」。たとえば、どういった選択肢の「いくつか」が明らかになっていくでしょうか？　どういった学びがあるでしょうか？ と聞いているのです。そのときに「some」（いくつかの）という言葉が大変重要なキーワードになります。この「いくつかの方法」を説明するときに、その方法は十も百もあるかもしれません。しかし十であれ百であれ、それらは数量を代表しています。そこに大変パワフルな前提があります。つまり、**いくつ方法を思い付いたとしても、常にあなたが発見した以上の方法があるという前提です。**

たとえば、「その方法は何ですか？ What' s the ways...」と聞いたとしたら、その方法の数は限定されていて（isと単数で聞いているから）、その方法だけが絶対であって、話は終わりになってしまいます。そこでそれ以上の探求が終わってしまうのです。でも、「方法のうちのいくつかは何ですか？」と聞くと、いくつかの方法は、今意識に上ってくるかもしれないが、それ以外にさらにほかの方法が、これからの日々、週、月において明らかになってくるに違いない、という前提を含むことになります。英語のuseful（役立つ）は、動詞からの派生語です。何かが役に立つ、「ユース（use）・フル（ful）」になるために、最初に使う、useしないと、useful（役立つ）であるかどうかは分からない。使ってみなければ、役に立つかどうかが分からないという前提も、この文章の中に入っています。

ですから、この質問に答えるためには、彼らがこれからの日々、週、月において、既に自分がそれを応用しているという状態を見なければいけないことになります。質問に答えられるようにするためには彼ら自身がそれを使っているという、バーチャルリアリティーを作ってみなければならないのです。

たとえば、こういう聞き方をする人もいます。「あなたが学んだことが、将来において（in the future）どのような形で役に立ち得るでしょうか？」。そこにはパラドックスが呈示されています。あなたの未来というのは、常に先にありますね？

喜多見　いつまでいっても未来。現在では使わない、と。

クリス　そうなのです。だからトレーナー、コーチ、セラピストが、将来に（イン・ザ・フューチャー）といったときは、常に今の時点よりも先のことになってしまうのです。それでは学習の応用のフューチャー・ペーシングになりません。常にそれよりも先があることになってしまう。ですから、私はこれからの日々、週、月という時間の「間に」という意味で、during（間に）という言葉を使うのが好きなのです。

それはたとえば、in the day、this weeks、this monthといったときには、「ビトウィーンタイム」の感覚がありますね。でも～の間に（during）というのは期間中ということなので「スルータイム」であり、そこにムーブメント、動きの感覚があります。これからの数日間、数週間、数カ月のうちに「ずーっと」という感覚があります。興味深いことですが、こういうことを言うと、単なる言葉じゃないかと思う方もいるでしょう。でも私はこう言いたいと思います。**「私たちは言葉を使って、自分の経験を作っている」**のです。

イン・ザ・フューチャー、未来にというのか、それともこれからの日々、週、月の間で、というのか、ほんの一言、in（～に）とduring（～の間に）の違いなのですが、その違いは大変大きなものがあります。だからこそ人にかかわる仕事をしている人たちには、この言葉の選び方に注意を向けてほしいと思うのです。

未来に（in the future）なのか、それともこれからの日々の間（During days）にするのか、それによって、「学びがこれからずっと続いていく」のかどうかという違いがあります。同じく、いくつかの（some）という言葉を付け加えるだけで、とても大きな違いがあるということです。

また、あなたのために「to you」と「for you」にも、大きな違いがあります。これはトレーナーだけではなく、セラピストや教師たちにとっても大変重要なことです。「to you」と「for you」は、私たちがオーガナイズをするために、どのように時間を使っているのかを示しているからです。

まずは時間の異なった構造には、良い悪いではなく、それぞれの役割、働きがあることを理解してほしいのです。そうでないと、たとえば「インタイム」は役に立たないものと、人は思ってしまいがちです。そのひとつひとつがどのように働いているのかを理解してほしいのです。それによって、そのすべてをひとつのシステムとして一緒に働かせていくことを学ぶことができます。

たとえば何かのプランニングをしているとき、出来事と出来事の間にスペースがある場合には、ここは「スルータイム」を使って、その間の出来事も全部つなげていかなければならない、と考えることができます。というのは、私自身がNLPの訓練を受けたころ、時間にはほとんど配慮がなかったからです。そこには光が当てられていなかった。ですから、バックトラックが話題に上ることなどほとんどありませんでした。私はバックトラッキングについては、むしろ情報科学などほかの分野の文献を読むことによって、学んだことが多いのです。

喜多見　バックトラックという考え方は、クリスティーナさんがお作りになったのですか？

クリス　そうです。現在、NLPにバックトラックを応用していますが、その形は私が作りあげたものです。

初期に、私がバックトラックということを唯一聞いたのは、私のプラクティショナーのプログラムの中でした。情報収集のフレームについてプレゼンテーションをしていたときです。そのひとつが、バックトラック・フレームと呼ばれていました。その説明の仕方は、こんな形でした。

たとえば、サマリーをまとめるというケース。セッションで、あなたはこういうことをおっしゃいました、そしてこれを言いました、そして、またこれも言いましたね、という単に過去のある時点における再確認のようなまとめ方として紹介されていました。

喜多見　それは、今話しているものとは、全然違いますね。

クリス　当時はそれだけだったのです。だからどうなんだと聞きたいくらいでしょう？　バンドラーがあるとき、私の質問に対してこう言ったのを覚えています。少しそのコンテクストから外れて使った言葉でしたが、でもその言葉はずっと私の中で長い間残っていました。「データにバックトラックするという行為が、その変化を生み出すのだ」と。一体何のことを言っているのか、まったく分かりませんでした。でも、ずっとそれが耳の中に残っていたのです。

その数カ月後のことです。ジェイムズ・ミラー（James Grier Miller「Living Systems」著者）の、システムに関するパンフレットを読んでいました。そこにはデータや情報など、チャートをたくさん使って彼の「リビング・システム」*が説明してありました（次ページ参照）。データという言葉を見たときに、リチャードも「データにまでバックトラックする」と言っていたことを思い出しました。また別の本で一時的体験、二次的体験ということが出てきました。こうした破片のようなものが少しずつ出てきたのです。

先ほど、イライラしているという人の例がありました。「その反応が出たとき、どうやって分かったのですか？」。「頭の中にある絵が浮かんだのです」と彼が言いました。そんなことを重ねながら、私はプライマリー・データにまでバックトラックするということを理解していきましたし、それがいかに変化を生み出していくのかも知ったのです。

喜多見　セカンダリーからプライマリーにバックトラックしていく。

クリス　**プライマリーにアクセスするためには知覚の視点を変えなければなりません。それが変化の一部を生み出すのです。**このバックトラックは、何年間もかかってできたプロセスでした。

喜多見　コンセプトが一応ここで完成したというのは、何年ごろの話なのですか。

クリス　一九九五年か九六年ぐらいです。「ビトウィーンタイム」という考え方も、私が付け加えるまでは、NLPには存在していなかったものです。

そのときは、「インタイム」と「スルータイム」しかありませんでした。バンドラーが時々、「ビトウィーンタイム」と言ったのを覚えています。その時は「どんな意味なのかな」と思いました。このように、人がさまざまなことを言うときに、私はそれを聞いてきたわけです。でも何を言っているのか分からなかった（笑）。

喜多見　システムとしてはまとまっていなかった。

クリス　そうです。人がいつも言っていたような言葉が、突然、私の中にわき上がってきたのです。「じゃあ、ビトウィーンタイムって何なんだろう？」

〈リビング・システム思考モデル〉

脳は経験のモデルを作り、メンタルな地図を形成する。「知識」は実際の世界の「表象」であり、その表象が作られた「ロジック」や「理由」へと至る（理解）。こうしたメンタルな地図が、私たちの思考と振る舞いを形作っている。

「理解」 ……→ **場を統合「何のためにするのか」**

↑
一般化
歪　曲
削　除

アウトカム達成に向けて行動する「理由」、つまり、より大きな文脈の中で、より深いレベルの目的とつながることが必須である。

「知識」 ……→ **“ノウハウ（実際的知識）”**

↑
一般化
歪　曲
削　除

単なる情報を組織化し、アウトカムを達成するための行動へと翻訳していく。

ノウアバウト（～を知っている、という情報）

「情報」 ……→ **二次的体験**
（意識があるから存在）

↑
一般化
歪　曲
削　除

知覚されたことに「意味」を与える。一次的体験の「解釈」「ラベリング」をすることで、思考、反応、振る舞いの方向性を定める。

「データ」 ……→ **一次的体験（VAKOG）**
（意識とは関係なく存在）

受け取るだけ。感覚的なインプット（サブモダリティ）のみ。意味を持たず、削除・批判・評価もない。

「一体何を意味するんだろう？」と自分に質問してみると、自分の注意がそこに向かいます。

こういう表現があります。from time to time「時折」「折にふれて」というような意味です。sometime（ときには）という言葉を文字通り使う人もいます。frequently（頻繁に）やoften（しばしば）という言葉もあります。あるとき、「それってビトウィーンタイムなのかしら」と思えてきたのです。そこでマスタープラクティショナートレーニングで、それをメタプログラムに加えました。もちろんトレーナーズトレーニングでは、これがどのように働いていくのかを理解することも大事ですし、その使い方を理解することも大事です。

喜多見　こうした発見は世界に対する貢献だと思いますよ。

クリス　そうですね。貢献できているなら、よかったと思います。本当にこれで人生が変わりましたという、フィードバックをいただくことがあります。十二日間の言葉に関するプログラムを、カリフォルニアで教えていたときのことです。ある女性がずっと本を書きたいと言っていたのです。私が彼女を知ってからですから、もう十年ぐらいになるでしょうか。書きたいのだけれど、どうやって始めたらいいのか分からない、という状態にずっと居続けました。この女性は、本当にたくさんトレーニングを受け、いろいろなことをやってきた方ですが、次のような形でオーガナイズしたことが今までなかったのです。私は彼女に聞きました。「あなたの、その本を書くということの目的は何ですか？　将来を見て、未来に進んで、そして既に書いてしまった未来の時点から振り返ってみて、本を書くという一連のことは、どんな目的につながっているのでしょう？」

たぶんここがカギだったのだと思います。彼女が説明したのは、大変パワフルでスピリチュアルな目的意識でした。それは彼女自身がそのときまでは、自覚していなかったことだったのです。このプロセスを一緒にやり、彼女を現時点まで連れ戻しました。これは大変うまくつながっているなと感じながら、直感的に私は聞きました。「あなたがこれを達成するために必要な、最初の第一歩は何ですか？」。彼女が言ったのは、「夫と時間を持って、あることについて話す」でした。これは彼女が特に楽しみにしていたことではありませんでしたが、将来についての大切なことでした。

これは、パラドキシカル（逆説的）なパターンです。「あなたがこれを実現するためにする必要がある、最初の一歩のアクションは何ですか？ What is your first step action you need **in order to** make this happen?」。英語でin order to（ために）は、原因と結果というパターンを持っています。そしてこのneeds to take（～する必要がある）のニーズとは、それをしないとあれが起きないということですね。これは、「あなたができる（can）最初のステップ、最初のアクションは何ですか？ What's the first action you can take?」と聞くのとは違いますね。Canの場合は、「可能性」を言っています。可能かどうかと聞いているのです。needを使って聞いているときには、それをすることが「必要不可欠である」と言っているのです。だから、「このことについて夫と話すことが必要です」、という答えが返ってくる。

ファーストステップとは、その次にセカンドステップ、さらにその後に次の一歩もあることを含意しています。しかしながら、第一歩は夫と話すことです。少しバックトラックしましょう。「あなたがこれを全部実現するために、ご主人と対面して話すためにする必要がある、第一歩は何ですか？」。つまり、私が気づいたのは、ファーストステップと現時点との間にまだ空白があるということです。私はバックトラックのメソッドを使っています。彼女は何か別のことを言いました。でもまだ空白がありましたので、「その最初のアクション、最初のステップは何ですか？」と聞きました。「まずは、カレンダーに書き込む必要があります。その時期を決める必要があります」と、彼女は答えました。私は、「分かりました。いつ、あなたはご主人と話すのですか？どの日に話すのですか？」。その日は金曜日だったので、「日曜日です」と。「あなたは八時から昼の十二時の間に話すのですか、それとも十二時から十八時の間に話すのですか？」。「八時から十二時の間で、彼がテレビでＦＩの番組を観始める前にしなければいけません」。彼女は今までそんなふうに考えたことがありませんでした。「八時から十二時ですね。じゃあ、八時から十時の間ですか。それとも十時から十二時の間ですか？」。「もう絶対十時よりも前です」と。

「じゃあ、あなたがそれをカレンダーに書くために、最初にすることは何ですか？　カレンダーに書くというのは、あなたがすべてのタスクを達成していくために、最初にしなければいけないことです」。**ここで大切なのは、バックトラックをして、「最初にしなければならないステップは何ですか？」と戻るたびごとに、それより先の将来に結びつける、ということです。**「ご主人と話すために、最初にする必要があるステップは何ですか？」ではありません。そうしてしまうと、そのピースがフラグメント（断片）化、全体から切り離された部分になってしまいます。そうすると、それは単なる「インタイム」の出来事に過ぎなくなってしまうのです。

ですから、**「あなたが本を書くというプロセスを続けるために、御主人と話をします。では、ご主人と話をするために、まず取らなければいけない最初の一歩とは何ですか？」**といった聞き方ですね。彼女は、「まず私の手帳に書かなければいけません」と。

「あなたの手帳はどこですか？」。セミナーは、彼女のお宅で開いていました。大邸宅に住んでいた方で、「私のライブラリーにあります」と。「では、あなたがその手帳を持ってくるまで、お待ちします」と私は言いました。「今、持ってくるんですか？」、「そうです。なぜ私はあなたにそれをしてほしいのでしょうか？」。「それが私の決断にかかわることだからですね？」。「そうです、それがあなたのコミットメントだから」。「確かに、その通りですね」と彼女は言いました。「あなたはこの瞬間に決断をしないとなりません」。彼女はライブラリーに行って手帳を持ってきて、そして書きました。日曜日の十時に、ご主人のジョーと話す。ご主人の仕事の帳簿付けをする経理の人がいなくなってしまったので、彼女がその代わりにその仕事をしていました。そのため、まずはご主人と話して、自分の代わりの人を誰か見つけてくださいと話さなければいけなかったのです。それをすることが彼女にとって大切だと感じていましたから。そして全部並べて手帳に書きました。

それは金曜日でセミナーの最終日だったと思います。彼女は私の友達でもあるので、セミナーが終わってからも滞在して、ショッピングに行きました。私が家に帰ったのは、土曜日の午後でした。そして日曜日の朝、十時ごろに彼女から電話が掛かってきて、「やったのよ。クリス、本当に素晴らしい気持ちだわ。私は今これから自分がやるんだということが自分で分かったの。今まで自分で信じることができなかったのに」。

喜多見　それはアンカーを掛けたのですね、彼女に。

クリス　そうです。この戦略のことを、私は「因果的モデリング（Causal Modeling）」と呼んでいます。というのは、これが原因と結果の連鎖になっているからです。最初の一歩は何なのか、たとえば達成しなければいけないことをXと呼びますと、「Xを達成するために、あなたが最初にする必要があることは何ですか？」。

たとえばブルーという色だとします。「ブルーをするために、最初にする必

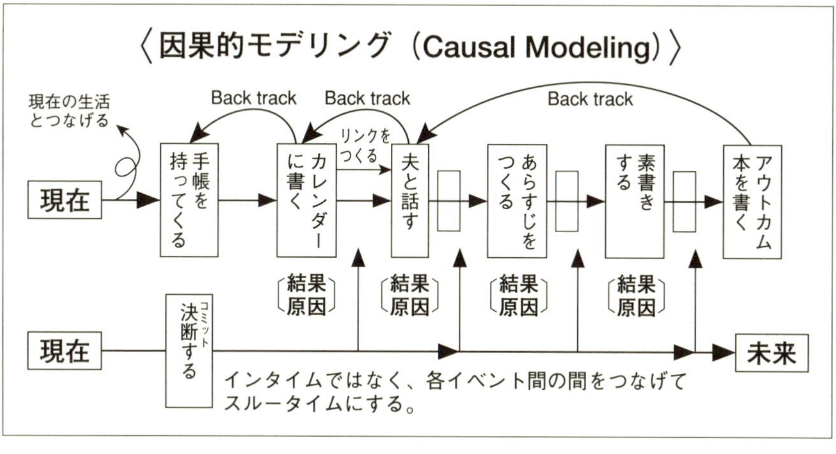

要がある行動は何ですか？」。「グリーンです」。これをずっとバックアップしていって、**その人が現在の生活でやっている、何かにつながるところまでバックアップしていきます。**つまり、「グリーンを達成することで、ブルーを達成して、それによってXを達成していくために、最初にする必要があるのは何ですか？」。「カレンダーです」。カレンダーが、原因の出来事なのです。カレンダーは、グリーンをするための原因、グリーンはカレンダーの結果です。グリーンはブルーからバックアップしているわけです。ですから、グリーンはカレンダーの結果ですが、今度はブルーの原因にもなるのです。ブルーは、グリーンの結果です。そしてブルーがXの原因になります。原因、結果の連鎖なのです。

「それによって信頼や希望など、インスピレーションがわいてきただけではなくて、もう既に十ページほど書いたんです！」。その電話で彼女はこうも言っていました。「ジョーと話してから、十年前にも何か書き始めていたんだということを思い出したの」。パソコンがなかった時代です。彼女は広い物置からいろいろな箱を探して、自分が書いたペーパーを見つけてきました。本当に彼女は喜んでいました。ずっと彼女にとって大切だったことに関して、新たにやる気が出てきたのを見ているのがうれしかった。彼女は今まで、こんな形でオーガナイズしたことがなかったのです。

喜多見　クリスさんが、この、物事をバックトラックしていくという考えを発見した瞬間があったと思うのですが、そのときは、インスピレーションが、突然、ひらめいたのですか。

クリス　何かそんな感じがするときもあります。でも、違うと思います。このインスピレーションは、やはり自分にどんどん質問をしていった経験から出てきたのだと思います。これらのことがどのようにつながっているのか、という質問を自分にし続けてきたのです。インスピレーションが浮かんでくるとしたら、私が教えているときですね。教えていて、デモンストレーションをやっているときです。誰かがその質問に対して反応する、それを聞いて、

「面白いですね、どうやってその結論に到達したのですか？」というような感じでしょうか。そうすると相手の人が答えてくれるので、私はそこでパパッとメモをとり、後でもう少し調べてみようと思うのです。

喜多見　違うパターンの反応をする人を見ると、いろいろなインスピレーションがわいてくる。

クリス　そうですね、それは方法のひとつですね。たとえば、バンドラーがこう言いました。「あなたにダラスに行ってもらって、プラクティショナープログラムをスタートさせてほしい」と。一九八一年ごろですか。私が彼と一緒に働いていたときで、それははじめてのことだったと思います。「えっ！」といった感じで家に帰って自分のノートを見てみました。何を教えたらいいのか、彼に質問すると、彼が小さなリストをくれたのですが、そのリストにあったもののひとつが、「叙述語」* (Predicates　220ページ表参照) だったのです。

喜多見　叙述語って、どんな?

クリス　私もその時、同じことを自分に聞きました (笑)。受講生のときには聞いたことがあります。「その人が話している言葉の中の叙述語に耳を傾けなさい」と。たとえば視覚的な言葉、聴覚的な言葉、体感的な言葉など、話し手のその時の感覚、ムードを表す言葉のことです。「今度はそれを私が教えなければいけないんだ、一体叙述語というのは何なの？」。なぜそれが重要なのか、その時、私はほとんど分かってはいませんでした。私は辞書を引きました。

たとえば視覚的 (V) な叙述語、聴覚的 (A) な叙述語、体感的 (K) な叙述語、聴覚デジタル (気づきの叙述語) などです。この聴覚デジタルは、大変あいまいで、特定的な感覚、つまり見る、聞く、感じるというところを参照していません。たとえば視覚的な叙述語、聴覚的な叙述語、体感的な叙述語はより一次的 (プライマリー)、視覚デジタルはより二次的 (セカンダリー) です。これを教えなければいけないんだ、と思いました。そこで辞書を引きました。叙述語とは、たとえば形容詞、副詞、そして動詞である。「じゃあ、その形容詞って何？」、形容詞を引きました。そこで書かれていたのは、名詞もしくは代名詞を限定する説明句ですから、これはあるセンテンスの中の、ある言葉としか関連性がないわけです。

「じゃあ、副詞というのは何だろう？」、動詞を説明する言葉であると。この形容詞と副詞の違いははとても面白い。私はそのセミナーで参加者の何人かに聞きました。「今週起きたことで、とても楽しかったこと、とても心地よかったことについて考えてみてください。そして、そのことを少し違う見方で（see it different）見てほしいのです」と。この場合の「違う」は形容詞ですね。そして、次に「それを今度は違ったように（see it differently）見てください」。「その違いは何ですか？」。

違ったように見る（differently　副詞）の場合と、違う見方をする（different　形容詞）とでは、その意味するところが変わります。

違うように見る、つまりdifferently、副詞のときは、明るさで言えば、一番明るい所から、とても暗い所まで幅があります。**副詞は、動詞を形容しているもので、サブモダリティは、よりアナログ的です。アナログ的ということはたとえば１～10まで変化が連続的なのです。ボリュームのつまみを回すように。でも形容詞を使うと、違うか同じか、０か１か、どちらかひとつでしかない。副詞に比べてハンドルの遊びのようなものが少ない。**これは面白いと思いました。

私がこの形容詞と副詞の違いを研究しているときに、めいっ子が遊びに来て、「何をやっているの？」と私に質問をしました。私は彼女に説明しました。「形容詞と副詞の違いって知っている？」と聞いてみました。「当然よ」（笑）。「いつ習ったの？」、「学校で」と彼女は言いました。そういう話をしばらくしてから、彼女は「少し宿題で困っていることがあるの。ちょっと間違ったやり方をしてしまったと思う」と言うのです。これはチャンスだな、「私は間違ったやり方をしてしまった」（I did it wrong）のwrongは、形容詞です。形容詞は、基本的には名詞と代名詞を修飾することしかできないはずです。だから彼女は間違っているという言葉を、彼女自身を定義するような形で使っていたのです。「私は間違っている」と彼女は言ったわけですね。

I did it wronglyと副詞で言ったときにはどうなるかな？　と彼女に聞いてみました。というのは、英語ではlyの接尾語を付けると、形容詞が副詞になるからです。そうすると、これは動詞、アクションを説明する言葉になります。すると、めいっ子は「おばちゃん、私だいぶん気分がよくなったわ。これで、戻って違うやり方でやることができるわ」と言ったのです。

ここで私は新しいことを学びました。言葉というのは、関係性のシステムによってコード化されているのだ（たとえば、「私」と「間違い」との関係性が形容詞として表現されている）ということに思いが至ったのです。話し手が叙述語として「形容詞」を使うのか「副詞」を使うのか、それによってその人の思考の中で何が起きているのかということを、教えてくれているのです。

ダラスに行ったとき、私は形容詞を使ったときと副詞を使ったときの違い、その研究をさらに深めていくようなエクササイズを行いました。そこで私は、さらに大変役に立つ情報を集めることができました。「私は間違っている」という形容詞を使うことの意味合いです。それは、「私には変えることができない」という意味合いを含んでいます。

しかし、**英語では「ly」という接尾語を付けた途端に（副詞にした途端に）、突然対処可能になります。それは私の能力の問題ではなく、私の振る舞いに関することだから。振る舞いに関することだったら自分で変えることができるのです。**

しばしばこのような形で、インスピレーションがわいてくることがあります。それは私が自分に質問をしていたからです。たとえば「この叙述語って一体何なの？」。こうして考えると、何かが突然浮かんできたというのではありません。既に意識の中で何かに興味を持っていて、ずっとそのことを深く探求している状態が続いている。そしてたとえば、あるときに誰かの一言によって突然、「ああ、そうか」とひらめいていく、そんな感じです。私にとって、この言葉についての学びは、今まで学校で学んだどんな学びよりも大きかったですね。

喜多見　そうですね。通常、学校ではこういうふうには教えませんからね。

クリス　そうなのです。こういう見方をすると、本当に興味深いものになります。このことによって、私は前提に興味を持つようになり、前提についてまた多くの気づきを得ることにつながりました。というのは、形容詞や副詞は、また別の言葉に対する前提でもあるからです（先ほどの、「私は間違っている」に「私には、これは変えられない」という概念があるように）。

大変面白いエクササイズでした。それをプレゼンテーションしてダラスから私が帰って来たころ、ある夜バンドラーがわが家に遊びに来ました。机の上に私のメモがありました。『see it different』『see it differently』。彼は、「これは一体何？」と。「これはリチャード、もうあなたが知っていることよ」と言いました。「でもいいから話してみて」と。「形容詞と副詞の実験をしているのよ」と言いました。「そういうことは、あなたはご存知でしょう？」。「いや、知らない」と言うのです。「リチャード、そんなはずはないでしょう」。でも、彼は私に「いや、とにかく教えてくれ」（Just do it）と言うのです。「僕をからかうと思って、僕を楽しませると思ってやりなさい」と。私は彼に、See it differentとSee it differently、形容詞と副詞を変えたやり方をプレゼンテーションしました。そうすると彼もとても驚いて、こんな話ははじめてだ、と言いました。彼は今の話を聞いて、なんだか絵が明るくなったと言っていました。

彼はオフィスで個人カウンセリングをやっていたのですが、明日オフィスに来て、カウンセラーたちにこのことを説明してほしい、と言われました。彼はいつも私のそういう研究、探求を励ましてくれたのです。

質問の多重な働き

2006.08.23.Tokyo

クリス　日系アメリカ人で言語学者のS.I.ハヤカワ氏の本を手にした時のことです。始まりの部分を読んで、私は一瞬読む手を止めて考えてしまいました。そこにはこう書いてありました。「私たちは、日々私たちが聞き、そして使っている言葉に影響を受けている。毎時間、毎日、影響を受けている。というのは、我々が見、聞いていることは、言葉を通して意味を与えられているからだ。つまり、思考と言葉は分かちがたく結びついている、ということである」と。私たちはまるで、思考と言葉が切り離されているかのように行動しています。しかし、思考と言葉が分かちがたく結びついていることには、大変パワフルな意味があります。それは、**言葉が私たちの思考、意識を発達させていく**ということです。そして、**私たちは自分の体や思考に言葉を通して影響を与えています。**従って、その結果として、私たちは言葉を使って自分自身の現実を形作っている、自分の世界を形成しているといえるのです。

私が人々に伝えたいのは、思考と言葉と現実とのパワフルなつながりを無視したり、過小評価したりすることは、コミュニケーションのインパクトを弱めるものであり、自分の経験の質、そして人生の質（クオリティー・オブ・ライフ）を低減してしまう結果になるということです。私自身も、言葉の研究をし始めるまではこのことをまったく自覚していませんでした。私たちは言葉を当たり前に存在しているように思っているので、この関係——思考と言葉と現実との強い結びつきを自覚していないと考えられます。ですから、このメッセージをぜひ伝えたいのです。

私が前提のお話をしたときに、前提とは隠れている影響力であると述べました。なぜ、隠れている影響力、なのか。それは、**前提が私たちの思考に影響を及ぼしているという自覚がない**からです。一般的な話をしましょう。私たちの意識、私たちの脳の中にはいくつもの多重構造があり、それぞれのレベルで言葉を処理したり、理解したり、意味を与えたりしています。人は、私がかつてそうであったように、言葉を意識的に処理していると考えがちです。しかし、実際には、表面意識の部分では言語の深層部分には最後まで気

づかないのです。（下図参照）

グレゴリー・ベイトソンをはじめとして、この現象を研究した人たちによると、私たちの世界や言葉を理解するときには、その理解には自然なヒエラルキー（階層）があるといいます。そしてそれは表面意識のレベルでも、深層意識のレベルでも同時に行われている。つまり、言葉は無意識レベルでも処理されているというのです。それは言葉の変容モデル（トランスフォーメーショナル・モデル）として認識されているものと同じです（次頁図参照）。

トランスフォーメーショナル・モデル（変容モデル）について、私の例を挙げましょう。

たとえば、メタモデルを教えるときに、私は変容モデルとは何なのかも教えます。また、脳の中には情報を理解するために多重構造があるという話もします。

「深層の言語的構造」と言われている部分があります。そこには最深層部があって、そこから情報はさまざまなレベルへ伝達され処理されていきます。**そのさまざまなレベルへ情報が伝達されていくとき、削除、歪曲という、一般化のプロセスを経ます。ですから、何かが「意識的な表現」になったとき**

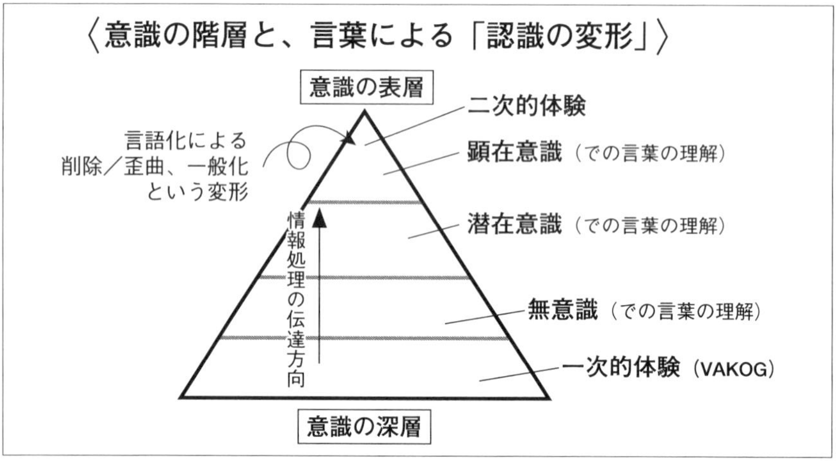

には、もう既に一般化されているのです。情報は無意識レベルの深層部からさまざまな構造を抜けて表層部まで上がってきているのですから。

たとえばこういうことがあります。

ある朝、上司があいさつをしてくれなかった、という事実があります。深いレベルでは、「私の上司のジョンは、今朝、私がオフィスに行ったときに『おはよう』(hello) と言わなかった」という事実です。そして、次のレベルに上がっていくと、「彼は今日、私にあいさつをしなかった」となるのです。

このふたつのレベルの間で何が変わったでしょうか？　ある情報はもう既に「削除」されていることが分かります。「削除」されたということは、なんらかの形で「一般化」されているということです。また、削除はされていないけれども、具体性が少なくなっている情報はほかにもあります。「具体性が欠けた」とは、ある意味で「一般化」されたのです。また、これをよく見てみると、「再解釈」がされています。再解釈とは「歪曲」です。「このセカンドレベルを見たときに、どんな変化に気づきますか？」と私がセミナーで聞

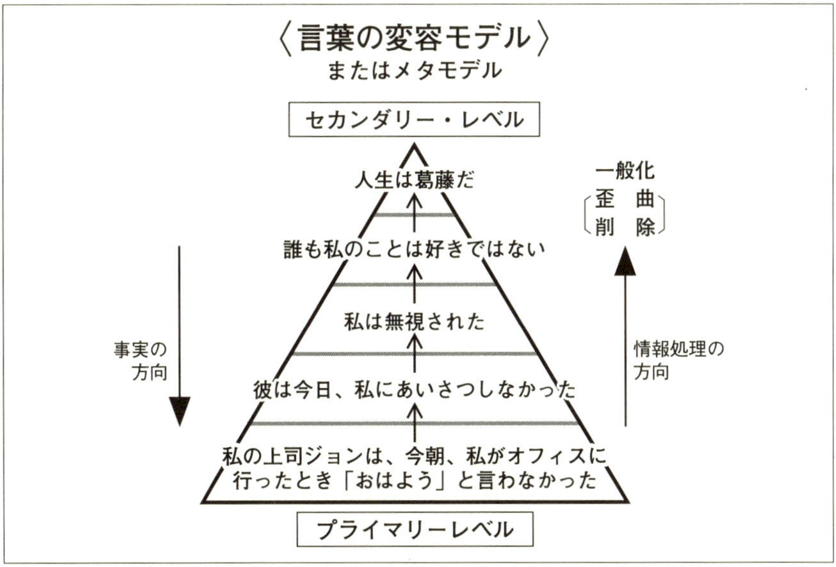
〈言葉の変容モデル〉
またはメタモデル
セカンダリー・レベル
人生は葛藤だ
誰も私のことは好きではない
私は無視された
彼は今日、私にあいさつしなかった
私の上司ジョンは、今朝、私がオフィスに
行ったとき「おはよう」と言わなかった
プライマリーレベル
事実の
方向
一般化
歪曲
削除
情報処理の
方向

くと、ほとんどの人は、「ここではもう『彼』になっている」と答えます。「では、より具体的ではなかった情報を具体化するためにどんな質問をしますか？　どんな質問をしたら元の言葉になるでしょうか？」。これは明らかです。「誰が？」ですよね。「誰がしなかったのですか？」、と。「ほかにどんな変化に気づいていますか？」。あいさつ、という言葉にほとんどの人は気づきます。「どんなふうに変わっていますか？」と質問すると、みんなが「これは再解釈です」と答える。「では、深層構造のどの部分がここに対応していますか」。「おはよう」（hello）と言う、というところですね。

「あいさつ、をもっと具体的に言うとしたらどのように言えるでしょう？」。「そもそも、あいさつというのはどういう意味なのでしょう？」あるいは、「どのようにあいさつしますか？」という質問をよくします。「いかに」（how）ですね。「あいさつとはどういう意味ですか？」と質問されたとき、人はある振る舞いを見たとき、それに「ラベル」を与えていることに気づきます。たとえば、手を振る行為もあいさつです。つまり、おはようと言うのも、手を振るのも同じ「あいさつ」という「ラベル」になります。他にも、ほほえみかけるということもラベルになり得ます。

「ほかにどんなことに気づきますか？　ほかにどこが変わっているでしょうか？」。誰かがいつも答えるのは、「オフィスに着いたとき」という部分です。「どこで？」（where）ということです。このことが起きたそのコンテクスト、つまり状況、場所が完全に削除されています。「ほかにどんなことに気づきますか？　その情報を取り戻すために、どのような質問で聞くことができますか？」と私は聞きます。「いつ？」「どこで？」と、受講生たちは言います。「ほかにどんなことに気づきますか？」と聞くことで、いろいろなことが徐々に明らかになってきます。「今朝」だったのが「今日」になってもいます。「では、この情報を取り戻すためには、どのような質問ができますか？」とまた聞きます。

このように深層言語構造から、セカンダリー・レベルに上がっていくときに、既に情報が削除されたり、歪曲されたりしていますが、その元の情報を取り戻すためにどのような質問をすればいいのかもだんだん分かってきます。

では、次のレベルにいきましょう。次のレベルでは、「私は無視された」となります。よく人はそういうふうに言います（笑）。「では、このレベルとそのひとつ下のレベルを比較してみてください」。「何が欠けていますか？」「では、どんな質問を聞いたら、より深いレベルの構造からの情報を取り出すことができるでしょう？」。ここで、みんなが気づき始めるのは、「その前に何が起きているのか」が欠けている、その前の事実につながらないということです。というのは、これは「反応」だからです。つまり、この人は自分が反応する前の上司の振る舞いに対して「判断」をしているのです。

そして、ここからがとても面白いのですが、次のレベルにいくと、「誰も私のことは好きではない」と思っています。このふたつのレベルの間では、「何が起きたのでしょう？」。

そこで皆が気づくのは、たとえば、最深層部では「一人の人」だった。一人の人がある振るまいをしなかった、ということなのですが、それが今は一般化されて、「みんな」になってしまっている。そして「私は無視された」というところから「誰も私のことを好きではない」に至る間で何が起きたのでしょう？　人によっては「男というのは残酷だ」「人生というのは葛藤だ」という人もいるかもしれません。もちろん、皆笑うのですが、物事が次のレベルまで上がっていって、そして削除される事柄が出てくると、それに従って再一般化（regeneralize）されてしまうことが分かってきます。これをもうひとつ上のレベルまで持っていくことができます。というのは、こうしたことがすべて世界観に影響を及ぼすからです。

つまり、レベルが上がっていくごとにどのように意味づけなされていくのか、削除されていくのか、そして**削除によって「意味がもう一度作られていく」ことがこのモデルによって分かってくる**のです。

そこでまた聞いていきます。「どんな質問をしていけばこれらのすべてを、元の情報として取り戻すことができますか?」。私が次のことを言うと、皆、「ああ」と目を見張ります。私は、こんなふうに言います。「人生は葛藤だ。だって誰も私のことを好きではない。だって私は無視された。彼は今日、私にあいさつをしてくれなかった。そこから始まったのです。今朝、私がオフィスに着いたときに、上司が私に『おはよう』と言わなかったのです」と。このデモンストレーションによって分かりますが、これはプロセスをもう一度逆戻りしている。この一番下は、朝起きたひとつの出来事に過ぎません。その出来事に対してその人が、ある「判断」、ある「評価」をしています。**しかし、その人がどこに注意を向けるかによって、その評価、判断がどのようなものになるかが決まるのです。**

そして、表面意識に上がってくるに従って、削除、歪曲、一般化により、何が起きていくのかが問題なのです。ですから、**人がどんなことを言ったとしても、それは「常に」「過剰に」一般化されているものだ**ということが徐々に分かってきます。そこで、私は言います。「それではいかがでしょうか?たとえば、あなたがカウンセラーであるという状況で、誰かがあなたの元にやってきて、『私には問題があるんです』と言ったとします。実験としていろいろな質問をすることによって、より深層部の言葉的なレベルではどのようなことが起きているのか、を探り出してみてください。でも、ひとつ条件があります。あなたは“火星から来たジャーナリスト”です。ですから、あなたにはそれが何を意味しているのかまったく分かりません」。私は、参加者に、本当に新鮮な意識で、判断や評価をなるべく減らして、取り組んでほしいのです。「あなたは火星から来ています。そして、『問題』という大変興味深いことを聞いて、一体『問題』というのは何なのかを探り出してくるように最大手の新聞社から送られてきています」。

なぜこんなことをするかというと、彼らのほとんどが、「問題は自分には、よく分かる」という立場に立ってしまうからです。それは、もう既にそのセラピストはクライアントに(問題を受け入れ、共有することで)影響を及ぼしていることになります。そこで、「how（いかに、どのように）」という質問をしていきます。ほかにどのような質問を聞くことができるでしょう？「what（なにが）？」と聞く人もいます。それから、「who（誰）」「where（どこで）」「when（いつ）」もあります。では「『how（いかに）』を使って聞いていく方法以外にはほかにどんなものがありますか？」。少し受講生は考え込みます。そして、こう言います。「どのような方法で、あなたは質問を、別の形で聞くことができますか？」と。英語でいうと、「how」の代わりに「in which way」という言葉で、その方法ややり方を聞いていくのです。あなたはただ情報収集をしていて、この「問題」とは一体どういうものなのか発見しようとしています。でも、どのパターンにも、まだ具体的にラベル化はしていません。

質問することによって人々が情報をいかにオーガナイズ（組織化）しているのか、どのような方向づけをしているのかを分かってほしいのです。つまり**質問が情報の組織化を方向づけている**ということです。というのは、しばしば、人は自分がどんな質問をしているかを深く考えません。私は「あなたが聞く質問には目的があります」と言っています。このことを皆に認識してほしいのです。

この場合は、人々が「問題」と呼んでいる地球上の不思議なものは一体何なのだろう、それを発見していくことが質問の目的です。もうひとつは、情報を組織化していく過程に質問がどのように影響を及ぼしているのかを学んでいくということ。そこで受講生たちが発見していくのが、言葉とは「知覚的なツール」であるということです。それに私が気づいたのは、何年か前に大変面白い本を読んだときです。それは『The Origin of Consciousness――in the Breakdown of the Bicameral Mind（神々の沈黙―意識の誕生と文明の興亡　紀伊國屋書店刊）』。著者はジュリアン・ジェインズ（Julian Jaynes）です。この理論は、太古の人の場合はふたつの脳、右脳と左脳が今とはかなり違った働き方をしていたというところからスタートしています。

まるで、ふたつの脳がまったくつながっていないかのような形だったのです。そのことだけでも面白い。たとえば、大昔に、「神が私に語りかけた」という言い方があります。シュメール文明のハンムラビ法典は「神が私に与えた法典である」というのです。つまり、**太古、人々は自分自身の内面的会話というものにまったく気づきがなかった。**だから、自分の内的な対話が、まるで自分の外側の存在との対話のように思えて、「神が私に語りかけている」と感じたというのです。大変興味深い理論であって納得できます。

また、言葉の発達段階の研究も、とても役立ちます。たとえば、初期の書き言葉が始まった段階では代名詞はなかった。「私があなたを見る」ではなくて、「クリスティーナはキタミを見る」。これは、関係性が分離している言葉の使い方です。現代の私たちには代名詞を使わずに一分間会話をすることは、まったく想像もつきません。これは言葉が、私たちの意識を形成するにあたって、いかに強い力を持っているかということの証です。接頭辞としての「self-」「自己」という言葉がありますね。自己という言葉が、書き言葉で現れてくるのは、実に西暦一四〇〇年ぐらいのことなのです。驚かれるかもしれませんが、この意味するところを考えてみてください。たとえば、セルフイメージ（自己イメージ）、セルフナレッジ（自己知識）、セルフディシプリン（自己規律）など。その当時はちょうど、ルネサンス期の始まったころですね。ですから、**セルフ（自己）という言葉が登場した途端に、たとえば、セルフリフレクション（自分の中を洞察する）、セルフアウェアネス（自分自身に関する気づき）というものが出てきたのです！**

そしてそのころ、人間の本質に関する本や文書が出てくるようになった。言葉を研究している人たちによると、それは、言葉を使うことで、意識が発達していったというのです。英語で言えば、シェイクスピアの時代には「未来」という時制はありませんでした。英語はそのころはまだ標準化されていなかったのです。シェイクスピアの劇にはじめて、いわゆる「現在進行形」というものが出てきます。「we are going to」というbe ～ingです。未来という時制がなかったら、プランニングはできません。計画が立てられない。代名詞がないというのも想像がつきませんが、またセルフという接頭辞もなく、未来という時制もなかったら、人生は一体どういうものになったのかと考えてしまいます（笑）。

喜多見　「I（私）」という言葉はいつごろからあったのですか。

クリス　私の最初の研究分野というのは、ご存知のようにエジプトの古代文明です。私はヒエログリフを専門にしていました。ヒエログリフの初期のものには代名詞はありません。また、自己（セルフ）に関連するものもまったくなかった。もちろん、代名詞がなかったら自己（セルフ）はあり得ないですが。それから、千年から千二百年たってからヒエログリフに「私」を意味するものが付け加えられるようになりました。

喜多見　エジプトというとだいたい紀元前四〇〇〇年ぐらいですか？

クリス　書いた文字がはじめて出てきたのは、ある人物をしのぶ記念碑のようなものです。そこにヒエログリフがいくつか刻んであったのですが、それが紀元前四〇〇〇年ごろでした。もしかしたら、それ以前にも書き言葉はあったのかもしれないけれども、今は残っているものはありません。

喜多見　「I（アイ）」が出てきたのは紀元前三〇〇〇年ごろですね。

クリス　エジプトではそうです。基本的に太古の人たちにとって集団の存続が一番大切だったので、個人としての「私」という感覚は存在していませんでした。ある本にあったのですが、**「言葉とは単なるコミュニケーションの手段ではない。言葉とは知覚器官である」**というのです。知覚器官であるとは面白いことを言うなと思いました。もちろん、言葉は意思疎通のための第一の手段です。そしてまた、私たちはお互いに影響を及ぼし合っています。**私たちは、あなたが使っている言葉、私が使っている言葉によって、影響を及ぼさざるを得ないし、影響を受けざるを得ません。そこで私は言葉が私たちの知覚をも形成しているのだ、と思うようになりました。**

先ほどの質問の話に戻ります。私はNLPのトレーニングの中で、通常、三人一組のグループでこのエクササイズをします。一人の人はガイド、つまり質問をする人、二人目の人（エクスプローラー）がそれに答えます。三人目の人は、質問と答えを書き留めます。もちろん、私は「短くするように」と指示をします（笑）。たとえば、ガイドの人がこう質問します。「絵や音に関して、どんな違いに気づきますか？」。こうした質問によって、何かの絵が出てきたり、映像イメージが「動画」になっているとか、そういうことに気づいていきます。

喜多見　質問によって。

クリス　そうです。彼らは質問を使って情報収集をしています。このとき、これを単なる情報収集だと考えてしまう傾向があります。そこで、**「質問は情報を組織化している」**のだということを経験してほしい。情報収集以上のものだと知ってほしいのです。**導出（elicitation／相手から引き出すこと）と導入（installation／相手に入れていくこと）の間には、ほんの微妙な違いしかありません。というのは、あらゆる質問には「前提」があるからです。**それも仕方がないことで、そうできているのです。その影響とは、一連の指示のようなものです。たとえば、あの情報をこの指示に従ってまとめてください、オーガナイズしてください、というような感じに似ています。**情報をまとめるときには、前提によって指示されたプロセスに従って処理せざるを得ない**のです。だから、そういう意味では、**言葉とは認知のツールなのです。**私はこのエクササイズを、参加者にしてもらいます。まずは質問をして書き留めていく。そして、質問をすることによって、答える人がどのように情報を形作っていくのかという部分に彼ら自身が影響を及ぼしていることを経験してもらいます。そして、**もし彼らがその人の言ったことに対して批判・判断をすると、その判断が可能性の幅を制限していくことがあり得るのです。**

たとえば、「私は火星から来たジャーナリストです。はじめまして」。デモンストレーションで私はそう言います。「私の新聞は『火星クロニクル』といいます。地球人が『問題』と呼んでいるものについてもっと詳しく調べるように、と言われてきました。私は分からないのですが、『問題』というのは一体何のことですか？」「皆さんの中のおひとりから、この間、大変面白い質問を聞きました。私はその質問についてお聞きしたいのですが、この違いを理解したいのでぜひ助けてください」。私は役者になったつもりでやります。火星人が聞きます。「『What is your problem ?（あなたの問題は何ですか？）』。誰かがそう言っていました。この『What is your problem ?（あなたの問題は何ですか？）』と、『What means problem ?（問題とはどんな意味ですか？）』はどう違うのでしょう？」。その違いに答えるためには、彼らが二重拘束（ダブルバインド）から外に出なければならないのです。「What is your problem ?（何があなたの問題ですか？）」と「What means problem ?（何が問題ですか？）」。youがあるのか、ないのかの違いですよね。「この違いは何なんですか？」。「分かりません」という答えが多いのですが、次第に分かってきます。**「質問の前提が情報を形作っている」**ということが。**情報を形作るとは、質問者が前提を含む質問によって、答える人の情報処理のし方を形作っている、ということです。**それらを私から一方的に伝えてしまうこともできますが、それでは意味がない。私の言葉は単なる言葉に過ぎません。彼らが実際にそれを経験してみないことには、理解できないのです。自分が使う言葉がとても重要なのだと。先ほども言いましたが「あらゆる質問は方向性を設定している」。質問とは「聞き手がどのようにまとめるのか、どのようにオーガナイズするか、どのように考えるかを方向づける」ということを知ってもらいたいのです。

もちろん質問には、ほかにも多くの機能があります。そのひとつが「質問は目的によって決められるべきである」です。つまり、何の目的で私はこの質問をしているのだろうか、ということです。**私にとって質問の目的のひとつは、「可能性を拓く」ことです。その人がまったく可能性がないと思っていたところに可能性を拓いていくことです。**たとえば、私はアンオーガナイズなんだ、整理できないと言った男性の例です。表面構造によって分かるのは、彼は、自分はオーガナイズするのは不可能であると信じている、ということです。私が質問をする最初の目的は、質問によって彼が不可能だと思っていたことが可能なんだという、その「可能性を拓く」こと。また、同時に質問によって、彼が自分の知覚をどのように組織化しているのかを見つけることも目指しています。質問の第一の機能はもちろん情報収集ですが、情報収集以上のものもたくさんあります。注意の焦点を合わせることもそのひとつですし、先ほど言ったように、単に情報を引き出すだけではありません。質問によって、記憶にアクセスしたり、またさまざまなステイト（状態）を経験したり、質問によって、その経験を強化することもできます。

質問は「導入」である（質問によって相手になにかを働きかけることができる）というのは、たとえばその人が、これは関連づけできないと思っているふたつのことを質問によって関連させることができることからも分かります。ある人が、好奇心とインスピレーションを、まったく別のリソース（資源）として考えていたとしましょう。その好奇心とインスピレーションを結びつける――これはアンカリングですが、質問によってそれらを結びつけることができるのです。私は、**「言葉とはアンカーであり、あなたは、言葉で人に触れているのです」**と言っています。

導出（相手から引き出すこと）と導入（相手に働きかけること）の間には、本当にわずかな違い、薄い壁しかありません。「What are you curious and inspired to learn during these days together? このトレーニングであなたは皆と一緒にどんなことを学ぶのに興味があり、また、学びたいというひらめきを感じていますか？」という質問に答えるためには、「興味がある」とは一体どのような意味なんだろう？と「興味がある」という部分にアクセスしなければなりません。その意味を知るためには、その人がそれを経験してみなければならないのです（これが導入）。この質問に答えるためには、質問の中にある、もうひとつの質問（サブ・クエスチョン）、「インスパイアード（ひらめきを感じている、触発されている）とはどういう意味なんだろう？」

という質問にも意識を向けなければなりません。どんな瞬間にも、たくさんのことが起きています。人はまったく自覚がないのですが、この情報を処理するために、多重なレベルで情報処理が行われています。そうしたことの後で、「あなたはどんなことを学びたいと興味があり、ひらめきを感じていますか？」という問いに答えるのです。

この質問の中には、三つ目のサブ・クエスチョンもあります。それは「ラーニング（学習）とは一体何か？」です。この質問に答えようと、意味を納得し、処理をするためには、過去にアクセスしなければなりません。つまりバックトラックするのです。まず好奇心を持つ、興味を持つという経験にアクセスし、さらにバックトラックして、何かに触発（インスパイアード）された経験にアクセスする。さらにバックトラックして「学ぶ」という経験にアクセスしなければならない。そうして、さまざまな情報を収集した後に、彼らはそれらをandでつなげていくことになります。andは言葉の中に「同時性」を含んでおり、これはNLPでいうところの、「アンカーをスタックする(積み上げる)」ということの例になっています。

ここで、興味がある、そしてインスパイアードされる（触発される）のふたつが別々の経験ではなく、同じ経験の一部になったといえます。これはリソースをスタッキングする（積み重ねる）ということです。それを積み重ねていくと分かりますが、当然のことながら全体はその一部よりも大きくなります。

そして、この質問を処理してそれに答えるためには、もうひとつのことが起きなければなりません。ここでまた「興味深いインスピレーション」が出てくるのです。これは、「統合」のパターンです。では、これらは何につながっているのでしょうか。すべて「学習のプロセス」とつながっています。ですから、興味深いインスピレーションとともに学習していくのです。

今のプロセスをもう一度整理すると、まず、質問の中のサブ・クエスチョンに答えなければなりません。なぜならば、この質問の構造は、大きなカテゴリーの中に、興味、インスピレーションというより小さなカテゴリーを含んでいるからです。そのふたつをandでつなぐことで、より大きなカテゴリーに統合していきます。ですから、ここでは、1+1が1になるのです。

次に、三つ目のカテゴリー、学習と呼ばれているものについてです。興味があり、そして触発されているものは、今度は学習へとつながります。三つ別々だったカテゴリーがひとつの進行中のプロセスにまとまっていく。これはまた、「フューチャー・ペーシング」（未来を想像して作っていくこと）でもあります。あなたはここ（現在）にいます。あなたは今ここにいて、「あなたは今何に興味があり、そして触発されていますか？　これからの日々、何を学ぶことに興味があり、触発されていますか？」と聞かれます。これからの日々とは、これから始まるトレーニングの日々のことです。これは、私のトレーニング初日の最初に聞く質問のひとつです。受講生がここにやってきたのは、物事を学習するためです。「あなたは今ここにいます。今あなたは何に興味があり、これからの日々に何を学んでいくことに触発されていますか？」という意味も含んでいますのでフューチャー・ペーシングでもあるのです。

喜多見　トレーニングの最初にそれを聞いているわけですから、きっと参加者はその質問の多重構造には気づかないのでしょうね？

クリス　その通りです。これは、学習の中で何に気づいていくのかに注意を向けてもらおう、という意図を設定しているのです。私は、彼らの注意が、これから何を発見し、学習していくかに興味を持ち、そして触発され、それを尊重し、承認してほしいと思っています。とてもシンプルな質問ですが、本当に山ほどのことが入っている。入れ子状態になっているのです。

彼らに理解してほしいのは、（受け手の）**「質問の処理は無意識レベルで行われる」ということであり、それは、「脳が前提を理解する」ことによってなされていくのです。質問とはアカデミック（学究的）ではなく、「知覚を組織化していく知覚的なツール」なのだということです。**

また、質問の中にはテクニックも前提にされていますが、これを理解するには少し時間がかかります。というのは、私もそうでしたが、私たちはテクニックをひとつのレシピのようなものだと思っているからです。

「テクニック」とは基本的に、「情報を組織化する、または何かを達成するためのある種の方法」なのです。そして、「質問」についてもまた同じことができます。ですから、比較的シンプルなこの質問の中に、「リソース・エリシテーション」（相手の資源を引き出すこと）があり、「アンカリング」も「フレーミング」も入っています。学習のプロセスの中に、興味を持ったインスピレーションと共に学習するという「フレーミング」があり、もちろん「バックトラッキング」も入っています。そして、「タイム・オリエンテーション」（時制。過去・現在・未来・未来過去）も。この質問がとてもパワフルなのは、答えが彼ら自身の経験から出てくるからです。**その質問に答えるとともに、自分は学べるのか、学べないのか、は考えもしないのです。なぜなら、そういう質問の形式にはなっていないからです。**彼らがフォーカスするのは、「何を学習することに興味を持ち、また、触発されているのか」ということです（学ぶことは前提になっている）。これは、説得子*（コンビンサー）と呼ばれていますが、**彼ら自身の経験の例から、彼らがそのことをできるというだけではなく、今までもそれをやってきたのだという前提が含まれており、それが重要なのです。**

説得子とは、ここでは自分の経験の中で既に「似たような経験」があるの

＊<説得子（Convincer　コンビンサー）>
○○は～～である、私は～～できる、私は～～できない、などと「確信」するための証拠となる「経験」のこと。この説得子と呼ばれる経験を集めることで、ひとは自分の「信念/観念」を強めたり、弱めたりしている。自分のなかにある信念/観念（たとえば、私は～できない）は、それを強めるような（同質の）経験を集めたがる傾向があるため、巧みな質問で、それとは反対方向の説得子（私は～できる、できていた）を探してもらう、とクリスティーナは語っている。

で、「自分はできる」と納得する、確信する、その経験のことです。たとえば、自分はアンオーガナイズなんだ、整理できないと言っていた男性ですが、この時点で彼は、自分はその能力が欠けていると思っている。そこに注意が向かっています。とても逆説的ですが、**自分にはそれが欠けていると、とても納得し、確信しています。むしろ、それが欠けていることを確認するための証拠を探そうとしているのです。**説得子と呼んでいるものは、その人の信念／観念を強化するために、もしくは信念／観念を弱めるために集める経験のことです。人は、説得子を集めることによって、観念／信念を強めたり弱めたりします。

そして、説得子は、それに見合った振る舞いを集めよう、体験しようとする傾向があります。彼は、「自分はオーガナイズできない」ということを確認するための説得子の例（できなかった経験）を集めていたわけです。私は最初のひとつで、「彼はもう既にオーガナイズしてきたのだ」ということを納得できるような説得子（体験）を探させるようにしていったのです。「どのようにして、あの知覚をあのような形でオーガナイズしたのですか？」という質問は、体験としての説得子を探させているのです。

私のトレーニングの最初の質問に戻れば、バックトラッキングによって、受講生は自分が納得できるような例を探しています。たとえば、「あなたは学習していきます」「あなたには潜在的な可能性があります」などと直接的に私が言ってしまったとします。「うーん、たぶんね」と答える人がいるでしょう。そして次に、「いや、それができないんだ」と思えるための例を探そうとする人も出ます。それは、現在のステイト（状態）によります。

最初はちょっと気分が不安定ですよね。彼らもはじめてその教室に来るわけですし、私に会うのもはじめてです。日本では私はアメリカ人で、また通訳も入っている。「もしかしたら自分は彼女が言っていることが理解できないかもしれない」と、最初は不安です。というのは、彼らが本当に真剣に学習しようとしていることが私には分かるからです。最初のときには、そういうことが起きるものだと知っています。私自身、自分がかつて、どう感じたのかをはっきりと覚えています。彼らはちょっと不安で、「何が起きるのかよく分からない」と思っている状態のときに、私が「何を学びたいのですか？」と質問したら、彼らは「感情的なフレームの中で」、学習に関しての検索をしようとします。ですから、当然、学べる能力がないのではと少し不安に思ったり、学習能力に自信を感じられなかったりという状態になりがちなのです。

そこで、私は最初に自分自身のストーリーを話します。自分自身の人生経験、NLPでの経験などを。学び始めてみたらどんどん興味がわいてきた例や、ものすごく触発されて学びたいという気持ちになった例などを話します。そうしているうちに、聞いている方からも反応が出てきたということに私は気づいていきます。私自身、こういった一連のことに、長年興味がありましたし、学びたいと触発されてきたのです。ですから、「あなたはこれから一緒に学んでいく日々の中で、何を学んでいきたいと興味があり、そして触発されているのですか？ What are you curious and inspired to learn during these days together?」と聞きます。あなたは学びますか、学びませんか？という「do you」の質問ではありません。あるいは、こういう質問でもいいでしょう。「あなたが継続的に学んでいくのを動機づけるものは何ですか？ What motivates you to continue learning?」。

質問の中にサブメッセージが入っているので、彼らが質問に答えるためには、そのサブメッセージを受け入れざるを得ません。この場合のサブメッセージは、「学習はもう存在している」「学習は可能である」「あなたは学ぶ能力を持っている」。そして、「彼らがもうその教室にいることから推量して、学習することには価値がある」「さらに学習には目的がある」「これらのすべてがあなたに当てはまっている」ということは、「あなたはこれからも継続的に学び続けていくでしょう」、というすべての内容を含んでいます。この質問に答えて組織化していくためには、一連のサブメッセージを受け入れなければならないのです。一連のサブメッセージを受け入れることがトレーニングの土台作りです。以前から私は学習することに興味があり、学んできたという説得子と共に土台作りをして、トレーニングのプロセスが進んでいきます。そしてもちろんここには、フューチャー・ペーシングも含まれています。

喜多見　先ほどの「What is your problem?」と「What mean problem?」の話に戻りたいのですが、このふたつの中で、ダブルバインドが解けていくという話がありました。それはyour problemのyourの部分が解けていくわけですね？

クリス　英語ではこれは音韻学的多義性（同じ音に複数の意味がある、あいまいな言い方）といって、つまり、ユアには同じ音でふたつの意味がある。あいまいなのです（your problem：あなたの問題、とyou're problem：あなたが問題だ）。もうひとつ例を挙げましょう。

ザ　ブック　ワズ　レッド　フロム　カバー　トゥ　カバー。

喜多見　The book was red from cover to cover.（本は表紙から裏表紙まで赤だった）ですか？

クリス　もうひとつ意味があります。“The book was read from cover to cover.”本は最初から最後まで読まれた。今度はreadの受け身形（音はレッド）でもあるのです。

喜多見　なるほど、your、you'reにもそれがあるということですね。

クリス　色のredと読まれたread。あいまいだったものが、文字で書いたときには特定化されます。英語で「ユア」という音は、所有格の「your」、それからもうひとつ「you're」の意味がかけられています。日本語にもそういった多義性（あいまいさ）はあります。たとえば一休さんの話をご存知でしょう。「このはし、渡るべからず」。「橋」なのか、それとも「端」なのか。このように多義性（あいまいさ）とは、両方の意味が、より深い言葉の深層構造においても、表象を持っているということなのです。本は表紙から裏表紙まで赤（red）、もしくは読まれた（read）。同様に、「What is your problem?」と聞くとき「何があなたの問題ですか？」という意味ですが、同時に「あなたは問題を持っていますが、それは何ですか？」という意味も深層に含んでいるのです。「You are the problem（あなたが問題です）」と。その方がもっとひどいのですが（笑）、最初のでも十分ひどい……。これらの質問は自分の中でどのように納得していくかというと、たとえば、「私は手を持っている、ゆえに私は手である」。「私は問題を持っている、私は自分の問題である」。このままでは救いようがなく感じられますが、人はたいていは解決法を持っています。何をしたらいいのかを分かっているのです。

NLPでは、誰かが「私は問題があるんです」と言ったとき、一般的に「あなたには何が必要ですか？」と聞くようにと教えられることが多いかと思います。そのとき、その人はどんなステイトの中にいるのでしょう？　たとえば、先ほどの例。授業にはじめて来たときにとても不安な気持ちを抱いている人がいるという例ですが、彼らは、「問題の中」（in problem）というステイトにいるわけです。そこにはある種の構造があります。「あなたには何が必要ですか？」というと、彼らのソリューション（解決法）は、その問題と同じ構造を持ってしまうのです。というのは、私にはXという問題があって、私はその問題を捨てたい。ノットXの状態になりたいのだ、と。ふたつは同じ論理レベルなのです。問題を持っているけれども、欲しくない。でも持っている。でも欲しくない。二重拘束（ダブルバインド）の構造です。

英語の多義性（あいまいさ）を利用して聞きます。「あなたは今まで何を問題だと認識していたのですか？ What did you perceive as a problem until now?」。この質問にもあいまいさ（多義性）があります。この質問によって、この二重拘束から外に出るということへ招待しているわけです。そして過去を振り返ってみて、問題として認識した「経験」があるか聞いています。as a problemには、いろいろな見方がありますが、その中のひとつをあえて選んで「問題として」見たのだというニュアンスが含まれています。until now（今までのところ）、この部分もキーワードです。

喜多見　until nowとは、今までのところは問題であったかもしれないが、未来では問題ではないかもしれないということを言っているのですね？

クリス　そうです。つまり、「現時点までは」と言っているのです。もうひとつの意味としては、「もうこれは終わりました、これは過去のことですよ」とも。

喜多見　as a problemは、日本語に訳すと「たくさんある中のひとつ」という意味が薄いのですが、今おっしゃった意味もポイントですね。

クリス　そうですね。英語では「before now（今より前までは)」という聞き方もできますが、ニュアンスが多少違います。こちらの言い方ですと、今まではこの角度から問題を見ていたけれども、これからは別の角度から見ていく、という感じを含んでいます。しかし、until now（今までのところ）にすると二重の意味が出てくる。nowの時点で将来はクリアになり、将来はまた別のものを入れることができるのです。私はよく、次のように聞きます。**「もう既にあなたが変化を遂げているとしたら、あなたはこれからどんなことをしているのでしょうか？　もう既にその変化を遂げているとして、今振り返ってみましょう。**What are you going to be doing when you have changed? Looking back now, having already made that change.」。日本語では〜ing形のニュアンスを伝えるのはむずかしいですね……。この質問の意味を分かりやすく説明しましょう。最初の質問で、彼らの知覚的な視点を変えるという提案をしています。もう既にこれは終わったんだ、と外側から見てみようと。誰かが、「私には問題があるんです」と言った時、それはつま

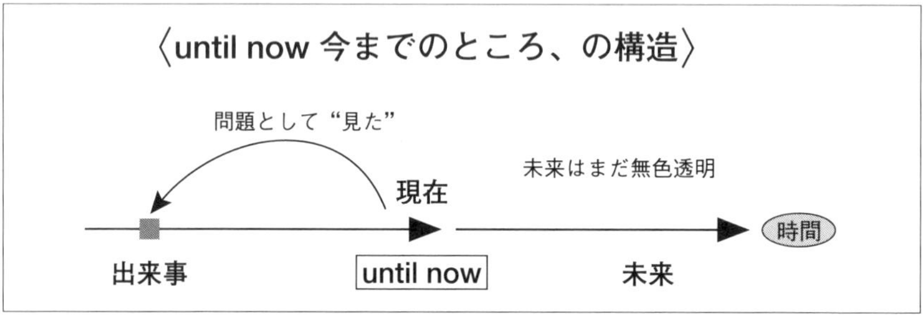

り、「今、目の前にその問題があって、あちらの方向に行きたいのに邪魔をしています」という意味です。

しかし、「あなたは今まで何を問題として認識してきたのですか？」と質問をすれば、それによって目の前にあった問題から「離れる」ことができます。すると問題は、もう過去のものになります。つまり、この質問に答えるためには、その人は知覚的視点をシフトしなければならないのです。そして、視点を変えると、通常、どのようにコンテンツ（内容）を見るのか、という見方もまた、変わることになります。つまり、目の前にあるものとして見るという見方から、振り返って見る、という見方へ。その人はもう既に変化しているのです。ですから、次にやっているのは、フューチャー・ペーシングでもあります。**「もう既にあなたが変化を遂げているとしたら、あなたはこれからどんなことをしているのでしょうか？　もう既にその変化を遂げているとして、今振り返ってみましょう」**と。

この質問に答えるためには、これから自分がどんなことをしていくのか、そのリストを述べるべく想像していくことが求められます。あなたが既に変わった「とき」、(What are you going to be doing **when** you have changed?）のwhenの使い方が重要です。whenとは、原因と結果を表すのに使いますので、因果的なのです。**これらの振る舞いをするためには、その前にwhen以降のことが起きていなければできません。ですから、それからやっていく振る舞いの説明をしていくためには、もう「既に」彼らの中で「変化をしていなければならない」のです。**それによって、その人は可能性がないと思っていたところに、可能性を拓くことができることになります。

yourという発音、yourとyou'reが日本語では同じ発音ではないのは知っていますが、ここで可能性がどのように拓くのか、その例として説明させてください。「あなたの問題はなんですか？ What is your problem?」と質問すると、その困難な状態をさらに強化してしまうことになります。**「あいまいさ」の中には、いくつかの意味が統合されています。多重な意味は無意識レベル**

で処理されますが、表面意識に上がってくるときは普通はひとつの意味になっています。でも、ときにはもうひとつの意味がその問題の「原因」になっていたりするわけです。

「Are you aware of your（you're） increasing potential? あなたは、あなたの高まっているポテンシャル（潜在的可能性）に気づいていますか？」。表面意識のレベルでは、この質問にはイエスかノーで答えます。前提としては、同じ音のyou'reの部分が、それです。これはyou are increasing ～となって、「あなたはそのポテンシャルを高めている」という前提になります。

you are increasing potentialには実は四つの意味があります。最初の意味は、「あなたは潜在的可能性を高めているそのプロセスの中にいます。あなた自身が潜在的能力を高めている、そういう人なのです」と。そしてもうひとつの意味は、「あなたは高まっている潜在的可能性を持っています。可能性があります」。そして三番目の意味は、「あなたは、もう既に積極的にあなたの潜在的可能性を高めています。そして、あなた自身がもう高まっていく潜在能力のプロセスそのものです」。四つ目の意味はとてもすてきなのですが、「あなたには潜在的可能性があり、それはおのずと増えていきます」という意味です。増えていく性質を持っていると。

私はよくこの例を使います。「What is your problem?（何があなたの問題ですか）」と「your（you're） increasing potential（あなたの増えていく潜在的可能性）」です。yourとyou'reのような同音異義語でも、使い方次第で、うまい使い方ができるということです。

デモンストレーションを私がしたとき、ひとつ目とふたつ目の質問に受講生たちはどう感じたかを聞いてみました。誰もが「あなたの問題は何ですかWhat is your problem?」と言われたときに、すごく自分が受動的な感じ（自分が主体的にこのことに関わっていない感じ）がして、自分にはまったく選択の力がないと感じたと言っています。一方、「問題とは何ですか？ What means problem?」という質問は本当に面白い。誰もが哲学的な対話というか、アカデミックな議論でもしているような感じになります。私のクラスの全員に、「問題とは何ですか？ What means problem?」と質問したときに、皆それぞれ違う答を出したのです。ひとつとして同じ答えが出なかった。

面白いですね。これほど、私たちそれぞれの知覚、認識が違っているのです。「一体これは何を意味するのでしょう？」と私は言いました。「同じ質問で、こんなに違う答えが出ています。そしてここからどのような一般化をすることができますか？」。皆いろいろ考え、いろいろと提案してきます。そして、やがてどこにいくかというと、（もちろん私もガイダンスをしていくのですけれども）「問題というのは知覚次第なのだ」というところに行き着きます。つまり「問題」というものは、「オピニオン」（その人の意見、ものの見方）が作り出すのだ、と。つまり、どんなものでも、それが生まれながらに問題ということはない、ということです。面白いですね。

私は皆さんに、少し今までとは違った形で、考えてほしいのです。というのは、たぶん、だいたいの人はこういったことについてじっくり考えたことはないと思いますから。初期のころに、バンドラーとグリンダーがよく言っていました。**「NLPとは、主観的な経験である」（言い換えると、NLPは「客観的事実」と「主観的見方」の関係性を解き明かす学問である）**と。その時は一体どういう意味だろう、と思っていましたが、「問題とは何ですか？ What means problem?」という質問を検討し、話していくにつれて、**「主観的な経験」とは、その人がこの世界を経験して、それにどのような意味を与えていくのか、というプロセスなのだと分かってきました。私たちは誰もが、視覚、聴覚、体感覚、味覚などを使って、自分のまわりの世界に、意味を与えていこうとするのです。**

そして、皆同じ**メタモデルのパターンを使って、経験を組織化しようとします。でも、それで皆が同じ結論に到達するわけではありません。それは私たちが、人生から、世界から、それぞれ異なった影響を受けているからです。**しかし、それでも、皆同じベーシックなパターニングを使っているのです。

私がNLPで習ったことの中で、とても自分自身の人生が豊かになったものがあります。それは、**同じパターン、スキル、センス（感覚）によって、自分で問題を作り出すこともできるし、人生を豊かにしていくために使うこともできる**ということです。

ここで私たちが「質問することの目的」についての説明を完了させましょう。こういったいくつかの例の中で、「あなたは今何に興味があり、そして触発されていますか？　これからの日々、何を学ぶことに興味があり、触発されていますか？」というのはひとつの例ですが、それは、質問を通して相手のリソースにアクセスし、相手のステイトにアクセスする。そして質問を通して、それらとコネクトしていくということです。それぞれのリソース同士やステイトを関連させていく。そしてまた、**質問とは同時に、意識的、そして無意識的なプロセスのペーシングにほかならない**、ということ。たとえば、人が、先ほどの質問——「これからの日々、何を学ぶことに興味があり、触発されていますか？」——に答えるためには、その人が質問されているそれぞれのカテゴリーに戻って、それらにアクセスしなければならないという自覚は、その人にはないのです。自覚はなしに、質問に答えています。私たちの脳は、本当に素晴らしいものだと思います。

もちろん、質問を使ってラポールを作ったり、ラポールを強めていくこともできます。この質問によって、バックトラックやフューチャー・ペーシングもしているのですが、新しい関連づけによって、今までとは違った形で情報を処理することに、招待しているのです。この比較的シンプルな質問によって、言葉はいかに多重構造的であるのかが分かります。さらに、さまざまな言葉や構文が、関連性を含んでいるということにも気がつきます。私たちは既に、無意識レベルではそういった一連の関連性に気づいています。言葉とは、多重レベルの構造であって、そして関連性のシステムによってコード（記号）化されている、ということがこれによって大変よく分かります。

質問の四つのタイプ

2006.08.23.Tokyo

クリス　質問の四つのタイプについてお話ししたいのですが、その前に付け加えたいことがあります。私たちが質問するときの「質問の目的」ですが、先ほどの「言葉の変容モデル」（185ページ参照）で、「前提が入れ子構造になっている」、ということを見ても分かるように、すべての質問には前提が含まれています。これはもう普遍的なことです。

一般的に、質問には四つのタイプがあります。ふたつの「独立した形」とふたつの「依存的な形」です。

依存的な形態とは、それだけでは独立して存在することができないもので、完結するためには情報を加える必要がある。言い換えると、依存的な形とは、それだけでは不完全であって、それだけで独立して存在することがないものといえます。

まず「独立した形」についてお話ししましょう。

①前提を含む質問*（Conversational Postulates）

クリス　ひとつ目は、NLPのミルトンモデルでは「前提を含む質問」（カンバセーショナル・ポスチュレーツ）と呼ばれています。この質問の形態を理解することが重要です。これは表面的にはイエスかノーかで答える質問です。ですから、たとえば、聞かれた人は、自分のリソースにアクセスし、「はい」か「いいえ」で答えます。繰り返しますが、言葉は多重構造になっていて、意識と無意識の両方のレベルを含んでいます。

質問は過去、現在、未来、未来過去（フューチャー・パスト：215ページ参照）の時制でも聞くことができます。「Are you aware of how much you have been learning? あなたが、今までどのくらい学んできているかに気づいていますか？」というような質問によって、私はグループの人たちに、

「You have been learning.あなたは今まで学習してきました」という前提を埋め込みたいのです。前にも探求したように、表面意識においては、質問に対して「はい」か「いいえ」という答えを探そうとします。しかし無意識レベルでは、ここで提示された前提を受け入れ、その前提を容認しなければ答えられません。「Have you noticed,from time to time,how much you have been learning? あなたは折にふれて、自分が今までどのぐらい学んできているのかに気づいたことはありますか?」。今まであなたが学んできているということに、「from time to time(折にふれて)」を加えることによって、学習というものが「無意識レベル」で行われていたのだという前提を加えています。これは大変パワフルな前提です。質問は表面意識に対して、「折にふれて、そのことに気づいたことはありますか」と聞いているのです。

折にふれて、「from time to time」という言葉を入れると、あいまい性が出てきます。このあいまいさ(多義性)のもうひとつの意味をここで紹介します。日本語では言葉が置かれる位置が違うのですが、英語の言葉の位置が重要なのです。「from time to time(折にふれて)」とはもちろん「時(とき)」と関係がありますが、これは副詞句です。これがなぜ重要かというと、副詞句とは「動詞を修飾する言葉」なのです。ですから、「Have you noticed,from time to time?あなたは折にふれて気づきましたか?」と言っているように聞こえます。つまり、気づくことの頻度を聞いている。言い換えれば、「ビトウィーンタイム」(132ページ参照)を前提にしているのです。

しかし、このセンテンスにはもうひとつの動詞があります。「You have been learning(あなたは今まで学んできた)」です。「折にふれて、あなたがどれだけ学んできたのでしょうか?」。このようなフレーズでは、どの動詞を修飾しているのかがあいまいになってしまうのです。この場合は、その両方の動詞を修飾しているかのように処理される。表層意識はこの部分に応えます。まず、「Have I noticed,from time to time?ときどき、自分は気づいただろうか?」。そして、無意識は、from time to timeを重複して、「From time to time,I have been learning a lot.折にふれて、私はたくさん学んできた」という意味を受け取ります。学習が無意識レベルでずっと継続していると。「how much」という言葉は、量と同時に定性、つまり、質をも表すことができるのです。

ですから、学習とは時を通して継続しているプロセスであり、そのことに表面意識は、折にふれて、気づいているかもしれない。その人がたとえ「ノー」と答えたとしても、無意識レベルでこの「You have been learning.あなたは今まで学習してきました」という前提を処理しなければならないからです。

私がこの「含意構造の技術」(The Art of Structuring Implication)(214ページ参照)をまとめたのは、違う質問を千個も覚えなくてもよいことを示すためです。質問の形態を学習すればいいように。「Have you noticed? あなたは気づきましたか？」や、「Did you wonder? あなたは不思議に思いましたか？」など動詞が置かれている位置には他の動詞を入れ替えてもかまいません。それはひとつのカテゴリーですから。たとえば「Are you curious to **explore** your choices to **learn** more?あなたは、もう少し**学びたい**、と

＊＜質問タイプ【1】前提を含む質問（Conversational Postulates　カンバセーショナル・ポスチュレーツ）＞
はい、いいえで答えられる質問だが、その質問のなかに「前提」を含んでいるもの。その前提部分に意識をめぐらせるように促される構造。ミルトン・モデルのひとつ。たとえば「あなたは、折にふれて、別のやり方で可能性を拡げていくことに興味がありますか?」という質問の中には、「あなたは今までとは別のやり方で、あなたの潜在的にもっている可能性を拡げていく」という前提が含まれている。質問自体には、はい、いいえで答えられるが、人は無意識レベルでも質問を受け取っており、意識をその前提となる部分にもっていくように促される。ホール博士の質問の作り方や用語の定義は、必ずしも一般的に言われている説明とは異なる場合もあるが、彼女のそれは、より本質的であり、「相手の可能性を拡げるための質問」というスタンスを明確にもっている。その意図が素晴らしく、ユニークで創造性にあふれている。このスタンスは四つの質問タイプのすべてに共通する。

含意構造の技術（芸術）The Art of Structuring Implication

〈[1] 前提を含む質問（Conversational Postulates)〉

～に興味がありますか?（Are you curious ～）
～に気づきましたか?（Have you noticed ～）

時	動詞（行動）	修飾語（形容詞／副詞）	目的語	どのように	なにをするために？
今まで（ever）	認識する（recognize）	新しい（new）	学習（learnings）	別のやり方で（in other way）	より大きな可能性を実現するために（to actualize greater potential）
今（now）	さぐる（explore）	他の（other）	可能性（possibilities）	もっと他のやり方で（in more way）	
まだ（yet）	発見する（discover）	別の（different）	別のやり方（options）	新しいやり方で（in new way）	
頻繁に（often）	拓く（open up）	あなたの（your）	機会（opportunities）	違ったやり方で（in different way）	
時々（sometimes）	増やす（increase）	もっと（more）	選択（choices）	柔軟に（in flexible way）	
しばしば（frequently）	拡大する（increse）	便利な（useful）	資源（resources）	創造的に（in creative way）	
折にふれて（from time to time）	気がつく（realize）	もっと（further）	変化（changes）	生産的に（in productive way）	可能性（選択）の幅を拡げるために[to expand range of possibility (choices)]
	実現する（actualize）	深く（deeply）	創造性（creativity）	効果的に（in effective way）	
	統合する（integrate）	喜んで（with delight）	柔軟性（flexibility）	便利なやり方で（in useful way）	
	適用する（apply）	だんだん（progressively）	潜在力（potential）		
	使う（use）	意識的に（consciously）			
	実行する（implement）				
	豊かにする（enrich）				

上記の表の横の要素を組み合わせていくと、下記の例のように、簡単に効果的な質問をつくることができる。

例文： Are you curious from time to time to expand your potential in other way ?
あなたは、折にふれて、別のやり方で可能性を拡げていくことに興味がありますか？

いうあなたの選択を**探ってみよう**という好奇心をもっていますか？」など。「Are you curious,from time to time,to expand your potential in other way? あなたは、折にふれて、自分の潜在能力を別の形で開発していこうという好奇心をもっていますか？」。過去、現在、未来の他に未来過去（フューチャー・パスト）にすることもできます。「Do you know when you **will have already actualized** your greater potential? あなたは、**いつごろ、**あなた自身がより大きな潜在的可能性を**実現してしまうか**が分かりますか？」というように。

視点を現在から将来に向け、もうあなたは将来のある時点にいるとします。そして、その視点から見たときに、あなたが自分のポテンシャルを既に拡大してしまっている、そうしたことが分かりますか？ と聞いています。それが基本的な質問の形です。ですから、「これから、何日かたった後の将来から現在を振り返ってみて、あなたがもう既にこれを達成してしまったのが分かりますか？」。そして「あなたは、自分がより大きなポテンシャルを実現したということに気づいていますか？」と聞いているわけです。英語では時制がはっきりしているので、分かりやすいのですが、これは「フューチャー・ペーシングの質問」であって、将来にいって、もう既にその変化をしている。そして、それをあなたが今気づくかどうかの問題である、と言っているのです。

この質問を使うときには、214ページの表の動詞の部分を変えていきます。動詞の位置には、いろいろな動詞を埋め込むことができます。「あなたの可能性（ポテンシャル）を探求しましたか？」「認識しましたか？」「それを開発

〈未来過去（future past）の構造〉

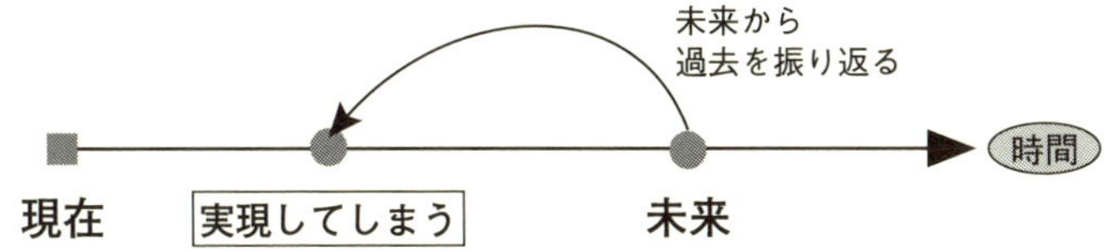

しましたか？」などです。この可能性（ポテンシャル）という言葉の中にももうひとつの前提が含まれていることに気づいてください。目的語の欄には、「Have you noticed **your learning**? あなたの**学び**に気づきましたか？」「あなたが今まで作り上げてきた**さまざまな変化**に気づいていますか？」「あなたは、**リソース**に気づいていますか？」などなど、この枠の中にはさまざまなものを入れ込むことができます。大人数のグループを扱っているときは、動詞の部分に「気づきの叙述語」*（Awareness Predicates　アウェアネス・プレディケッツ）を使うことを勧めます。メタモデルではこれを「不特定動詞」（VAKなどの特定の感覚とつながらない動詞）と呼んでいます。つまり、視覚優位（Visual）、聴覚優位（Auditory）、体感覚優位（Kinesthetic）などの感覚システムへのつながりを持っていない動詞です。

気づきの叙述語は、特定のVAKに関連していないので、視覚優位、聴覚優位、体感覚優位のどれかひとつに働きかけるのではなく、さまざまな人に働きかけることができる動詞ですから、多人数の時は有効なのです。聞いている人が、それぞれ自由に自分なりの感覚で受け入れられる。たとえば、「考える（think）」という動詞は気づきの叙述語です。絵で考える人もいれば、言葉を使って考える人（聴覚デジタル*　Auditory digital）もいる。また、体感覚的に意味を納得する、アイデアを把握する人もいます。ですから、特定の優位感覚とつながりをもたず、それらを超越して共通化できる「気づきの叙述語」を常に最初に使うと、大勢の人がプレゼンテーションに入り込んできやすいのです。

これをミルトンモデルと呼ぶ人がいますが、私はそう思いません。しかし、大切なことは選択肢を広げられる、ということです。たとえば、私が「Do you **see** how much you have been learning? あなたが今までどのくらい学習していたのかが、**見えていますか？**」と聞いてしまうと、人によっては、「何のことか分からない」と感じる人が出ます。これでは選択肢の幅を狭めてしまうことになります。私はそこをオープンに広げたいわけです。

たとえば、メタモデルでこの部分の動詞をどんな人にも働くようにしようとすると、「それをあなたはどのように考えますか、見ますか、聞こえますか、感じられますか」と各々に向けて多重に聞かなければいけないということになります。相手の優位感覚がなにかがまだ分からないからです。また、たとえば、ひとりの個人を相手にしたコーチングの場合、セッションの終わりに、「私たちが一緒に過ごした時間の間で、あなたがどのくらい学習してきたかに気づいていますか？」と「気づきの動詞」を使って聞くこともできます。すると、必ず彼らは目を動かします。質問に答えるためには、自分の内面にアクセスするので、目を動かさざるを得ないのです。「さてさて、どうかな」、と。

次に私は、「あなたが、（自分の内面の記憶の中から）何を見たり聞いたりすることによって、自分が学習したことが分かるのかを教えてください」と聞きます。つまり、最初は全般的な質問の仕方をして、その後は観察に基づいて具体的な質問の仕方をしていくのです。

（相手が先ほどのように目を動かしたりするときに）ノンバーバルな観察

＊<気づきの叙述語（Awareness Predicates　アウェアネス・プレディケッツ）>
同時に多数の人を相手に話す場合、あるいは、相手の優位感覚がまだ分からない場合は、叙述語（Predicates　動詞・形容詞・副詞）にニュートラルなものを使うと、相手の特定の優位感覚（VAK）の抵抗にあいにくい。こうしたニュートラルな叙述語を「気づきの叙述語」と呼ぶ。「不特定動詞」というのも、まったく同じ意味合いの「動詞」をさす。優位感覚を特定しない動詞。気づきの叙述語はイコール、聴覚デジタル語でもある。叙述語一覧の221ページ参照。

＊<聴覚デジタル（Auditory Digital　オーディトリー・デジタル）>
頭の中で「言葉」を音で話している感覚。頭の中の会話。「デジタル」は生の体験そのものではなく、情報化されたもの。たとえば「リンゴ」と言われたときに、頭のなかで「リンゴ」という「音」としての言葉が響くタイプ。頭の中の言葉優位。この他にも、「視覚デジタル」（Visual Digital）も存在する。この視覚デジタルは、「リンゴ」と言われたときに、「リンゴ」という視覚的な「文字」をイメージするタイプ。

をして、その人が視覚が優勢なのか聴覚が優勢なのかなどを見抜いて、それを質問に使います。

次の質問をその人の優勢なものに合わせてデザインすることによって、相手の優位感覚にペーシング（波長を合わせること）していきます。しかし、大人数のグループ、たとえば今回の私の講座には二十八人いましたが、そんな場合には、一人ひとりの質問に対する反応を観察することはできません。ですから、より一般的な動詞を使うことによって、選択肢の幅を広げてあげるのです。

220ページの表には一部を載せただけです。後期のトレーナートレーニングで、さまざまな動詞を使ってストーリーを語るというエクササイズがあります。この表の一番右が「聴覚デジタル（オーディトリー・デジタル）」と呼ばれています。視覚（ビジュアル）、聴覚（オーディトリー）、体感覚（キネスタティック）、そして気づきの動詞（聴覚デジタルの動詞）、つまり、より一般的な動詞となります。（聴覚デジタル優位の人が使いやすい言葉、あるいは聴覚デジタルの人に向けて使うと受け入れやすい言葉は同時に、VAKの人

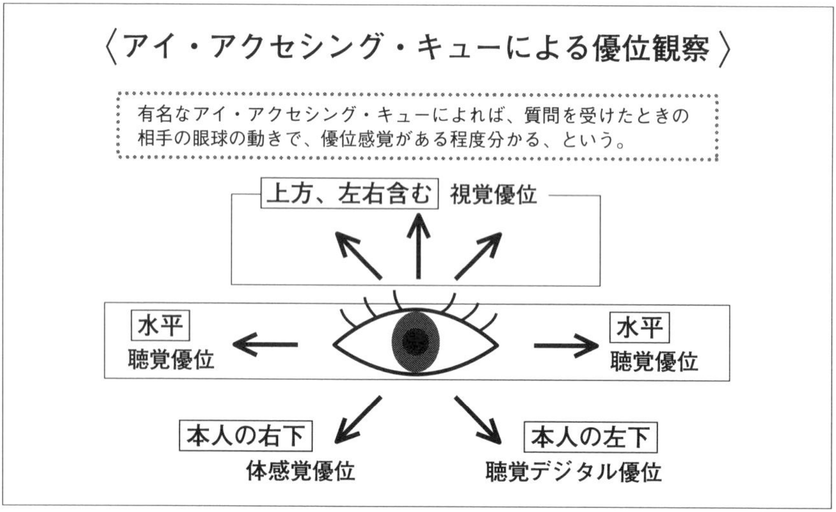

にも抵抗を起こさない言葉でもある）聴覚デジタルの動詞はプライマリーのレベルではもちろん視覚、聴覚、体感覚などを含んだものなのですが、たとえば「考える（think）」もしくは「開発する（develop）」などは、その人の感覚要素を、これが「考える」ということだとラベル化した「セカンダリー・レベル」といえます。

ここに載っているリストに加えて、「創造する（create）、不思議に思う（wonder）、知る（know）、現れる（emerge）、開発する（develop）、気づく（notice）、認識する（realize）、感じる（sense）」もあります。感じる（sense）という言葉は、視覚、聴覚、体感覚の全部が入っています。つまり「センス（感じる）ってどういうことですか？」と聞くと、「触ること」と答える人も、「見ること」と答える人もいるということです。

ほかにも「気づく（aware）、見なす（consider）、経験する（experience）、探求する（explore）、実験する（experiment）、発見する（discover）、広げる（expand）、学習する（learn）、実現する（actualize）、統合する（integrate）、応用する（apply）、使う（use）、評価する（appreciate）、動機づける（motivate）、理解する（understand）、組織化する（organize）、革新する（innovate）、超える（surpass）、抜きんでる（exceed）、変化する（change）、達成する（accomplish）」、などなど多くあります。

このモデルを通して、214ページの動詞のところには、ここにある動詞のすべてが置けます。目的語の部分、時間の区別、形容詞・副詞、そして「違った形で」（in other way）のように、どのように（how）の部分に言葉を置いていきます。面白いのは、同じ文章の動詞の部分に、ここにあるどの動詞を入れても成り立つことです。たとえば「Are you curious to expand your potential in other way?　あなたは、別の形で自分のポテンシャルを拡大することに興味がありますか？」。この文の「興味がありますか？」の部分を「やる気を感じていますか？」とすることもできます。また。「拡大する」の部分を「豊かにする（enrich）」に置き換えることもできます。そうするとた

〈優勢感覚による叙述語〉

内的体験による使用する言葉の変化（動詞、副詞、形容詞）

視覚優勢（Visual）
見る（see）
眺める（view）
暗い（dark）
目を通す（scan）
注目する（look at）
明るい（bright）
見守る（watch）
見せる（show）
見渡す（overview）
観察する（observe）
明かりをともす／明るい（light）
反映する（reflect）
現れる（appear）
焦点を合わせる（focus）
目に見える／目立つ（visible）
パノラマ（panorama）
見つめる（gaze）
思い描く（picture）
明るい／透明な／消す（clear）
色／色をつける（color）
見つける／光景（sight）
想像する／思い描く（imagine）
輝く／光る（shine）
観点／展望（perspective）
見地（angle）
隠す（shade）
チラッと見る（glimpse）
光輝く／きらめく（glittering）
枠を組む（frame）
視野／展望（horizon）
光輝く（illuminated）
輝く／燃える（glow）
めざましい（brilliant）

聴覚優勢（Auditory）
聞こえる（hear）
言う（say）
話す（talk）
伝える（tell）
話し合う（discuss）
歌う（sing）
調子（tone）
声に出す（voice）
述べる（describe）
騒ぐ／雑音（noise）
叫ぶ（shout）
口にする（utter）
ささやく（whisper）
話す（speak）
静か（quiet）
鳴り響く／反響する（resound）
ハミングする／ブツブツ言う（hum）
～に聞こえる／鳴る（sound）
音楽（music）
歌う（chant）
音・声の大きい（loud）
とどろく（boom）
テンポ（tempo）
調子を合わせる／同調する（tune）
満足で喉を鳴らす（purr）
鳴る（chime）
ほめる（praise）
音量（volume）※量(日本語では不成立)
和音／心の琴線（chord）
指揮する（orchestrate）
こだまする（echo）
美しい調べの（melodious）
ハーモニーのある（harmonious）

※「聴覚デジタル」は、頭のなかで言葉が「音」として響くタイプだが、同時にこのカテゴリーはV/A/Kのどこにも所属しないので、今コミュニケーションしている相手のタイプが不明の場合、もしくは相手が同時に多数の場合、使っても相手の感覚抵抗が少ない(使いやすい)言葉でもある。これを「気づきの叙述語」(Awareness Predicates)とも呼ぶ。

体感覚優勢（Kinesthetic）
感じる（feel）
触れる／さわる（touch）
温度／熱（temperature）
冷たい（cool）
歩く（walk）
つかむ（grab）
押す（push）
把握する（grasp）
あつかう／手に負える（handle）
ひねる／ねじる（twist）
柔らかい／そっと（tender）
震える（vibrate）
なでる／こする（rub）
頑丈な（firm）
形づくる（mold）
熱い（hot）
圧力（pressure）
湿った／濡れた（moist）
重くする（weight）
くすぐる（tickle）
もみほぐす（massage）
乾いた（dry）
しぼる（squeeze）
すべる（slippery）
しなやか（soft）
手を伸ばす／伸びる（reach）
なでる（caress）
つるっとする／平坦な（smooth）
温かい（warm）
流れ出る（flowing）
ゾクゾクする／鳥肌が立つ（tingle）
抱く（embrace）※受け取る（不成立）

聴覚デジタル（Auditory Digital）
気づく（notice）
分かる（make sense）
考える（think）
動機づける（motivate）
探求する／さぐる（explore）
発見する（discover）
開発する（develop）
理解する（understand）
つなげる（connect）
～できる（capable）
整理する／組織化する（organize）
学ぶ（learn）
実現する（actualize）
挑戦する（challenge）
革新する（innovate）
可能にする（make possible）
超える（surpass）
拓く／開く（open up）
使う／当てはめる（use/apply）
変える（change）
超える（exceed）
楽しむ（enjoy）
拡げる（expand）
豊かにする（enrich）
発展させる（evolve）
信じる（trust）
協力する（support）
尊重する（respect）
進歩する（progress）
なし遂げる（accomplish）
バランスさせる（balance）
統合する（integrate）
満たす（fulfill）

※一部の英単語は、日本語では、英語のように二重・三重の意味を含まないため、優勢感覚用語としては機能しないものも含まれる。また、日本語をベースにして一覧化された優先感覚用語集は、まだ確立されていないが、日本語は多様な感覚用語を持っており、興味深い。たとえば「心に響く」は聴覚優勢、「ヒヤッとする」は体感覚優勢の用語。

とえば、「ほかの形で可能性をより豊かにしていくことにあなたはやる気を感じていますか？」となります。別の形での「別の（other)」の代わりに「新しい（new)」や「別の（different)」という言葉を入れることも可能です。

私は「広げていく（expand)」という動詞が好きです。**この動詞を使うためには、必ず最初に何かが存在していなければなりません。**この種類の動詞は、何かがもう既に存在している、という前提の上に立っているので、大変パワフルです。たとえば、「開いていく（open up)」という言葉も、もう既に何かが存在しているから、それをさらにもっと大きく開くことができます。「開発する（develop)」も、もう既に何かがあるからこそ、それをさらに開発できる。探求していく（explore）ためにも、最初が存在しなければ、それをさらに探ることはできません。「もう既に存在している」からこそ、大変パワフルなのです。

あなたの「可能性を」という目的語の部分には、「知識（knowledge）を」や、「学び（learning）を」という言葉を入れてもいいですね。

「別の方法で（in other ways)」の「別の」(other）の部分を「新しい方法で」と言った場合は、その新しいやり方をさぐるために、自分自身の経験をバックトラックして、もう既にやっていた方法を見つけていくことになります。古いやり方という土台があるからです。この質問に答えていくためには、今までどのようなやり方でやってきたのかという部分にアクセスしないと答えられないのです。このモデルを見ると分かることは、何千個もあるさまざまな質問をひとつひとつ個別に学んでいく必要はない、ということです。その形態、形式、概念を学んでいけばいいのです。

このフォームで、この比較的少ない言葉、単語だけでも可能性としては何千個もの質問を作り出すことができます。そして、英語のネイティブスピーカーであれば、どの単語がどのカテゴリーに当てはまるのかは簡単に分かります（日本語でもその英語の直訳がそのまま使えるものも多くある)。そして、さらにもっと加えていくこともできます。こういったことすべてをやっていくのは何をするためでしょうか？

これらはすべて、あなたはどのような将来にペースを合わせたいのか、というフューチャー・ペーシングなのです。「あなたは、より大きなポテンシャルを実現するために、より大きなリソースにアクセスすることに興味がありますか？」「あなたの人間関係をさらに豊かにするために」「あなたの学習したことを応用していくために」、などと表現できます。ですから、これはひとつのカテゴリーで、これから将来にわたってどのように進んでいきたいのかを示しているのです。本当に、皆さん、これは大好きですよ。私もこれが好きです。これが質問のひとつ目の独立した形です。

②修辞疑問（Rhetorical Question）

クリス　ふたつ目の独立した形は、修辞疑問（レトリカル・クエスチョン）です。

たぶん、私は別の名前で呼ぶべきなのでしょうが、文献ではそのように呼ばれています。修辞疑問では、特に相手が答えることを期待していません。

> **＊<質問タイプ[2]修辞疑問（Rhetorical Question　レトリカル・クエスチョン）>**
> [1]の「前提を含む質問」（Conversational Postulates）では、質問は、はい・いいえで答えられたが、この[2]修辞疑問は、はい・いいえでは答えられない質問形式。しかし、この修辞疑問の中にも「前提」はうまく組み込まれている。たとえば、「新しい方法でリソースを探求することに、どのくらい興味がありますか?」という質問には、「あなたは、新しい方法でリソースを探求する」という「前提」が含まれており、この質問に答えるにあたって、その前提に意識を向けざるを得ない。英語でいえば、Howや In which wayなど「どのように」「どのやり方で」という「質」の部分を聞いている。相手の可能性を拡げるために質問している、というのがホール博士の優れた差異である。

イエスかノーの答えを聞いているわけではないのです。

修辞疑問では、何かがもう既に――程度の差こそあれ――そこに存在しているという前提に立っています。先ほどの「前提を含む質問」でも、そこには「前提」が含まれていて、イエス・ノー以上のことを聞いていました。この修辞疑問でも、基本原則は同じですが、英語の文頭の部分だけが異なります（214ページの文例の頭に、当ページ下の文章が加わる）。「あなたはどのくらい興味がありますか？（How curious are you...）」「どんな方法であなたは...できますか？（In which ways can you...）」などですが、どのように（How）、なにを（What）、いつ（When）などの質問の形をとります。「新しい方法で、リソースを探求することに、どのくらいあなたは興味がありますか？」「どのような形で、あなたはリソースを広げていく柔軟性をさらに高めたいと思いますか？」「あなたの可能性をさらに拡大することができるいくつかの方法のうちのひとつは何ですか？ What are some of the ways in which you can expand your potential?」という質問は、すべてこの修辞疑

〈［2］修辞疑問（Rhetorical Questions）〉

～にどのくらい興味がありますか？	How (curious) are you...
～にどのくらい興味がありますか？	How often are you (curious) to...
～をどのように続けることができますか？	How can you (continue) to...
どのやり方で～をできますか?	In which ways can you (have you, are you going to, will you, will you have already)...
あなたが～できるやり方は、どんなものですか?	What are some of the ways in which you can...
いつあなたは～できますか?	When can you...

※この後に214ページの例文をつなげていきます。

例文： How often are curious to explore your learning in different way?
あなたは、学習を別のやり方で探求することに、どのくらい興味がありますか?

問の例です。ここでは、イエス、ノーを聞いているのではなく、その方法の内容を聞いています。ここで「その方法のいくつかは」（some of the ways）という意味で、「some」という言葉を使っていますが、以前お話ししたように「いろいろある方法のうちの、ある方法」という言葉（some）には、そもそも「既にいろいろな方法はあなたの中に存在している」という前提が含まれています。

表の形容詞・副詞の部分の「新しい」（new）「その他の」（other）「別の」などを使っていくと、その中には、ひとつひとつのことを学ぶのではなくて、「色々なことすべて」（学ぶ、興味がある）というニュアンスがここに入ってきます。

喜多見　この会話の技術の表一枚で、一日ぐらいの説明が必要ですね。

クリス　これは十二日間のセミナーです（笑）。トレーナーズトレーニング一年目でも、これをちょっとやっただけで皆「ああ……」とため息をつきました。

③埋め込まれた質問（Embedded Question）

＊＜質問タイプ[3]埋め込まれた質問（Embedded Question　エンベデッド・クエスチョン）＞
前提や含意が埋め込まれた質問だが、必ずしも質問形式でない場合もある。ミルトン・エリクソンが得意にした、と言われている。非常に洗練されたセラピー的な手法の質問形式。たとえば「私は自分に聞いているんですが、あなたが今までどのくらい学んでいらしたのか、お気づきになっているのかなあ、と」。質問者が自分に聞いているわけで、質問ではないので答えなくてもいいが、質問が埋め込まれているため、それを聞いた人間は、そこに意識を向けざるを得ない。ラポールを作るためにも有効と思われる。

〈[3-1] 埋め込まれた質問（Embedded Questions）〉

埋め込まれた質問 （Embedded Questions）	前提を含む質問 （Conversational Postures）	前提 （Presupposition）
私は不思議に思っているんですが、～ I am wondering... 私は興味があるんですが、～ I am curious... 私は自分に聞いてみるんですが、～ I am asking myself...	折にふれて～に気づいてきたかな、と。 have you (ever, often, already) (noticed, created, developed, realized) from time to time... ※動詞の部分には、「気づきの叙述語」(awareness predicates)を四つの時制、つまり過去・現在・未来・未来過去で入れ換えて使うことができる。	あなたの （あらたな、開いていく、発展していく、増えていく、拡大していく）学習能力 your (emerging, opening, developing, increasing, expanding) abilities to learn?
～かどうか私は知りませんが、～ I don't know if... ～を知りたいと興味をもっています。 I am curious to know/find out...	～を（好奇心をもって、最近、意識的に）考えたのかなあ、と。 did you (curiously, recently, consciously) consider...	
	いつ、あなた自身が、より大きな可能性を実現してしまうだろうか、分かりますか? you know when you will have already actualized your greater potential?	

例文：I'm wondering if you have ever created from time to time your increasing abilities to learn.
そのどんどん高まっていく学習能力を、あなたが折りにふれて、創り出していっていたのかどうかな、と私は不思議に思っています。
I'm curious when you will have already actualized your greater potential.
私はとても興味があるんですが、あなたがいつ、より大きな可能性を実現してしまうのだろうか、と。

（※下の例文の時制は未来過去）
※これらは、「前提を含む質問」を埋め込んだ構造の例文集です。

〈[3-2] 埋め込まれた質問（Embedded Questions）〉

埋め込まれた質問 （Embedded Questions）	修辞疑問 （Rhetorical Questions）	前提 （Presupposition）
私は不思議に思っているんですが、～ I am wondering...	どのくらい～を意識されていた（気づいていた）かな、と。 how (often) have you been conscious, aware of...	あなたの（あらたな、開いていく、発展していく、増えていく、拡大していく）学習能力 your (emerging, opening, developing, increasing, expanding) abilities to learn?
私は興味があるんですが、～ I am curious...		
私は自分に聞いてみるんですが、～ I am asking myself...	どのくらい～に（～を）（気づいて、認識して、探求して、評価して）いたのかな、と。 how (often, fully, curiously, recently, consciously) do you notice, recognize, explore, appreciate...	
～かどうか私は知りませんが、～ I don't know if...		
～を知りたいと興味をもっています。 I am curious to konw/find out...	どのように～に（気づいて、拡大して、応用して）いたのかな、と。 in which ways can (do) you (notice, expand, apply)...	

例文：I'm asking myself how often have you been aware of your expanding abilities to learn.
私は自分自身に聞いているんですが、あなたが学習を拡大していく能力にどのくらいお気づきになっていたのかなあ、と。

※これらは、「修辞疑問文」を埋め込んだ構造の例文集です。

クリス　そして、残りはふたつの「依存的な形」ですね。

ひとつ目は、日本語ではあまり使わないようですが「埋め込まれた質問」(エンベデッド・クエスチョン) です（博士はこうおっしゃっているが、日本語でも十分使えるし、効果的と思われる)。たとえば、「どのくらい学んできたのか、あなたは気づいているのかな、と私は自分に聞いています」(I'm asking myself if you are aware of how much you have been learning?)。これは、ミルトン・エリクソンがよく使ったパターンです。「あなたが学ぶことができるその素晴らしい能力を、自分で認めているのかな、と私は不思議に思っています（I'm wondering ～)」。直接的に「あなたは素晴らしい学習能力がありますね」と言うのではなく、「私は自分に聞いているところなんです、あなたは自分が学んだことを応用できるこの素晴らしい能力に十分に気づいておられるのかな、と」という二重構造で言っているわけです。

「あなたが自分の潜在的可能性をどのくらい実現しているのか、私はとても興味があります」という表現もあります。表面的には質問形ではなく、単にステイトメントに聞こえますが、文の中に質問が埋め込まれています。

喜多見　しかも、セラピストが相談者（クライアント）のことを、わがことのように思っていると感じられる。そういう前提があるから、ラポールがつながりますね。

クリス　そうです。とてもいい質問の形なのです。①の前提を含む質問ではイエスかノーで聞きます。②の修辞疑問はどうやってここに至ったのかを聞く。そして三番目のタイプの質問では「どんな方法であなたが、あなたの学習を統合することができるのかな、と私は興味を持っています」、という形で聞きます。また、こんな聞き方もあります。「私は興味があるのですが、どんな形であなたはこれからの日々、そして週、月に、あなたが学んだことをもっと強化できると思っていらっしゃるのか、と」。あるいは「私は、自分に尋ねているのですが、あなたが自分が学んだことを応用する方法に気づいているのかな、どうかな、と。あなたはそのことについてどんなお考えをお持ちですか？」(I am asking myself if you are aware of ways to apply your learning.What are some of your ideas about this?)。

④付加疑問（Tag Question）

クリス　英国ではこれをよく使います——アメリカでも少し使いますが——いわゆる付加疑問（タグ・クエスチョン）です。付加疑問とは、文章を言った後で付加されている質問。「あなたは学習している、そうですよね？」というふうに。たとえば、英語でよく言うのは、「あなたがここにいるのは、あなたがモチベーションを感じたからですよね？　そうではありませんか？」(didn't you?)。日本語ではあまり言いませんか？
喜多見　日本語では「～ですよね？」「～ですかね？」という形になってしまいますので、あまり二重に言う形では使いません。
クリス　あるステイトメントの「前提を強化する」という機能があります。英国人はもちろんですが、インタビュアーもこれをよく使います。使っている本人は全然自覚がないようです。
　イギリスではじめてプラクティショナーコースを教えたときに、皆当然知っているだろうと思って、「付加疑問」と言いました。ある紳士が手を挙げて、「付加疑問とは何ですか？　イギリス人は使いませんがねぇ、そうじゃありま

> **＊<質問タイプ[4]付加疑問（Tag Question　タグ・クエスチョン）>**
> 日本語では「あなたは気づいていますよね?」の「ね?」の部分か。直訳的に言えば、「あなたは気づいています。そうですよね?」となる。英語なら、「don't you?」「aren't you?」の部分。これらの前にある文を「前提」として強化する働きがある。これ自体では存在できないので、「依存的な形」と言っている。埋め込まれた質問もそれだけでは存在し得ない依存的な形。

せんか？」と言うのです。自分で使っているのにまったく気づいていない。「私は分かりません、分かりますか？」とまた付加疑問を付け加えたのです(笑)。皆が笑ったために、本人も気づいて、「これは我々がいつも使っておりますね」と。確認を求めるために聞く形式ですね。カナダで使う「エ？」とか、フランス語の「ネスパ？」も同じですね。これがふたつ目の依存的な形です。

加えて、英語では、時制（過去・現在・未来・未来過去という時間の方向性）を変えることができます。

しかし、NLPでは時間の区別化はあまり扱っていません。先ほどから「フューチャー・ペーシング」などという言葉が突然話に出ますけれども、私の話す時間に関することのほとんどは、NLPのトレーニングで私が学んだものではなく、自分の経験で学んできたものです。

では、時制（タイム・オリエンテーション）についてお話ししましょう。

誰かが何かを説明しているときの例です。人によっては、「過去形」でものを言うことが多いこともあります。身体言語でも、そのことが分かります。左手を動かしたり、左手を右の方にやったりと、「左側」をよく使う人は「過去志向」です。その人の注意の多くが過去の経験の方に向かっています。「現在形」と「未来形」を多く使う人もいます。こういう人は話しているときの非言葉のメッセージでも右手や体の「右側」を使うので、体がやや上に持ち上がります。それは「未来志向」です。

たとえば、これから数カ月後に休暇をとる、という場合。これはコンテクストにも関係します。特に、アウトカムとしての未来の休暇という場合は、右手を横に、もしくは前に持ってくる傾向があります。しかし、人によっては、数カ月後のバケーションの話をしているのに「左手」を使っている場合もあります。それはたとえば、過去のとても楽しかった休暇のことを思い出していて、将来的にも同じような休暇を過ごしたい、と思っていることを意味します。

たとえば、旅行代理店でお客さんが左手を使ってバケーションの話をしているのか、それとも、右手を使ってバケーションの話をしているのかによって、そのお客さんに対するセールスアプローチを変えることができます。旅行代理店に来るのは、休暇について興味があるからです。現在形と未来形をよく使う人の場合、「だいたいどの辺に行くことを考えていらっしゃいますか？」「あなたにとって、休暇にはどんな要素が重要ですか？」と聞きます。つまり、その人にとって大切なことが何なのかを見つけていくわけです。そして、たとえば「あなたがハワイに到着されて、飛行機から降りたとき、きっと、お花の香りに気づかれますよ」というように、あなたがそこに着いたときに、こんなふうに、あんなふうになります、というプレゼンテーションをしていくことが重要です。

過去志向の人にも、同じように「あなたにとって何が大切ですか？」と聞いていくのですが、そのとき、「今までの休暇の中で特にどういうことがあなたにとって重要でしたか？ What would be important?」と聞きます。仮定法の過去形（日本では単に過去形）で聞いたときに相手の人は、「去年はこう

〈旅行代理店での顧客の時制の例〉

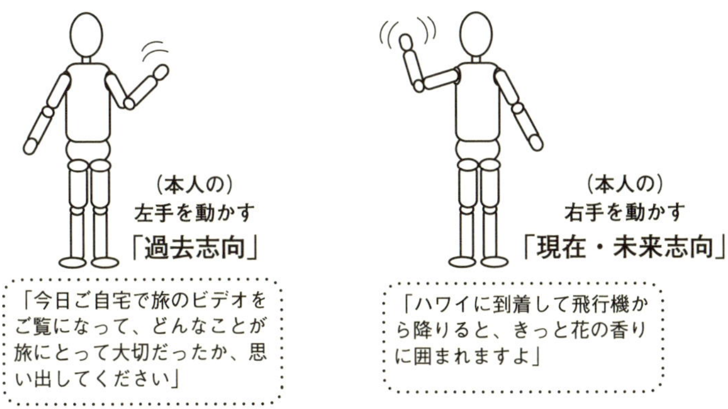
（本人の）
左手を動かす
「過去志向」
「今日ご自宅で旅のビデオをご覧になって、どんなことが旅にとって大切だったか、思い出してください」
（本人の）
右手を動かす
「現在・未来志向」
「ハワイに到着して飛行機から降りると、きっと花の香りに囲まれますよ」

でした、一昨年はこうでした」と話してくれます。そういう過去志向の人に対しては、「では、今日ご自宅に帰ってからそのときのビデオをご覧になったり、写真をご覧になったりして、どんなことが大切だったのか思い出してください」と言います。いずれにせよ、その人は過去志向で、過去のことを思い出しているということが分かりますから、その方向に導いてあげます。こうした誘導は、私のいつものやり方ではありませんが、興味深いことではあると思います。

私はハワイ旅行でカウアイ島に行きましたが、飛行機から降りたときの花の香りが忘れられません。私のトラベルエージェントは二十五年の付き合いですが、彼から「花」という言葉を聞いて私はそこに行きたいと思ったのです。

たとえば、一人の人が「私はやせたいのです。でも、できるかどうか分かりません。だって今までやったことがなかったから」と過去形で言ったとします。その人が教えてくれているのは、彼女は現在にいて、そして、過去にそれをやったとか、やってうまくいったというような参照できるものがない

〈過去志向でも未来志向でもアウトカム達成には フューチャー・バックトラックが有効〉

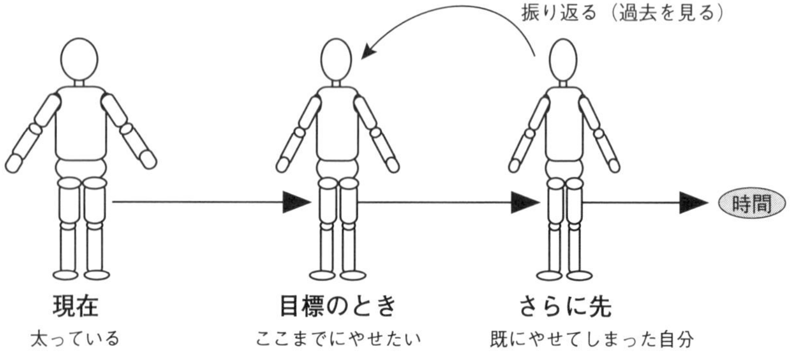

ということです。もう一人の人は、「私はやせたいのです。でも、私が将来、成功できるかどうかは分かりません」と言うかもしれません。ここで分かるのは、未来形で言っているので、その人の説得子（説得要素）は未来にあるということです。この両方の場合に、とても効果があるのは、目標の状態よりも先の未来までいって、振り返ってみる方法（フューチャー・バックトラック）です。過去を使う最初の人の場合には「目標地点よりもっと先から、これは過去です」、と振り返っていきます。未来を使う人の場合も、少し先から未来を振り返って見ていくことが、アウトカムを達成して行く場合にはとても有効です。説得子を時間軸の中のどこに置くかによって、変化のプロセスがとてもパワフルになっていきます。

質問についての話に戻りますが、**人が質問の機能を理解したとき、その質問の目的、つまり、「質問とは、ある前提を伝えるための方法である」ということを理解したとき、質問は本当にイキイキしてきます。**さらにもうひとつ私が言いたかったのは、「受動的な言葉」です。

誰かが、「○○が問題なのです」と提示したとき、その人は「受け身的」（自分では主体的に事に当たれない）であると感じています。全般的な概念ですが、**その人がなぜその状況を「問題だ」と認識するかというと、たとえば「私はオーガナイズできない」と言った男性のように、彼がそれを「制限として認識」するからです。**その問題という制限によって、その人が達成したいと思っているアウトカムを得ることができないと認識しているのです。そして、その人は、自分はその状況に影響を及ぼすことができない、と感じています。それがその人の知覚です。自分は、「能動的な位置」にいるのではなくて、「受動的な位置」にいると感じていて、コントロールできる力は自分の「外」にある、と感じています。

この問題をXと呼べば、「Xが私を制限している」とその人は感じています。そして自分を「目的語」の位置に置いているのです。**能動的なポジションは**

「主語」か「動詞」ですから、目的語の位置は受動的です。人は問題に関して、常に何かが「できない」と認識しています。この場合は、「私はオーガナイズできないので、そのアウトカムを達成することができないだろう」と認識している。だから、セラピスト、マネジャー、教師、トレーナーは、そこにある「受動的な構造」に対して質問していくことが不可欠なのです。その人が、「自分は受動的な位置にいる」と認識している場合、「自分は変わる能力がない」と信じています。**質問していく目的のひとつは、その人が、もう一度能動的なポジションに行くように招待することです。**

私がかつて、セラピーをよく行っていたころ、クライアントは「私の問題について話したいのです」とやってきます。私はこう質問します。「あなたは、何が制限していると考えているのですか?」。ここで、**「あなたは」という言葉を使うことによって、その人は主語の位置に戻ります。これは能動的なポジションです。また同時に、大変パワフルなリフレーミングでもあります。つまり、クライアントがどんな答えを出してこようと、これは単なる想念である、単なる思考であるということを意味している**からです。これによって、その人は、もう既にある程度その状況から一歩離れることができます。「何があなたを制限していると思いますか?」と聞いていますので、その人は、自

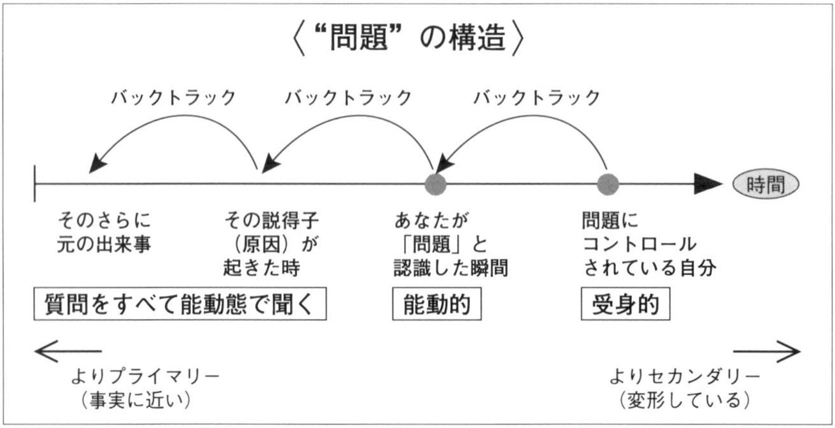

分はどこが受動的だと感じているのかを教えてくれます。つまり、「どこができない」と認識しているのかを。というのは、その人がもう一度、能動的なポジションに戻らない限りは、自分は変われると信じることができないからです。誰かが、「問題なのです」と言ってきたときに、見つけ出すべき点はここなのです。

その人の知覚的な視点をシフトすることへと招待するために、バックトラッキングで振り返ってもらいます。すると問題はもう既に過去のものとなります。そして、たとえば、「I am curious,how do you know when to have that response?　私は興味があるのですが、教えてくれませんか？　いつ、その反応をするのかがどうやって分かるのですか？」。「いつ（when）」がキーワードです。現在から過去を振り返らなければならない。この「when」によって、原因をピンポイントで示すことが求められているのです。すると、必ず相手の「反応」があります。たとえば、眼を上に動かすとかですね。ここでも私は、相手の眼の動きを見ています。なぜならば、「いつ？」と聞いた、その瞬間から眼球の動きが始まるので、一瞬たりとも見逃すことはできないのです。whenがあって、そこから動きが全部始まっている。だから、その本人はwhenのそのときが問題の始まりのときである、と認識しているのです。

私は聞きます。「では、その反応が起きる“直前”にどんなことが起きるのですか？」。これによって彼らは別の方向に行くことになります。物事を今までとは違った視点から見ます。それによって、よりプライマリーな事実に近づくわけです。私は、明らかに情報収集しているのですが、それだけではありません。その質問により、その人のポジションをもう一度オーガナイズすることによって、その人本人は再び「能動的なポジション」に戻ることができるのです。つまり、影響を及ぼすことができる能力は、彼らが持っているのであって、自分の外にあるものが何かに影響力を及ぼすのではないということです。

ほかにも質問の仕方はあります。たとえば、「何が起きた時に、あなたはこの状況をこのように問題だと認識したのですか？ How do you know when to perceive the situation in that way?」。これは問題の原因として何が起きたのかを知りたいのです。**問題が始まった瞬間よりも以前に戻ることが、既に変化のプロセスの一部になっていることに注目してください。**通常は、時は前に向かって進んでいくのですが、ここでは別の構文を使って、逆の方向に行くように指示しています。**時の進行方向を通常の方向とは逆にすることで見る方向を変えていくと、意味が変わっていきます。つまり、ある位置で下した評価からはどんどん離れていくのです。**

前に話した「私はオーガナイズできない」という男性の例でいえば、**「どうやって、あの知覚を、あのような形でオーガナイズしたのですか？」と私が聞いたとき、質問の形は、「過去形で、かつ能動形」です。つまり、私はそのひとつ先の時間からバックトラックして時間を逆戻りさせ（未来過去形）、なおかつ、本人を主語にすることによって、本人に力を取り戻させているのです。**そしてそれは、五つのピクチャーに関することでした、覚えていますね。彼が、五つのピクチャーを、あの形でオーガナイズした時点で、彼は結論に到達したのです。「自分は雑然としている。自分はオーガナイズしていない」という結論です。つまり、誰かが「私には問題があるのです」と言ったときには必ず、その人が証拠として使っているものが何かあります。こういう証拠、言い換えれば説得子があって、「これがあるから、私はオーガナイズできていない」と本人は思っている。何かが存在するのです。

しかし、その本人も、その原因となる知覚そのものを自覚していないことがよくあります。ですから、**受動的な言葉が使われているときにセラピストはそれに気づくことがとても大切です。**なぜならば、受動的な言葉を使っている間は、その人は変わることができないからです。

逆に自分が、能動的に感じているときには、自分からその状況に影響を及ぼすことができます。

「自分」をどこに置くかが重要です。たとえば、誰かが「あなたは私に○

○しようという動機付けをしてくれる You motivate me to ～」。これは受動的な言葉です。その人は、本人を主語ではなく目的語の位置に置いています。たとえば、「you make me feel good. あなたは私をいい気持ちにさせてくれる」と同じ構造です。主語が話し手本人ではなく、それ以外の人、または物になっています。

話し手が自分以外の「あなた」とか「政府」とか、もしくは「エレベーター」などを主語にしているときに、明らかに自分を受け身的な立場に置いています。たとえば、閉所恐怖症の人が、「エレベーターは危険です」などと言います。その人が言っているのは、「エレベーターには命があって、エレベーターが能動的に行動していて、私はエレベーターの被害者である」ということで、エレベーターが自分を攻撃できると言っているようなものです（笑）。

つまり、エレベーターにそのような能動的な、積極的な特徴、積極的な属性を与えているのです。

これは、広告の世界でもパターンとして数多く使われています。私は例を集めました。たとえば、ポンティアックの宣伝。「ポンティアックが興奮を作り上げる PONTIAC builds excitement.」。あなたがポンティアックに座ったときに、ポンティアックがあなたを興奮させる、気分を高揚させる。あなたは何もしなくてもいいのです、クルマがあなたに代わってすべての作業をしてくれると。

もうひとつ。「セルフクリーニング・オーブン」という自分で掃除ができるオーブンがあります。自分で勝手に掃除をしてくれるのです。私もそういうオーブンがあったら欲しい（笑）。そうしたら、「私は何もやらなくていい、オーブンが勝手に作業してくれる」というイメージです。

喜多見　プリサポジションですね。

クリス　そう、前提ですね。心配しないでハッピーでいてくださいという。もうひとつ。これはとてもお金をもうけているものですが、「即効性のあるスーパー錠剤は急速な体重減を保証します」。

喜多見　それは薬事法違反です（笑）。

クリス　ええ、そうですね。雑誌広告です。やせようとしている人は、体重を減らすことに関しては、本当に自分は受け身的だと感じていますからね。「あのダイエットもやった、このダイエットもやった、何をやっても効果がない」。だからこういうものを試そうとします。これは本当に何十億ドルもの利益をあげているのです。だってもう、この錠剤を飲めば、その錠剤があなたの代わりにその仕事をしてくれるわけですから。

喜多見　たとえば、タバコをやめたいと思っている男性がいたとして、自分を受け身的だと思っている状況がある。自分はやめられない、コントロールされている、と。そういうときに、この考え方、目的語から主語へ持ってくるという考え方を使って禁煙することも可能と。

クリス　そうですね。いつもそんなに簡単というわけではありませんが（笑）。「あなたができることのアイデアが、いくつかありますか？　〇〇するために」とか、「あなたがたばこに手を伸ばしたいと思うとき、それは何が起こることによってあなたはそう思うのですか？」と聞くことはできます。

「そういうことはいつスタートするんですか？」と聞くことは、そのアクションはプロセスによるものであって、人によるものではない、ということを意味しています。そう質問したときに、相手が受け身的なポジションに自分を置くかどうかに注意しながら答えを聞いてみるのも面白い。「分からないけれど、ただそうなってしまうのです」などという人がいます。「It just happened」「It happened to me」と「it」で表現しているときには、話し手は、「自分は無力だ」と感じているということです。たとえば、「私はXYZをやっていて、私はとってもたくさんのことを達成してきたのですが、でも、それが起きたんです」。「私は〜、私は〜」でいって、その次に「それが起きた」。そこで、急に受け身的なポジションにシフトしています。そうした場合は、「そのときに、あなたは何が起きたことに気づいたのですか？」と相手を再び主語にして聞いてあげます。

「it」が主語の位置にあるときは、セルフクリーニング・オーブンと同じで、その人の力は最初から奪われています。人以外の名詞を主語にするとき、「私は健康で居続けるために運動をしました。運動はいい」という場合、本人以外の名詞が主語、英語では「It is good〜」になっています。ということは、その可能性としては、話し手はそのプロセスに積極的にかかわっていないということになります。

その他にも例があります。「私はあなたが〜するとき、動機付けられます」という言い方をする人もいます。「〜するとき（when)」、when以降のものが原因になっていて、しかもそれが能動的なのです。「あなたが〜したとき、私は動機付けられます」という場合、「私」は結果であって、「あなた」がその原因です。たとえば、「あなたがXをしたときに、私はとてもやる気になります」ということですが、これは本当によくある例です。あなたが気づかないうちに、受け身的立場に立ってしまっていることが多いのです。計画を立てたり、何かのアウトカムを達成したい、その変化を作りたい場合、そのことに注意をしていないと、望んでいる結果が作れません。「私」が原因となれる場所にある、ということがとても重要なのです。

付記1
スウィッシュ・パターン

2006.08.23.Tokyo

喜多見　「スウィッシュ・パターン」（swish pattern）についてお話ししましょう。ここまでのお話で、クリスティーナさんが、「バックトラック」の基本概念をお作りになったと聞いて驚きましたが、スウィッシュ・パターンも開発されたというふうにうかがっています。

クリス　バンドラーと一緒に、ですね。やはり彼の存在なくしては語れません。バックトラックに関しては、NLPにまったく存在していなかったわけではありませんが、重要性が与えられていませんでした。バックトラックの話がたくさん出ましたが、NLPではそこに出てきたような感じではまったく行われていなかったのです。

喜多見　あの発見がとても大事なのですね。

クリス　そう思います。

喜多見　クリスティーナさんが、NLPが発展した時期と同時期にそこにいらっしゃったので知りたいのですが、スウィッシュ・パターンを開発されたときの経緯ですね。何を見て、何を感じて、ひらめいたのかを知りたいのですが。

クリス　これは長いストーリーの一部なのです。一九八一年のことですね。私は、サンタクルーズに引っ越して二～三カ月たったころでした。まだ本格的に教え始めていませんでした。バンドラーが、木曜日の夜に電話をしてきて、「明日、ワークショップをやるので君にも来てほしい」と言われました。「○時に車で迎えに行くから」と時間を言うと、電話を切ってしまったのです。何のワークショップだかまったく何も分からなくて（笑）。少しドキドキしました。彼と一緒に教えるはずだった女性が参加できなくなってしまったので、一緒に教える女性を必要としていたのです。サブモダリティ（従属要素）に関する三日間のワークショップでした。

当時は、サブモダリティ（89ページ参照）というのはシステムの中のより微細な区別化である、という本当に基本的な認識でした。当時、彼らが教えていたのは、「あなたが楽しいと思うことについて考えてください。それから、あなたが楽しくないと思うことについて考えてください。そのふたつには、どんな違いがありますか」とサブモダリティのリストを作っていくという、その程度のことでした。たとえば、片方が片方に比べて明るいのか、近いのか、音が大きいのか、などですね。リチャードがセッションで話をして、私はまったくプランニングをしていなかったのですが、何とか教えることができました。大いにストレスがありましたが。

私のパートナーのゲイリーはNLPのトレーナーなのですが、彼も私と一緒に来ました。セミナーが終わって、彼の車でサンタクルーズに帰る途中のことです。私が運転していて、彼は今日のワークショップのサブモダリティについて話をしていました。私は、教えているときには聴覚がかなり研ぎ澄まされてくるのですが、彼は何かを説明していて、こう言ったのです。「それがとてつもなく大きく膨らんでしまったんだ。It's blown out of proportion」。私はそれを聞きながら、視界の隅のところで、彼が腕を大きく動かすのが見えました。

私は、その言葉を文字通りの意味で理解したのを覚えています。「blown out of proportion」とは、ふさわしい比率以上にとても大きく膨らんでしまったという意味で、小さなことでものすごく大げさに問題視するという様を表しています（日本語なら「針小棒大」にあたるか)。ちょっとしたことなのにすごく大騒ぎをするという感じ。私は車の中で、彼の動作（ゼスチャー）を目の端につかまえていました。私はよく写真を撮っていたので分かるのですが、引き伸ばし機でネガを拡大するときに、あまり大きく拡大しすぎると写真の比率が少し変になりますよね。何かおかしな構図になる。「そんな感じ？」と私は聞いたのです。英語では「warped（ワープト）」というのですが、要するに、ゆがんでしまった感じです。「そうなんだ」と彼は答えました。

絵が目の前にあるときに、本当に目の前にそれがぶら下がっているというような言い方をします。英語では「ルーミング・イメージ looming image」と言い、目の前に大きく迫ってくる不吉なイメージなのです。「面白い。それはどんな意味？」と言いました。何かの状況のようです。「それは、私には手に負えない、という感じなんだ」と彼は言うのです。「このようにそれ（問題としてのイメージ）が膨らんでいる状況のときに、自分はそれに対処する能力が欠乏している」と。とても興味深い。これは、「サイズ（大きさ）」と「距離」に関係しているのです。

「ちょっと実験してみない？ Would you like to experiment?」。どんなことが起きるのか見てみましょうよと、こういう形で質問することで、私は彼を何に招待しているのでしょうか？「would you」は、仮定法の過去ですね、そして「実験してみませんか」と言って、彼を主体的に関わっている能動的なポジションに戻しています。「あなた」を主語にして。「自分には手に負えないんだ」と言うとき、彼はとても受け身的なポジションにいると言っています。「ちょっと車を横に停めましょう」と、私が運転していたので、とにかく車を停めました（笑）。「もしあなたがそれを目の前の『点』にしたときは、何が起きる？」。彼の鼻の先、目の前に大きな絵があります。「その絵がここまで迫ってきたときは、どうなるの？」と彼に聞きました。「これは、私には手に負えない」と彼は言いました。非常に受け身的な状態です。

とてつもなく大きくなっている、ゆがんでいる、と言っている彼に、「小さな点まで縮めてみて」と言ってみました。「シュッ」と音を出して縮まるという感じです。英語では、この「シュッ」というのをスウィッシュ（swish!）と言います。縮めたときに、自動的にこれまでよりも距離ができました。「今その小さくなった絵はどんな意味を持っている？」と聞きました。「これなら自分の手に負える」。「もう一回シュッと大きく膨らませてみて。何が起きる？」。「とても自分の手に負えないような感じだ。ここまで迫っているから」。「もう一回小さな点に縮めたときはどう？」。「手に負える」。あとは一日中、これを何回も何回も私たちは繰り返しました（笑）。そのとき私はそれをやることしか思いつかなかったからです（笑）。

ただ、私がすごいなと思ったことは、サイズを小さくして一点になる、そして距離が変わる。そのふたつが変わっただけで、彼にとって大きなものの持つ意味がまったく変わってしまったということです。ワークショップが終わったばかりだったので、たぶん、私の耳もそういった違いに対して敏感になっていたのだと思います。サンタクルーズに私たちは戻りました。確かその晩だったと思うのですが、私はバンドラーに電話しました。「ゲイリーと私で帰り道にやったことがものすごく面白いのよ。サブモダリティに関することなの」と彼に伝えました。バンドラーが言いました。「すぐ僕のうちに来てくれ」。私たちは彼の家に行って、彼と友達にそのデモンストレーションをしました。バンドラーは、「これはどうやって使えるかな？」と考えていました。「これでNLPがまったく新しいレベルに行くな」というのが彼の反応でした。

「これは何て呼んだらいい？」。シュッと小さな点になることから編み出したので、「スウィッシュ・パターンにしましょう」と私は言いました。そこで、

〈サブモダリティを変化させる　スウィッシュ・パターンの構造〉

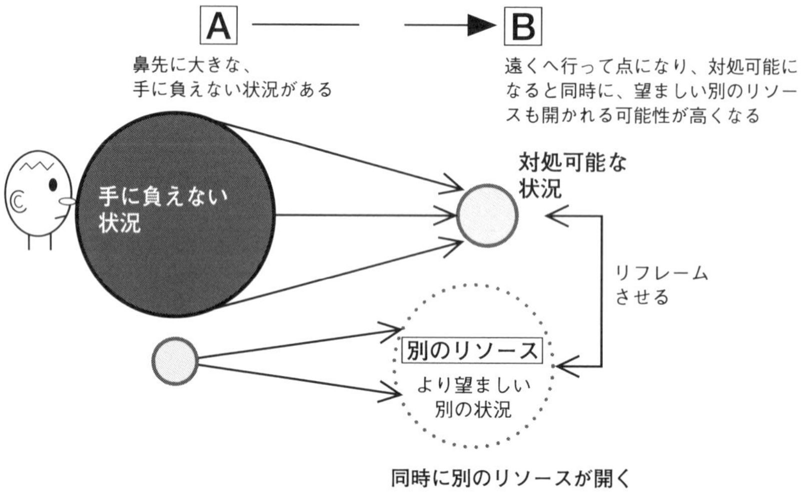

その通りに、本当にこの音から名前が付いたのです。ですから「振る舞いを直接変えていく」ということではありません。**多くのトレーナーが「状況を変えるために使う」という教え方をするのですが、そうではありません。「反応を変える」ということなのです。反応を変えると意味が変わります。**バンドラーが言っていたのは、**「私たちの経験はサブモダリティでコード（記号）化されている」ということです。**このレベルになるとはじめて私たちは認識できます（人間はプライマリーな感覚刺激そのものを認識することはできないが、それがサブモダリティレベルになると認識できるようになる）。たとえば、私たちは光を認識する（可視光線）。しかし、光には紫外線や赤外線もあって、その領域は私たちには見えない。これはつまり、その人が視点をどこに置くか、その位置に意味がある。自分のいる場所が変わると、見えている世界も変わるということを意味します。**意味は位置の属性であるといえます。**逆に言えば、**位置を変えることによって意味が変わります。**そこがすごいのです。

最初に私たちがまとめたことは、たとえば、誰かが、「何かとても自分の手に負えない、コントロールできない」と考えているような状況に対して、どういったサブモダリティがあると、その気持ちが強まったり、弱まったりするのか、ということでした。それらを次々と発見していきました。最初は、あなたの「左側」の、ある一点にその絵、その状況のイメージを送ります。そこは「過去」の位置です。そして身体に近い中央（現在）にその位置を動かしたりします。これは、「置き換え技法 substitution technique」と呼びます。ひとつの状況をほかのモダリティに置き換えていきます。そこでその人の感覚がどう変わるかを聞いていき、さらに「あなたはその状況で、どんな気持ちを感じていたいですか？」「どんなリソースがそこで開かれていきますか？」などの質問をしていきます。

通常、その人が体感覚的に感じたサブモダリティについて、場所や大きさ、色などを変えていくと、一番強く感じられる場所があります。たとえば、その絵をより明るくしたときに、その人はキネスタティックに一番強く感じます。もし相手が最初に「明るい」と感じている場合は「これからどんどん暗くしていきます」と言うと、だんだん弱く感じますし、「どんどん明るくしていきます」と言えば、だんだん強く感じます。たとえば、何かをカラフルにしたときに、それは白と黒のときとは違った反応があります。

特に自分が不快だと思っていることの場合は、絵が小さくなっていくと、不快感も小さくなっていきますが、たとえば、心地よい経験、お子さんと一緒にいるときとかのその気持ちを、小さな点まで縮めてみたときは、どんな感じがありますか？

喜多見　楽しさが、ヒューと遠くへ行ってしまったような（笑）。

クリス　そうですね。元の大きさまで戻して、より明るくすると、その楽しさもまた戻ってきます。そんなふうに働くのです。また、その絵の中で何か「音」があったなら、絵がどんどん小さく、遠くなっていくと、音もまた小さくなります。それがまた自分に近づいてくるとより明るくなり、音も大きくなり、またその音になんらかの「動き」もついてきます。というのは、通常は動きが止まると、その絵にはもう音がなくなります。基本的なアイデアを理解していただけていますね。「その振る舞いの選択をより開くようなリソースやステイト（状態）は何でしょうか？」とか、「どんなリソースがあったら、あなたのその状況の中で新たな選択の道が開かれていくでしょうか？」などと聞いてみるといいでしょう。

このようにして、さらにその「開かれていく感覚」をより強くするようなサブモダリティを探していきます。普通、それがより近づいてきたとき、より大きくなったときにそのフィーリングは強くなります。それが感じられたら、**その人が「これは不快だ」とか「手に負えない」と思っていたものを、遠くの位置にまで送ります。そこまで送ったときに、同時に、望む結果を作れる可能性をもった状態（リソース・ステイト）もそのアキができた空間に出現して待っています。**

つまり、望んでいない状態を遠くの点に送ったときに、今度は望んでいる状態がほぼ自動的に自分の方に近づいてくる。スウィッシュ（シュッシュッ）と言いながら絵が切り替わるわけです。

喜多見 でも、状況そのものがそれで変わったわけではない。望ましくない自分の行いが変わったわけではないと。

クリス そうです。その状況を直接変えるのではありません。その「状況の意味」が変わるのです。サブモダリティの操作によって。

喜多見 では、その意味を変えつつ、ほかのメソッドか何かを使いながら、またプロセスは別に加えていくわけですか？

クリス ええ、リフレーミングを加えたりできる部分ですね。望んでいない状態が遠くの位置までいったときに、同時に可能性も広がっていますから。

バンドラーと私が考えたのは、「振る舞いはステイト（この場合はサブモダリティ）に依存しているから、異なったステイトによって異なった振る舞いを起こせる」ということです。つまり、別の選択、別の振る舞いをするためにはステイトを変えるということです。そうするともう自動的に可能性が拓かれてきます。最初の私とパートナーの例に戻りますが、そのイメージが途方もないぐらい大きくなっていったとき、「私には手に負えない」という意味を持っていました。そういう状態のとき、その人は基本的に何もしないのです。自分にはできないと考えていますから。それをこの小さな点にしたとき、今度は手に負える。そうすると、違った振る舞いがそこで生まれてきます。

このサブモダリティを「意識の物理的次元」と呼ぶこともできます。なぜなら、内的世界の「意識」が外的世界のできごとを表象して別のカタチで意識の中に収納するわけですから。

喜多見 ビジュアルが優勢な人、オーディトリー、キネスタティックが優勢な人がいるわけですが、スウィッシュ・パターンはそういうことにはあまり影響されないのですか？

クリス かなり普遍的ですね。というのは、**私たちは自分の気持ち（フィー**

リング）を直接変えることはないからです。私たちは、視覚と聴覚システムによって、自分のフィーリングを変えるのです。たとえば、先ほどの楽しい感覚という実験です。点にする、つまりビジュアルの従属要素を変えることによって、自分の楽しいという気持ちも変わっていきました。

喜多見　絵と同時に動く時の音をシュッと言った方が効果的なのですね？　音を加えた方が？

クリス　そうです。

喜多見　視覚と聴覚の両方になるからですね。

クリス　そうです。聴覚サブモダリティを変えていくとき、その音のスピードを速くして、音を大きくすると意味が変わります。私が、バックトラッキングするのが好きなのは、バックトラックしてよりデータに近づいたとき、たとえば、データがピクチャーのレベルになったとき、それを変える方がやりやすいからです。「イライラしている」と言った人の例を覚えていますね？「その反応が出たときにはどうやって分かるのですか？」と私は質問をしました。

イライラしたという反応を変える一番簡単な方法は、その元のイメージまでバックトラックすることです。「その絵をもうちょっとあなたから離していってください」などとやってサブモダリティを調節することができますから。

この人の場合は、「それは頭の中の絵なんですね？」と言ったら、彼は「はい」と答えました。「どのようにして（How）頭の中のピクチャーがイライラしたという意味を持つのでしょうか？　私には分からないのですが」と聞くと。彼も「分からない」と答えました。私は「絵をひとつの情報としてあなたが使うことができますね？」。情報と捉えれば、また異なったレスポンス（反応）を得られるかもしれないからです。なぜなら、絵はプライマリー・レベルであって意味はないので、セカンダリー・レベルでは別のものに書き換えることができるからです。これは「リフレーミング」でもありますし、スウィッシュ・パターンの例でもあります。つまり絵が単なる情報だとすれば、ではそれは何をするための情報なのかということですが、情報そのものは中立なので、気持ちを変えるためでも、認識を変えるためでも、どんなものにでも使えるのです。違う方向に進むことができれば、イライラするというところへは到達しないかもしれないですから。

スウィッシュ・パターンは反応を変えるための方法です。違った反応をすれば違った振る舞いが引き起こされる。イライラする絵が近くて明るいときに、遠くの小さな点にしてしまうと、その瞬間に別の新たな認識が現れてくるのです。この小さな点になったときには、それ自体には意味はなくなっています。だから、大きなピクチャーに戻すときに、自分にとって良い意味に変えることもできるのです。

つまり、これは「バックトラック」でもあり、「リフレーミング」でもあり、さらに「スウィッシュ・パターン」でもある、ということなのです。

喜多見　なるほど、スウィッシュ・パターンの周辺を、その創出に深く関わられたご本人から詳しく説明を聞くことができてとても興味深かったです。そして、深く理解できました。ありがとうございます。

付記２
メタモデル

2006.08.23.Tokyo

喜多見　もうひとつ、NLPの大きな要素であるメタモデルについて聞かせてください。メタモデルは、一般的に、相手の話をさらに詳しく分析していくための手法のように思われていることが多いですが、その本質的な働きについて、もう少し教えていただけませんか？

クリス　「言葉の変容モデル」（185ページ参照）の話をしましたが、あれがまさにメタモデルです。

ほかにも、私がこの本の中でしたさまざまなデモンストレーションや例文や質問、たとえば、「あなたの知覚をどうやってそのような形でオーガナイズしたのですか？」という質問、これらはすべてメタモデルを使っています。メタモデルを使って情報をもう一度、「再組織化」（リ・オーガナイズ）しているわけです。メタモデルというのはツールです。たとえば、ある人がどのようにしてそれを問題だと認識するに至ったのか、ある人がアウトカムとしてどんなことを達成したいのかという情報を集めることにも使えます。質問にメタモデルが使われている、ということは、その質問をされることで、質問された相手が情報を自分の中でどう整理していくかの「方向づけ」をしていることにほかなりません。人はまた、自分の経験を整理したり、説明したりすることにもメタモデルを使います。

私のセミナーに参加していた男性ですが、「私は、速いスピードで本を読むことができません」と言った人がいます。私は、彼がどのメタモデルのパターンを使ってこの考えをオーガナイズしたんだろうと考えました。ここで彼は、can not（できない）という叙法助動詞を使いました。速いというのは何と比較して速いのか。先ほど述べた言葉の変容モデルのチャート（185ページ参照）を使って、それを探っていくことができます。私がしたいことは、ここにどのような「前提」があるかを知ることです。ここには、「不可能だ」という叙法助動詞があります。これは何を意味するのか。彼は、「能力が欠けている」と思っているのです。「私は十分に速いスピードで本を読むことができません」と。自分は、「受動的」に感じているわけですね。この表面構造のメタモデルパターンの中から、私はそういったことを探します。彼は、自分をコントロールしているのは外的なもので、自分自身は受け身的なポジションであると感じています。こういった要素を使って私は質問をしていくことで、より能動的なポジションに戻れるように手助けします。

喜多見　そのあたりにもクリスティーナさんのメタモデルに対する定義が広い部分がありそうですね。

クリス　そうですね。メタモデルのパターンの中に「前提を探求する」ということはたぶん、あまり行われないでしょうね。バンドラーはときどき、「メタモデルのパターンの中にどのような前提があるか？」という質問をしたことがありますが、彼はそのことを教えるということはあまりしていませんでした。でも、もちろん彼はそれをワークの中では使ってはいましたが。彼がこのように言ったのを覚えています。**「制限的なステイトメントは、常に、前提によって支えられている」と。**その当時はどういう意味なのかまったく分かりませんでしたが。

プラクティショナー・トレーニングでは、アウトカムを設定するためにメタモデルが教えられています。そこで教えられていることのひとつですが、**「動機と結果は自分自身によって導かれ、維持されている」**と。これはどういう意味ですかと生徒に聞いてみると、みんな分かりません、と。私も最初はまったく意味が分かりませんでした。自分自身によって導かれ、維持されているということは、**その人が「主体的な位置」にいて、「受動的な位置」にはいないという意味です。**

もう少し説明しましょう。

NLPでは動機は内的なものだと考えています。なぜなら、動機が外的なものだとすると人は受動的な立場にいることになり、本当にその動機が自分にとって価値があるものか確信が持てないため、目標の達成はむずかしくなると考えられるからです。自分の内面に燃え立つような動機があれば、目標を達成するのは容易です。

ですから、受け身的なポジションにいるときには、このアウトカムのための「動機と結果は自分自身によって導かれ、維持されている」という言葉に反していることになります。言い換えれば「自分自身の内面に動機がなければ行動を起こすことも望ましい結果を得ることもできない」「自分の内側から生まれた価値、情熱が突き動かしているのだ」というパターンを理解することが重要なのです。

では、より深層構造の中で、メタモデルをサポートしている「前提」は何でしょうか？　銀行に一瞬のうちに出たり入ったりできるか、という話をしましたね。私は、進行形の一連のつながっているプロセスを一枚の絵の中に閉じ込めてしまったわけです。速く読めないという彼がしたのもまさしく同じことです。彼が、「十分な速さで読めない、どんなに速く読んでも足りない」と言っているとき、なんらかの「前提」があります。それがどういう意味なのかはその時点では分かりません。この人が言っていることは、よく見ていくと、直接的ではないことが分かります。**前提として、「私が今十分な速さで読むことができないので、私は将来的に、これこれの結果を達成することができない」、そういう意味があるのです。**

ほとんどの人は、「どんなことをしたらもっと速く読めますか？」、というところにいってしまいますが、それでは二重拘束にはまってしまいます（いくら速く読んでも相対的だから）。もっと速く読むということが解決法ではないのです。それはかえって問題を悪化させてしまう。キーポイントは、彼らが問題だと提示していることは、「より大きなアウトカムの達成を妨げている」ということで、それをより大きなコンテクストで見ていくことが大切です。私も初期の段階では、彼は「速いスピードで読めないんだな、そうか、じゃあもっと速く読めればいいんだ、それがアウトカムだろう」と思っていました。でもそれは、より大きなプロセスのほんの一部分にしか過ぎないのです。

ほかのパターンもありますが、私はこの、より速く本を読めない、というところにはまったく入っていきません。というのは、それをやってしまうと、

〈言語のメタモデル・言語の変形〉

削　除	標準的な導出の質問	回復された情報
単純な削除		
私は混乱している。 私は学習している。 私は行く。	何について混乱しているのか？ 何を学習している／何をするために？ どこに？　いつ？	省略された内容を回復。 内容の形態を特定。
不特定指示指標（一般化された指示指標）		
彼らは私の話を聞かない。 人々には選択がある。 それは私には新しい。	誰があなたの話を聞かないのか？ 誰が？どのような種類の選択か？ 何が新しいのか？	具体的な例を回復。
比較削除（例：比較級、より良い／より悪いなどを含む形容詞）		
彼女はより優れている。 あなたが練習すると物事は より簡単になる。	誰よりも優れているのか？ 誰と比較して優れているのか？ 何よりも簡単なのか？何と比較して？	対比／比較の基準となっている 削除された指示対象を回復。
最上級（例：最高、最悪、最大、最少）		
それは最高だ。	誰と／何と比較して？ 誰と誰の中で？	権威（判断の源、信念）と 遂行者を回復。
遂行者消失（価値判断）		
首尾一貫するのは良いことだ。	誰によると？ 誰があなたにそれを教えたのか？ 誰の判断で？誰の為に？	権威（判断の源、信念）と 遂行者を回復。
不特定動詞（非指示述語、例：気づく、感知する、～だろうかと思う、発見する、経験する、学習する、など）		
私はそれを良い考えだと思う。	あなたはそれについて どのように考えているのか？ どのような点であなたは そうするのか？	感覚特有の説明を回復するため に動詞（行動）を具体化。
叙法助動詞《モーダル・オペレーター》		
不可能 （例：できない、できなかった、 不能、不可能）	もしあなたがしたと／するとしたら 何が起きてしまうのか？	投影された影響と結果を確認 して意識的に回復する。
可能性 （例：できる、してもよい、 かもしれない、それは可能だ）	もしあなたがしたと／するとしたら 何が起こらないのか？	認識されている原因を意識的 に回復する。
願望 （例：欲する、希望する、 願う、切望する）	もしあなたがしていなかったら／ やらないと何が起きてしまうのか？	
能力 （例：することができる、 能力がある、できた、できる）	何が起きないのか？ 何があなたを止めているのか？ 過去にあなたを止めていたのは何か？	
必要性 （例：しなければならない、 する必要がある、すべきだ、 した方がいい）	あなたが～することを妨げているのは 何か？	
確実性 （例：である、ではない、 ある、でしょう）	今まで、あなたが～することを妨げて きたのは何か？	

★このページの表、質問例は、いわゆる一般的にメタモデルというスキルを語るときに、必ず出てくる考え方であるが、ホール博士のメタモデル観はこれよりはかなり拡大されており、異なるように思われる。彼女がここにあるような質問例を使っているのを聞いたことがない。彼女の考え方は、この次のページによく語られている。ここでは、メタモデルの変形例にはこうしたものがある、という型を示すためのものだろう。

削　除	標準的な導出の質問	回復された情報
因果のパターン		
あなたは私を悲しませる／幸せにする。 交通渋滞は私をイライラさせる。 両親は私が出て行くことを強制した。 あなたが私に微笑みかけると、私は好かれていると感じる。	私はどのようにあなたを悲しませた？／幸せにしたのか？ どのようにしてそれはそうするのか？ 彼らはどのようにあなたを強制したのか？ 私が微笑んでいることがどのようにそれをさせるのか？	投影された効果について質問できる。　例：それは何を起こさせる原因となるのか？ 反対例を聞き出すこともできる。 その言葉とは反対の行為。 例：これまでに私があなたに違う気持ちを感じさせたことがありましたか？ 反対例は一般化を調節する役目をすることができる。
普遍的数量詞（例：全員、誰も、毎、各、何も、すべて、誰も～ない、いつも／決して～ない、唯一）		
これまで誰も私の話を聞いてくれたことがない。 それはいつも悪い成り行きになる。 それは単なる感じに過ぎない。	誰もいないのか、あなたの全人生でたった一人もいないのか。 どんな時でも、たとえほんの一瞬だけでも？ あなたは、誰かがあなたの話を聞いてくれた時のことを思いつきますか？ いつも？ あなたが気づいているのはそれだけですか？	普遍性を誇張して反対例を回復し一般化を緩和、さらに正確にする。
読心（話し手が他の人の内面的なプロセスや内面的な状態を知っていると主張。典型的には投影のプロセス）		
あなたは私のことを大切にしない。 あなたがそれは良いアイデアだと考えるのを知っている。	あなたはどうしてそれが分かるのか？ あなたはどうしてその結論に達したの？	彼／彼女があの評価をした土台を回復。 彼／彼女がこの判断を下した「証拠」と言えるものを回復。
名詞化 （具体的な名詞（例：椅子）以外、しばしば「動詞的名詞」といわれ過程が事物に変容したこと、つまり客観化したことを前提）		
信頼が効果的なコミュニケーションを築く。	誰が誰を信頼するのか、何に関してどのように？ 誰が誰とコミュニケーションするのか、何について、いかに？ 私たちがお互いに信頼し合うことができるように、あなたはどのようにコミュニケーションしたいのか？	継続的な過程の要素を回復。 過程を特定しさまざまな削除を回復。
複合等価 （ふたつの一般化が同等で同じ意味であるかのように結合し結びついたプロセス。等価のひとつの側は、典型的になんらかの外的な振る舞いについての一般化。もう一方は、内的な過程や内的な状態についての一般化（「読心」））		
あなたが私に微笑みかける。 あなたは私が好きである。	微笑むことが、好きだと意味するとどうやって分かったのか？ あなたは何を見て・聞いて、その結論に達したのか？ あなたはどうやってあの意見に到達したのか？	

出典　バンドラー＆グリンダー　「魔術の構造」１巻・２巻

<ホール博士自身による、言語のメタモデル、その使い方、解説>

「導出」（相手から引き出すこと elicitation）、「導入」（相手に投げかけること installation）、または両方、あるいは、それ以上……
無意識に行われる言語パターン

（※ホール博士のメタモデルの質問形式は、本書でも分かるように、前表のような単純な回復質問（情報収集）の形ではなく、「導入と導出がひとつの質問文の中に存在」し、かつ、「相手の可能性を拓いていく」形式であることが、どこにもないユニークさであり、大きな特長でもある。このメタモデル説明文は、博士がNLPという分野で、そもそもどこに立っておられるのかという、より大きな絵が鮮明に感じられる、素晴らしい文章となっている）

「現実の世界には限界があるが、想像の世界は無限である」
（ジャン=ジャック・ルソー）

メタモデルは、「どこが間違っているか」を見つけ出す方法ではありません。なぜなら人は制限されていないからです（人は「間違っている」わけではない）。これは「修復するためのモデル」ではなく、むしろなにかを「獲得するためのモデル」です。メタモデルによって見つけ出すことができるのは、誰かが「思考によって制限を置いたのはどこか」、という情報です。その結果として、その人は「なにかが不可能だ」と考えるに至ったのです。他に選択の余地がない、と思ってしまった。人というのは、どんなときでも「完璧に行動しており」、「人がすることのすべては達成」です。メタモデルはその人の経験や思考から、なにかを取り除いたり、なにかを削除するためのものでは、ありません。なぜなら、その人のすべての経験、すべての信念/観念、すべての振る舞いは、なんらかの形で、その人の「学び」を表しているからであり、他の文脈のなかには「いくつかの別の選択肢がある」ということを表しているからです。

「すべての単語は、考えを掛けておくためのクギである」
（ヘンリー・ウォード・ビーチャー）

言語のメタモデルとは、ある人が「自分の経験モデル」を他の人に伝えるときに使っている「その人のパターン」がどのようなものであるかをよく表わしています。それらは階層的に、神経言語学的レベルで起きる三つの「普遍的モデリングプロセス」つまり↗

✓削除、歪曲、一般化が次々となされ、さらなる変形をうけていきます。私たち人間は（言語で表象する際に）「削除をせずにはいられない」のであり、私たちの「知覚」を絶対確実なものにしたり、完全性を実証するようなテクニックもメカニズムもありません。ということは、「私たちのすべての知覚は常に百パーセントではなく、常に一部分でしかない」、ということになります。

メタモデルは単なる情報収集の道具ではなく、まったくそれ以上のものです。人がなにかの出来事、体験に対して、その情報をたったひとつの視点だけでなく、「多様な視点をもって」、探求し、考えることへと招待してくれる、大変強力なツールなのです。「多様な視点」は大変重要です。なぜなら、その人が「異なった視点」から探求しないかぎり、その人はその考え方を変えようとはしないからです。メタモデルの目的のひとつは、可能性の幅を広げ、今までは「ない」と認識していた選択肢の幅を広げることです。誰かがなにかを「可能だと信じた」とき、それが「今までとは違った方向性」を生み出し、「今までとは違った答え」を見つけ出しやすくさせるのです。なぜなら、その別の答えもまた、感覚的な経験の中に、既に存在しているからです。メタモデルとは「追加すること」であり、「経験の質を豊かにする」ようなかたちで追加することなのです。

あなたは、ただ何が起きているのかに気づくだけでよいのです。人は、どうしても体験に意味をもたせずにはいられないので、「一般化」（削除・歪曲）をしてしまいます。すべての一般化は、いくつもの主要な「前提」から生じ、「前提」で強化されています。その人が情報を削除し歪曲すること（翻訳すること）によって、いかに一般化を保とうとしているかを見つけることが重要です。メタモデルはまた、「意味づけを再構成」することにより、その人にとって「より役立つ一般化」を作る強力な方法にもなり得ます。そうすることで、そこに畳み込まれていた、その人の「観点」と「感情」を切り換えることができるのです。

私もそのワナ、二重拘束のループにはまってしまうからです。私は深層構造に関して、知っていることがいくつかあります。彼は「自分にはできない」と認識していること。「受け身」になっていること。彼はなんらかの能力が自分には欠けている、と思っていること。そして、**彼にはこの周辺にアウトカムと目的がある**ということが分かります。でも、彼の注意が、アウトカムと目的ではなく「読めない」というところに向けられていたために、彼はそこでアウトカムを見失っているのです。私は、彼の注意をアウトカムに持ってきたい。

最初は、私はただ、繰り返すだけです。前提として「あなたは読むことができる」と。彼は「読めない」とは言っていません。「私は十分に速いスピードでは読めない」と言っています。でも「あなたは、読むことができるし、もう既に速い」。「あなたはあるアウトカム、そして目的を既に持っている。ありますよね？」。「はい」。「それで？　何が問題なのですか？」と聞きます。すると彼は「まさしくそうなのです……」と。「あなたの頭の中の絵がどのようにして、そうしたイライラする気持ちにつながるのでしょう？　そこが私には分からないのです」。

私はこの一連の流れの中にメタモデルを使っています。私が表面構造の中の一番重要なメタモデルと見なした彼の言葉は何でしょう？　私がここでワークをしていくときに最も重要で、本質的な部分は、「できない」、不可能だという、言葉（不可能性の叙法助動詞。258ページ参照）です。それはどのような意味を含んでいるのでしょうか？　自分が受け身的であって、外的なものによってコントロールされている、ということですね。ですから、私は、このことを扱わなければいけない。ここに働きかけなければいけない。さもなければ彼は必要な変化を起こさない、ということが分かります。彼は、より速く読むことが解決法なのだと考えています。でもそれは、解決法ではありません。そして彼には、最終的なアウトカムがあるのが分かります。つまり、「彼が十分な速さで読みたいのは、何かを達成したいから」なのです。

ここで私はメタモデルのパターンを使っています。私はすべてに注意を向けているわけではありません。というのは、すべてのメタモデルに注意を向けることはできないからです。**ここで削除されているのは、彼の目指しているアウトカムです。**そして、大きな歪曲があります。「自分には能力がない。そのコントロールは外的なものからなされる」という歪曲です。そのことが私に分かったら、基本的な前提が分かったことになります。そこで私は、ペースバックします。これは**「バックトラック・ペーシング」（逆行ペーシング。前の原因へ、原因へと戻っていくペーシング）**と呼ばれているものです。「あなたは読めますよね？　もう既に速いですよね？　そしてあなたの心の中に達成したいアウトカムと目的がありますよね？　じゃあ、私は分かりません。なぜそれがあなたにとっての制限なのでしょうか？」と。

彼はこう言います。「次の四週間で、私が読みたいと思う本全部を読むことができないのです」と。つまり、彼の心の中で、もう既に何か決めていることがある。「あなたはそのことに関しては絶対的に正しいです。私もこれから先百年生きたとしても、読みたい本全部を読むことはできません」。私のこの言葉は、ペーシングになっています。さらに私は「もちろん、あなたは読みたい本全部を読み切ることなどできません。そんなこと誰にできるでしょうか？」と続けます。ここで私は時間の歪曲をしました。時間のスパンを広げたのです。「私はこの先百年生きたとしても、読みたい本をとうてい全部読み切ることはできません。だから私は理解できません。どうしてこれが問題なのでしょうか？」と。そこで彼はついに言います。「私は目的とアウトカムを明確にすることができないのです」と。

「読むことはできますよね？　もう既に速く読めますよね？」と言うたび、つまりペースバックするたびに、常に彼は私のペーシングについてこなければなりません。彼が「アウトカム」や「目的」を口に出していなかったとしても、それは既に存在しているはずです。そうでなければ、ここで、「十分な速さで読めない」という言葉が出てくるはずはありません。十分な速さで、もっと速く読みたい。何を達成するために？　ということが重要です。だから、私がペーシングの質問をしたのです。「私には分かりません。なぜそれが問題なのですか？」という、これもメタモデルの質問です。それに答えるために彼は、バックトラックしなければなりません。前に進んでいく代わりに、彼は知覚的な視点を変えなければならない。そして、それをやるたびごとに彼は別のことに気づきます。それからついに彼は言いました。「私はアウトカムや目的を明確にすることができないのです」と。

彼は、「アウトカムがありません」と言っているのではないのです。ただ「アウトカムを明確にすることができません」と言っているのです。そうなると、私の次の質問が出てくるのはとても論理的です。「では、あなたのアウトカムは何ですか？」。メタモデルで彼は「それがありません」とは言っていない。それをまだ特定していないだけなのです。ですから、彼がそれを特定できるような助けになる質問を私はしたのです。彼は言いました。「ワークショップ、セミナーをやることなのです」と。

喜多見　そのために本を読もうとしているんだ！

クリス　そうなんです。でも、ここにもあいまいさがあります。ワークショップをする。「to do a workshop」。英語で言うと、それはあいまいです。多義性を持っています。ワークショップの中で、どのような役割を彼が担うのかが特定されていません。これは、不特定動詞であって、メタモデルです。「セミナーの講師を自分ですることですか？　それとも、受講生として参加することですか？」。彼自身が自分の意識の中で、その知覚的なポジションに関して明確ではなかったのです。セミナーを提供することに。自分がトレーナーになることに対して。「何に関するセミナーですか？」。彼は「NLPです」と答えました。「具体的に何についてですか？」と聞くと、彼は何と言ったと思いますか？「メタモデルです！」（笑）。私たちは本当に大笑いしました。それで、彼は分かったのです。「これらはすべてメタモデルだったのだ」と。

ここまでの私の質問は、すべて、その原因になったものへと、前提になっているものへと戻っていく、バックアップしていくということをしていたわけですが、ここからはその次に行かなければいけません。彼はアウトカムをずっと以前に設定していました。そして、今そのアウトカムが明確になったわけです。今度は「フューチャー・ペーシング」が必要です。その質問は、「あなたが自分のワークショップをやっていくために、最初にどんなアクションをとっていく必要がありますか？」。彼は言いました。「まず、自分が何をプレゼンテーションしたいのかの全体像を描かなければなりません。自分は何をプレゼンテーションしたいのかを決めて、次にエクササイズを作るために必要な本を読まなければなりません。参加者のために」と。ですから、彼にとって読書は、ワークショップの計画をし、準備をするという、より大きなプランの一部だったのです。そして、彼はここで、物事を明確にしていく方向とは逆方向にメタモデルを使っていきました。メタモデルの中の「必要性の叙法助動詞」(Modal Operators of Necessity 258ページ)を使って、「たくさんの本を速く読まなければならない」というところへ行ったわけです。エクササイズを設計するために私は本を読む必要がある、ということが特定できたので、より明確化されました。これらのプロセスはすべて、「メタモデル」「前提」「フューチャー・ペーシング」「バックトラック」の例です。あいまいさをより特定する、明確にするということです。

これは、バンドラーのメタモデルの使い方であるし、彼はこのように使われることを意図していたのだと思います。そして、私がバンドラーから学んだのは、「その人が問題だと言っていることは、その人が結果を達成するのを自ら止めていることにほかならない」ということです。

喜多見 何かを「問題」として捉えてしまっている人を開いていったり、その人の可能性を拡げていったりすることに、メタモデルが使える、と。

クリス そうです。七七年の初めに私はトレーニングを受け始めました。その時、はじめてワークショップを受講したのです。バンドラーとグリンダーがセミナーを教えていました。彼らがやっていることに私は魅了されてしまいました。とても楽しかったのです。本当に面白かった。

喜多見 入れ替わりでやっていたのですか? グリンダーとバンドラーは。

クリス 互いが互いに働きかけるような形でやっていました。常に相手に話しかけるような形で。彼らがそこで教えていたアイデアは、私にとってはまったく新しいもので、とても魅力的に感じました。そのとき、自分がそのままそれを信じたとは思いませんが、でも、とてもある意味、挑発的で、謎めいていた。たとえば、「人は、変化するために必要な資源をすべて持っている」

<メタモデルとアルフレッド・コージブスキー>

メタモデルをこの人抜きで語ることはできない。コージブスキーは、書籍「科学と正気」（Science and Sanity 1933年）の中で、「一般意味論」（General Semantics）の考え方を表した。私たちは、日常的に使っている「言葉」が削除・歪曲・一般化というさまざまな変形を受けていることに、常に「気づいている」ことが大切という意味で、「正気」を保つには、「言葉の気づき」が欠かせない、とした。コージブスキーはbe動詞にも注目し、be動詞にある種のうさん臭さを表明している。be動詞（日本語では、〜は〜だ）はA=Bという構造であり、そこに抽象化、一般化、歪曲、恣意性などが入りやすいわけで、断定（イコール）には疑問がある。一九三〇年代に、既にこうした、ヒトの世界認識に関する研究がなされていたことに驚きを禁じ得ない。ビスケットの話も興味深いので載せておく。彼が大学で講義しているとき、ちょっとお腹がすいた、と言ってビスケットを取り出す。学生に勧め、学生はそれを味わって食べる。コージブスキーはそこで、ビスケットの袋を学生に見せる。そこには「犬用ビスケット」とある。それを見た学生は、口を手で押さえ、トイレに駆け込んだ……。言葉（認識、Map）が、味わって食べたというプライマリーな事実を容易に変形させてしまう良い例といえる。

<メタモデル（Meta-Model）>

アルフレッド・コージブスキーの「一般意味論」の研究や、言語学者エイヴラム・ノーム・チョムスキー（Avram Noam Chomsky 1928年〜）の、意識の「表層」「深層」で言葉が変形を受けるという研究などを下敷きにしつつ、バンドラーとグリンダーは、それらの構造を「メタモデル」と命名した。NLP初期のバンドラーの著作「魔術の構造Vol.1」（Structure of Magic Vol.1 1975年）で発表された。メタは「入れ子構造の/多重な」、モデルは「型/構造」。つまり、「入れ子構造/多重構造」。たまねぎの皮を剥くように多層に生成され、変形された「意味づけ」を外していくと、芯に、事実により近いプライマリーな知覚が隠れている。しかし、一般的によく見かける、メタモデルの説明、「質問によって、相手の言っていることを明確にしていく手法」という説明は、あまり正確ではない。逆方向の、あいまいにしていくこともメタモデル（一般的にはミルトンモデルと呼ばれているが）であるし、本書では、バックトラックしていくことで、プライマリーに近づき、そのあいまいさを利用して再組織化し、リフレームするなど、多彩な考え方に、私たちを招待している。日本人はあいまいさの中に価値を見いだす人種である。メタモデルを、あいまいさが悪く、明確化が良い、と理解することは、メタモデルの本来の意味ではない。メタモデルは、ヒトが避けることができない「認識の変形」システムそのものであり、そこに良い悪いの軸は存在しない。

というような。「それは不思議だ。ほかの皆はそうかもしれないけれど私は違う」と、当時私は思っていました。最初は、一日ワークショップに参加しただけです。彼らが話したこと、デモンストレーション、そして実習。当時は何をやっているのかまったく分かりませんでしたが、とてもワクワクして、大きな希望を感じたのを覚えています。

彼らはこうも言いました。「こうしたことを学ぶことによってあなたは、自分がどのように考えるかに影響を及ぼすことができる。自分がどう感じるかにも、何をしていくかにも影響を及ぼすことができる」。「これはミステリーでもなんでもない」と。私が大学で学んでいたときには、「変化」というのは常に謎でした。たとえば、大学院に行ったときも、とにかく変わるには長い時間がかかるし、すごくつらい、強い抑圧と解放を経験するカタルシスを通過しないと変われないと思っていました。参加したNLPのワークショップの中で、私たちはさまざまなエクササイズをやっていたのですが、自分たちが何をやっていたのかはまったく分かりませんでした。しかし、十分か十五分の間で違う気分にはなったのです。その時に、自分はこれを続けるんだな、という確信がありました。私が学んでいること、そしてこれから学んでいくことは、私の心理学者としての仕事に役に立つと分かったからです。個人的にも自分自身の成長にとって役に立っていましたし。

もうひとつ、私が惹かれたことがあります。それはとても「実用的」だったからです。大学では理論だらけでした。でも、理論は、具体的に何をしたらいいのかを教えてくれません。もちろん理論は興味深く、面白いですが。でも、バンドラーとグリンダーがデモンストレーションで見せてくれたのは、実際に私たちにでき得ることでした。たとえば、ラポールを作るために、具体的にどういうことをしたらいいのか、を見せてくれたのです。私が参加した、NLPの初期の段階では、彼らは盛んに、いろいろと発見している最中でした。探求と発見と実験の日々だったのです。ある日、ひとりの男性がリチャードに質問したことがあります。「NLPって何ですか？」と。リチャードはこう答えました。「分かりません」（笑）。「私もいまだにそれを発見している最中なのです。なぜならば、NLPとは可能性を探求し、発見していくものだからです」と。どうです？　とても希望があるでしょう。

喜多見　よく、NLPの説明で、フリッツ・パールズ、サティア、エリクソンなどを研究、観察して、法則化して作ったと言われています。しかし、それだけではなくて、たとえば配達にきたピザのデリバリースタッフなどの日常的な人も観察していたと聞きました。

クリス　そうです。実にたくさんの人々を観察していました。バンドラーがサブモダリティを探求していたときのことです。私がサブモダリティを使って発見したことを、これこれを発見したと彼に伝えたことがあります。彼は私に「それを自分にデモンストレーションしてみてほしい」と言いました。そして次の彼のワークショップで、彼がその技法に名前を付けて早速、実際に参加者にエクササイズとしてやってもらうこともありました。

恐怖症の治療について、バンドラーたちがそれをどのように発見したかを語ったこともあります。二人は、恐怖症を取り除くことに成功した人たちとも話しました。そのようにして、恐怖症回復のメカニズムを発見していきました。それぞれの元恐怖症の人が話したことは、内容はそれぞれ違っていましたが共通のパターンがあることを見つけたのです。それぞれの人がその状況から自分自身を、「ディスアソシエイト」（disassociate　分離）して、自分がそのまっただ中にいるというところから、視点を少し離して、遠くにいる自分自身を客観的に見ていたのです。それから、リチャードはまたそれを逆戻しにしてみる（アソシエイトの方向に）ことも実験しました。カメラを遠ざけたり逆に近づけたりすることを続けていくと、その恐怖症に対する感じ方が変わってくるというのです。

そんなふうに二人はしていました。ほかの人が発見したことについて、どういうふうにそれが可能になったのかの説明を聞き、それをひとつのテクニックとして考え、実験してみるというサイクルです。私が参加者として参加した最初のセミナーだったと思いますが、彼らが私にデモンストレーションをしました。その最初の経験からほぼ二十年後に、ジョン・グリンダーとディナーを食べながら、昔のことを話していました。「ジョン、私はいつも覚えているわ、あなたとリチャードがこんなことをしたのを。あなたはどうやってあのやり方が分かったの？」。アンカー崩壊させる（collapsing anchor）というデモンストレーションについて聞きました。それを二人が、両方同時にやっていたのです。

ジョンが言ったのは「たぶん、僕たちそのときに、その場その場で作り上げてやっていたんだと思うよ」と。おそらく、そのように彼らはいろいろな人にワークをして、実験していったのでしょう。これをやってみるとどうなる、あれをやってみるとどうなる。じゃあ、これをやってみよう、と。私は、こうした実証方式を本当に彼らから学びました。私が気づいたこと、発見したことの多くは、「こういうふうに言ってみたら何が起きるのかな」「ああいうふうに言ってみたら何が起きるのかな」「こんなふうに言ったときにはどうだろう」、そうやって発見していったことなのです。

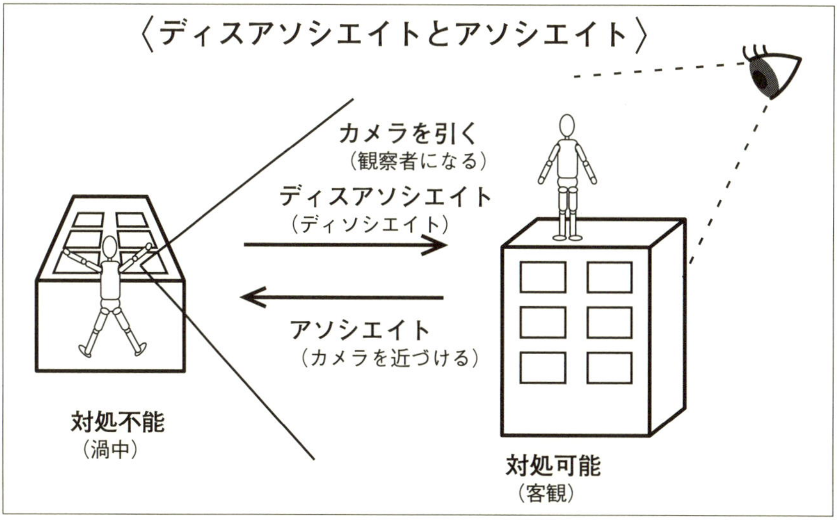

喜多見　そうしたNLPの活発な黎明期にクリスティーナさんが二人の開発者と共にいたということは、私たちにとって大きなギフトですね。

クリス　私にとっても本当にそうです。私はとてもラッキーでした。

喜多見　NLPという非常に複雑で、多様なスキルが入り交じっているものを、このように、非常に構造的に分解して分かるように伝えられる方が、初期から今まで関わっていてくださったということもまた、私たちへの大変に大きなギフトだと思います。

クリス　どうもありがとうございます。本当に複雑なものにしてしまった後で、私にでも分かるようなすごくシンプルなものにせざるを得なかったのです（笑）。

私が初期のレベルから信じていたのは、**答えはパターンや構造の下にある。コンテンツの下にある、**ということです。ずっと深層のレベルの体験を理解したいと思っていました。そして、これを言わなければいけませんが、私ひとりでなし遂げたことではありません。ワークショップの中で、私の質問に対して、参加者が答えてくれて、その答えを聞いて私の理解がより深まっていった、ということがたくさんあるからです。そういった形で、本当にたくさんの人たちに助けられましたし、バンドラーも私を助けてくれました。

こういった種類の学びと理解は、インタラクティブなプロセスです。もし、私が、ひとりで部屋の中に閉じこもって、ずっと本を読んでいただけでは、これだけの理解に到達できたかどうか分かりません。やはり、人々と一緒にいるということがあってはじめてできたことです。

喜多見　世界中を飛び回ってご多忙な中を三日間、この本のために貴重なお時間を頂戴し、ありがとうございました。

きっとこの本がNLPを学ぶ人たちの重要な理解の助力となると確信しています。

今まで欧米でのみ行われてきた「言葉に関する本格的なワークショップ」が日本でも開催されることも決まりました。ますますご活躍を！

付記3
バイオグラフィー

2006.08.23.Tokyo

喜多見 クリスティーナさんの来歴を巻末に載せるためにお聞きします。

クリス どの時点からスタートしたら？（笑）

喜多見 大学での専攻は何だったのですか？

クリス 大学四年生のときには専攻はいくつも持っていました。最初は数学専攻で、後半の三年、四年のときには、エジプト考古学を専攻していました。その時は心理学はやっていなかったのです。

四年制大学を卒業してから、学校の仕事に就きました。募金集めの。三十代前半になって、別の仕事に就きたいと思ったので大学院に行くことを決めたのです。私は、「どんな仕事をしたいかではなくて、どんな経験を自分は作り出したいのか」と考えてみたのです。NLPなんて何も知らないときから、そうした質問を自分に聞いていたのですね。私は小さなプランニングをしました。五カ年計画を作ったのです。すごく面白いのです。

当時、心理学のクラスを聴講生として聞いていました。教授が大変面白いことを言ったのです。クラス全体に聞きました。「今から五年後にあなたが何をやっていくのかを考えたことがありますか？」。その時点で私は考えていませんでした。教授は続けて「五年という時間は、必ず過ぎていきます。それは保証します。あなたが何をしようが、時間はたっていきます」。かなり単刀直入な言い方をしたのですね。「五年という時間は、あなたがただ何もしないで座っていてもたっていくし、何かやると決めてやっていっても、過ぎていきます」と。それを聞いた私は注意をそこに向けて、全般的な計画を作ることにしました。

まさにその時からちょうど五年後、私は、大学院を卒業していました。社会科学や州認定の心理療法家のライセンスを得るために必要なすべての必須科目も終わっていました。そして、もうNLPトレーニングを受講し始めていたのです。NLPのトレーニングは、クライアントとかかわるスキル向上のために受講していました。

喜多見 一九七七年に最初のNLPのセミナーを、グリンダーとバンドラーから受けて、サンタクルーズに引っ越したのですよね？　彼らがやっている場所に。

クリス　ええ、そうです。一九七七年から八〇何年までは行けるセミナーには全部行きました。とにかく、たくさん受講しました。すっかり夢中でした。一九七九年の終わりか、八〇年の初頭ぐらいだったと思うのですが、バンドラーから一緒に教えないかと誘われました。サンタクルーズで彼と一緒にワークショップのトレーナーをやらないかと。

喜多見　サンタクルーズの前はどちらに住んでいたのですか？

クリス　以前はロサンゼルスです。一九八一年にサンタクルーズに引っ越しました。私は生まれも育ちもL.A.です。

喜多見　一九八〇年ぐらいからどのぐらいまで、バンドラーさん、グリンダーさんといらっしゃったのですか？

クリス　私は、一九八三年にパートナーに出会いました。バンドラーと教えているときにパートナーに出会って、八三年にはパートナーと一緒に独立してトレーニングを自分で教え始めました。バンドラーの会社は「ノット・リミテッド」（Company Limited「株式会社」のもじり）という名前だったのですが、クローズしてしまいました。

喜多見　リミテッドになってしまったわけだ（笑）。

クリス　そして、グリンダーの会社の名前は「アンリミテッド・リミテッド」だったのです。ジョーカーですよね、彼らは。一九八六年ぐらいまでの五年ほどは、ずっと彼らの弟子のように、とても近い関係でいました。一九八六年～九一、九二年ぐらいは、私はバンドラーと一緒に、いくつものトレーニングプログラムの仕事をしていました。たとえば、バンドラーのトレーニングプログラムで何日か私が教えるようになって、彼が私を招待したり、また私も当時は自分のパートナーと自分たちのビジネスをやっていたので、自分のトレーニングプログラムにバンドラーを招いて教えてもらったり。

喜多見　クリスティーナさんが、実は、彼らが教えていたトレーニングのテキストをお書きになっていたように聞きましたが……。

クリス　バンドラーとグリンダーは一九八二年まで一緒に教えていて、八二年以降はそれぞれ分かれて教えるようになったのです。私はパートナーと独立してビジネスをしていて、私たちもサンタクルーズでトレーニングを提供していました。私たちはいつもリチャードを呼んで、プログラムの一部を教えてもらっていました。そのことは私たちにとって大変重要なことだったのです。ですから、私たちがスポンサーしてオーガナイズしたプログラムのマニュアルは私が作りました。当時は、マニュアルというのは、ほとんど一般的には使われていなかったのです。でも、最初のマニュアルは二十ページぐらいしかなくて、それがだんだんページ数が多くなっていって、今はとても分厚いものになっています。

喜多見　クリスティーナさんの役割がそこによく表れていますよね。構造化して誰もが分かるようにするという。

クリス　そう希望していますが（笑）。そのことは、実はよくいろいろな方から言われます。複雑で分かりにくいものを、分かりやすく明確にしたと、感謝をされることが多いですね。

喜多見　そして「NLP協会」（The Society of NLP）、バンドラーとグリンダーがやっていた初期からずっと続いている歴史ある協会ですが、そこのプレジデントであり、オーナーであるわけですね。

クリス　このNLP協会というのはもともとは、バンドラーとグリンダーによって作られた公的な認定協会です（一九七八年設立）。でも、いろいろ変更があって、今はそうなっています。

私が現在やろうとしていることのひとつは、「基準」を作るということです。NLPのスタンダードを作ることです。もともと、それをしようという試みはあったのですが、長い間なされてきませんでした。たとえば、私が誰かをトレーナーとして承認したとしたら、その人はある一定のプログラムを完了して、ある一定のレベルに到達しているという意味です。ですから単にトレーニングに何日参加すればなれるというものではなくて、トレーニングを終わった後でも、その能力をさらに継続して開発し続けるためにやっていかなければいけないこと（リクワイアメント、必要条件と呼ばれている）があるのです。それは大変重要なことだと私は信じています。

喜多見　NLPの未来について、少しうかがいたいのですが。クリスティーナさんは、言語の専門家でいらっしゃいます。NLPが扱っている世界、それは言葉であろうと、脳生理学であろうとですが、今、脳の研究も非常に進んでいて、いろいろなことが分かってきつつあると思います。心理に関係する分野はこれからますます研究されて、それがロボット工学にもつながっていくでしょうし、私たちの「意識」も非常に不思議なもので、意識に関する研究も進んでいます。脳のファンクションもいろいろ研究されている。そういうものが、NLPとどう関わって発展していくというビジョンをお持ちなのでしょうか？

クリス　脳に関しての研究は、本当にたくさん行われています。人間にはとても多くの潜在的可能性がある、ということが分かってきました。そして、研究者の多くが、私たちはまだそこに足を踏み入れたばかりなのだと語っています。多くの医師たちは、「病気をいやすことができるマインドの力」の研究も行っていて、その成果は本当に目を見張るものがあります。

また近年では、言葉に関するリサーチもさまざまに行われています。私たちが言葉を使って自分自身の「意識」に影響を及ぼすだけではなく、自分自身の「肉体」にも影響を及ぼすことができるということが分かり始めてきました。私は、NLPもまた引き続きこうした分野と交流して開発され、発展し続けていくと思います。というのは、私が最初スタートしたころのNLPと、現在のNLPとはかなり違うものだということを知っているからです。

それは、NLPそのものが成長したというより、人々やトレーナーたちがいろいろな探求をして、より豊かなものにしていっているわけです。NLPが提供するツールもありますし、それに伴う姿勢と意図もその進歩に関係してい

ます。目的意識を持ちながらNLPを信じて使っている人は、その可能性に足を踏み入れることができると信じています。この広大に開けている潜在的可能性をさらに広げていけるだろうと。今までもそうしてきましたし。バンドラーが言ったのと同じように、NLPとは何かは分かりません。まだ発見し続けている途中です。このことに終わりはありません。

NLPが将来提供することができるのは、この潜在的可能性の大きさを使って、本当に人生の質をより豊かにしていく、ということです。

それは単に、自分一人のためだけではありません。私たちはいろいろな人たちにかかわっていくことによって、その波及効果を通じて、世界につながっていく、世界に触れていくことができるでしょう。

喜多見　クリスティーナさんのトレーナーズトレーニングにも、本当にいろいろな分野の方が来ていらっしゃって、彼らの専門分野と、NLPの研究分野が統合されて何か別の新しい価値を生み出すということが、きっとこれから生まれてくるような気がします。

クリス　まったくその通りです。今までも何年もの間に、実際にそういうことが起きてきたのだと私は思います。最初に、NLPが紹介されてきたときに、それはセラピーという領域のことだったわけです。それが、後にセミナーにやってきた方たちは、別の分野、つまりビジネスをしてきた方だった。たとえば、企業のマネジャーであるとか、学校の先生であるとか。そういった人たちが、このNLPを自分の仕事でも使っていけるということに気づいて、少しずつ仕事の分野、ビジネスの分野にも広がってきました。

私の大親友で、そして同僚でもある医師がいます。彼は、自分でクリニックを持って診察するだけではなく、他の病院でも働いていて、病院のインターンたちの訓練、指導をしています。彼はNLPのトレーナーでもあります。私は彼に「あなたはNLPのスキルを患者さんに対して病院でも使うの？」と聞いたら「当然です」と。彼はインターンの学生たちにも、いくつかのスキルやパターンを教えているとも言っていました。

喜多見　日本でも、いろいろな人が来てくださっています。学校の先生、精神科医、お医者さん、大きな会社の人事の方、経営コンサルもいらっしゃる。営業の指導員、企業内トレーナー、セラピスト、実にさまざまな方々が参加されています。

クリス　アメリカ、ヨーロッパもそうですね。最近は、セラピストよりも、ビジネス界の人の数が増えています。カリフォルニアでの一番最近のトレーナーズトレーニングでは、物理学者が二人。ひとりはNASAの仕事をしていて、もうひとりは、ヒューレット・パッカードに勤めています。自分のセミナー会社、トレーニング会社をしている独立したコンサルタントが三人。たとえば、hpのような大企業にセミナーを提供しています。その男性のひとりは、サンノゼ市のスーパーバイザーでした。彼は、アジェンダ・ミーティングや作業者のためにNLPを使っていて、彼の上司もそのことにとても満足しています。実際にトレーニングフィーを出してくれていますし。他にも大学教授やカトリックの司祭までいます。

喜多見　日本は、中学校や小学校が少し混乱している部分もあって、生徒と先生の関係性がかつてのようではなくなってしまった部分もあります。そういうときに、信頼感をもう一回確立するという意味で、NLPが本当に役に立つはずだと思うのです。

クリス　そうですね。絶対的にそうだと思います。私のクラスに来ていた教師たちは、小さな子供の教師もいれば、大学の先生もいて、彼らがみな言っていることは、言葉の深層構造を知る、前提について知る、また前提によってどのように質問を作るのか、そうしたことが彼らの仕事にとって大変重要であると口をそろえて語っています。

喜多見　今回三日間は、ほとんどすべてが言葉に関することでした。学校の先生は、とにかくしゃべるのが仕事です。もちろんノンバーバルな部分もあるのですが、ほとんどしゃべっているわけで、ある前提をもってしゃべってしまって、それが子供に伝わって、関係性がうまくいかなくなるということも結構あるはずで。

クリス　私たちは言葉においては、前提を使わざるを得ないのです。常に前提を使っています。ですから、私が聞くのは、「あなたに影響力があるのか、ないのか？」という質問ではなくて、**「どのように影響を及ぼしたいのか？」**という質問なのです。最近、二人の女性が来たのですが、ひとりは大学の教授です。彼女は、博士論文を書いている何人かの生徒をスーパーバイズ（指導）しています。彼女は、トレーナーズトレーニングにも、アドバンス・トレーナーズトレーニングにも出ています。私は十二日間の言葉のプログラムも海外では教えています。それらに彼女は二回も出て、七月にその十二日のプログラムが終わったばかりでした。彼女からメールが来ました。サクセスストーリーです。その教授がくださったサクセスストーリーは、「クリス聞いてちょうだい。私はあなたに教えられた通りの質問の仕方をして、自分の担当の生徒に話してみたら、その生徒が『はじめて自分には博士論文が書けるんだという気持ちになりました』と言ってくれました」と。

もうひとり、私が話した女性はもっと小さな子供を教えている人です。彼女が生徒にする質問はそんなに複雑ではありません。朝、始まるときに、こんなふうに聞きます。彼女の担当の子供たちは八つ、九つ、十とか、それぐらいの年齢です。彼女は朝、三つか四つの質問を生徒たちに聞きます。そのひとつが学習に関する質問なのですが、「あなたにとって一番楽しい学習は何ですか？」という質問です。生徒たちは、一日を始めるときに、まったく違う態度でスタートすることができるのです。彼女は、トレーニングのエクササイズを使って、算数を教えたりもしています。生徒たちは、それで上達しているだけではなく、本当にその授業を気に入ってくれています。

いろいろな人たちが、NLPで学んだことを本当に自分のものにして、それをそれぞれの仕事で使っています。そのことが本当に素晴らしいことだと思います。

喜多見　この三日間もそうでしたけれど、クリスティーナさんのトレーニングでも、そうした声はとても多く聞きます。クリスティーナさんの教えられていらっしゃるNLPは、「とても温かい感じがする」と。NLPの本はいくつも出ていて、最近はとても多いのですが、なかには、たとえば、マネジャーが部下に、NLPを使った、ある言い方で言ったらどうでしょう？　というようなことが書いてある。これかこれしか選べないような質問で聞きなさい、みたいなことが書いてあって（笑）。それは、クリスさんがおっしゃっている使い方とはまったく逆のことです。クリスさんは「相手の可能性を広げるために」とおっしゃっているわけで。

クリス　もうひとつのことがあります。つまり、そうした場合は、**部下にどういうマインドのフレームでいてほしいのか**ということを考えていないわけです。ですから、押しつけることになってしまう。たとえば、私のめいが、私と一緒に生活していたのですが、こういう言い方をすることもできます。「ごみを今捨てるの？　それとも後で捨てるの？」と。ときには、その必要がある場合もあるかもしれませんが（笑）。私も彼女に、まさにこれを試してみました。でもまた、別のやり方でその本人がやりたくなるような気持ちで招待することもできます。その部下も、「自分は尊重されている、自分は全体のことがうまくいくためにとても重要な存在なのだ」と感じることができるように。

人というのは、自分が意図的に操作されたと感じると、とても嫌な感じがするものです。私が「操作」（マニピュレーション）と言っているのは、ひとりの人が相手の人に、自分の思う通りのことをさせようとすることであって、とても一方的なのです。相手の人が何を感じているのかはまったく無視して、一方的に指示をすることです。その相手の人は、「自分はまったく認められていない、自分はまったく数にも入らないのだ」という気持ちを感じるでしょう。だから、スタッフの人たちが、自分は認められていると感じられるようにすることが大切ですし、自分は大きな全体の、重要な一部なのだと感じられることが大切です。スタッフがいなければ、企業は成立しません。でも、そのことをスタッフは知らないことが多いのです。

喜多見　先ほどからお話しいただいているような、質問の作り方や話し方によって、新しい可能性、思いつかなかった可能性に招待される、ということをマニピュレーションとは言わないと思うのですが、そうした相手の可能性を拓いていく方向性は、とても素晴らしいことだと思います。

クリス　まあ、マニピュレーションと考えることもできますけれどね（笑）。私の知っている区別化は、ひとつは誰かに何かを無理やりさせる、強要する。もうひとつは、相手の人を招待する、招き入れる、ということです。

喜多見　最後に、いただいた資料の中に大変面白い言葉があったので、それをご紹介して終わりにしたいと思うのですが、「NLPのふたつの前提」というものです。**ひとつは、「常に私たちは最善の選択をしている」。もうひとつは、「うまくいかない問題を見るときは、単に起きてほしいこととは異なったことが起きている、ということを意味するだけだ」です。**

クリス　そうですね。通常そうです。

喜多見　それがとてもいいなと思ったのです（笑）。

クリス　はい、この言葉にはとても惹かれます。私がはじめてリチャードからこの言葉を聞いたとき、「人というのは、別に、故障しているわけではない、彼らは完ぺきに機能しているのだ。何て面白い！」と思いました。そして、彼はこう言ったのです。「人がしたことはどんなことでも達成であって、それがうまくいっていようが、いまいが、その人本人がそれを達成だと思おうが、思うまいが、それは達成なのです」と。

喜多見　そこに、見方の大きなシフトがありますよね。

クリス　そうです。最近はどうか分かりませんが、私が大学にいたころのセラピーとは、「人は助けを必要としている」「人は壊れている」と見ていたのです。今でも少しそうかもしれません。これは本当に一八〇度の転換です。たとえば、本人は「自分には問題があるのです」とか、「こんな限界があるのです」と言ったとしても、その人がその結論に到達するためには、一連の内的なプロセスがあったわけで、そこを見つけていくようになったことがめざましいことなのです。

喜多見　「私はアンオーガナイズドです」と言った人を、質問で逆に気づかせるシーンがありましたね。あのときがまさにそうで、「いいえ、あなたは元々きちんとオーガナイズしています」と。

クリス　その通りです。あれは、私にとってはNLPの前提が大変パワフルであるという、もうひとつの例です。その男の人は、別に壊れているわけではありません。彼は、変化をするために必要なあらゆるリソースを既に持っていた。NLPの重要な前提のひとつは、「人は、変化をするために必要なリソースを十分、既に持っている」ということです。そこでの質問は、では、そのリソースとは何なのか？　ということになります。それは、視覚システム、聴覚システム、体感覚システムであり、嗅覚であり、味覚システムなのです。感覚システムのリソースが土台です。私たちはそれらに、リソースや好奇心というラベルをつけます。あるときは好奇心、モチベーションなどの名前のラベル化をしますが、NLPは、「あらゆる振る舞い、あらゆる思考のパターンはすべて、感覚システムのなんらかの表象である」と考えます。知覚をベースにしているのです。

私たちは通常すべての知覚を百パーセントもっているわけですから、リソースを持っているか、いないかの問題ではなくて、**リソースをどのようにオーガナイズしているか、という問題なのです。**「私はどうしてもオーガナイズできない」という男の人が、自分の中の絵を最初の形でオーガナイズしていたとき、ビトウィーンタイムの形でオーガナイズしていました。そのために彼は、自分には限界がある、自分はオーガナイズしていないという結論に到達したのです。そこで私は、彼が、そこにもう既にあったリソースを再オーガナイズして別のパターンにするような質問をしただけです。そうすることで、彼にとって、望むことを達成することが簡単になりました。あれは完ぺきなデモンストレーションです。あらゆる人、そして私自身にもその通りだと思います。

喜多見 長時間にわたってどうもありがとうございました。これからも、いろいろな国でますますのご活躍をお祈りしています。もうクロスワードパズルで遊んでいいですよ（笑）。（彼女は、大のクロスワードパズル好き）

クリス ありがとうございます（笑）。こうした機会をつくってくださったことに感謝します。本当にお忙しい中を、お時間を作ってくださって、その寛大さに感謝します、ありがとうございました。私にも、何か与えられるものがあるのだと考えていただけたことで、私も「自分にも貢献できるものがある」と感じることができましたし、「生きているかいがある」と思えました。ありがとうございました。

喜多見 日本の読者にも、もちろん多大な貢献でしょうし、これが英語で本になって、英語圏の方のところへ行っても、それはまたとても大きな貢献だと思います。

クリス ありがとうございます。

喜多見 どうもありがとうございました。お疲れさまでした。

あとがき

物心ついて以来ずっと、私は言語、言葉に魅了され続けてきました。私の母は、ラジオでプロのストーリーテラーをしていました。家庭にテレビが登場するほんの少し前の時代です。母は、話し言葉でも書かれた言葉でも、言葉の力を正しく理解し、ほとんど敬意すらもっていました。

私が言語の世界への探検を始めたのは、三十一年前の一九七七年に、NLPの共同開発者であるリチャード・バンドラーとジョン・グリンダーによるNLPトレーニングにはじめて参加してからです。私は彼らの言語の使い方にたちまち魅了され、畏敬の念を抱きました。

その後、リチャード・バンドラーの指導のもとで何年も訓練を受けていた間は、彼の見事な言葉の使い方に触発されました。私は、パワフルで効果的な彼の言葉の使い方のパターンについてもっと学びたくなり、言葉の世界を探求しようと熱い思いで決意したのです。そして私の人生は予想もしていなかった方向へと航路を変え、当時の私にはまったく想像すらできなかった旅が始まったのでした。

ずいぶん長い間、さまざまな国で私の生徒たちから、「先生が言語について教えている内容を本に書いておられますか？」という質問を受けてきました。そして、それに対する私の答えは、長い間ずっと「いえ、まだなんです」というものでした。言語に関する研究についてぜひ本を書くようにと、今までにも多くの方々から励まされてきたのですが、私はいつも、旅をしながら教えることに忙しすぎたようです。

私がトレーナーズトレーニングを教えるために東京に何度目かの滞在をしていた時のこと、主催者であるヴォイスの喜多見氏が同じ質問をされて、私もいつも通りに答えました。

それから一年後、彼の「ぜひやりましょう！」という言葉に私は驚きました。彼は目先が利くので、私が「口を使って書いた」方が簡単だということに気がついたのです。そこで、私たちは私の言語に関する研究についてのインタビューの日程を決めました。

後はただ「やるだけ（Just do it.）」で私の夢が実現できるように助けてくださった喜多見氏の信頼と励ましとサポートに、心から深く感謝申し上げます。

また、言語に関する本を読み、一人で部屋の中にいて学べることよりも、はるかに多くのことを教えてくれたたくさんの私の生徒たちにも感謝したいと思います。彼らが私の質問に答えて、オープンに「内面的な世界」をどんどん分かち合ってくれたことが、言葉の世界の探求を続ける上で本当に励みになりました。

この本は、母国語がなんであれ、毎日毎時間ごとに使っている言葉の深いインパクトを発見し、賞賛している「言葉の信奉者たち」に捧げます。

ジュリアン・ジェインズは、著書「神々の沈黙―意識の誕生と文明の興亡」（紀伊國屋書店刊）の中で、「言語はコミュニケーションの手段であるのみならず、認知器官でもある」と述べています。その頃の私は、その意味を本当には理解していませんでしたが、それでも興味をそそられました。このアイデアは、私の言語へのアプローチに多大な影響を与えました。そこで、本書のタイトルは「言葉を変えると、人生が変わる――NLPの言葉の使い方」とさせていただきました。

言葉のない世界を想像してみてください。本もなく、世代から世代に伝えられる知識もなく、ワークショップもなければ、物語を話すこともない、とないものだらけです。私たちが知っているような生活の仕方は、あり得ないでしょう。私たちが、見、聞き、感じ、触れ、味わい、匂いを嗅いでいることには、言語によって意味が与えられているのです。

言語が「認知」を形成し、「意識」を発達させ、「考え」をまとめさせ、「体」

に影響を及ぼし、「行動」を指示し……私たちの「現実」を形作っています。従って、「言語」と「思考」と「現実」は分かちがたく絡み合い、どれかひとつだけを切り離すことができません。言語は、内面的にも外面的にも、私たちの生活の、文字通りすべての側面を形作っています。つまり、言語は、人生に最も強力に影響を及ぼすもののひとつなのです。

魚が水の中に棲むように、私たちは言葉の中に生きています。言葉を覚えたのも、無意識的に周囲の人々をモデリングすることによってでした。文法を意識するわけでもなければ、意識して構文を作るわけでもありません。実際は、ほとんどの場合に、口を開ければ自然に言葉が出てくるようです。たいてい、人は自分が使う表現を当たり前のように思っています。

言葉は私たちの存在の根幹に関わるので、言語と思考と現実の間の相互作用（つながり）を無視したり、軽視したり、十分に活用しないと、コミュニケーションの質が低下し、結果として、人生の質をも損なうことになるでしょう。

何語を話していても、すべての言語に共通する普遍的なものがあります。基本的な原則は、私たちはお互いに、影響を与えざるを得ないし、影響を受けざるを得ない、ということです。従って、私たちが影響を及ぼすのか、及ぼさないかの問題ではなく、「あなたはどのように影響を及ぼしたいのか」という問題だということになります。

言葉によって、私たちは話し、書き、読み、聞くことができます。考えることや感情表現ができます。分析し、問題を解決します。法律を制定します。理解しあい、交渉し、同意し、妥結や妥協に至ります。知識を築きあげ、理解と知識を伝えます。言語を使って、私たちは想像したり、夢を見たり、創造したり、革新したりすることができます。つながりや愛を育てることもできます。

ルートヴィヒ・ウィトゲンシュタインは言いました。「言語の限界が私の世界の限界である」と。

言葉はまた、「両刃の剣」にもなり得ます。同じく言葉によって、人は欺き、誤解させ、否定し、抑圧し、禁止し、制限し、威嚇し、中傷し、偏見を持続させ、怖れや不安、後悔、罪悪感、疑い、憎しみを作り出します。

人が望んでいない効果や結果を作り出してしまうことがよくあるのは、言葉が聞き手の考え方を形作っていることを理解していないからだと思います。

ここで興味深い質問が出てきます。人はどのように言葉を使うか。そして人はどのように言葉に使われているのか。その違いを生み出すものはなんなのか？　ということです。

言語が深層のレベルでどのように機能するかを学ぶと、多くの利点があります。他の人とだけでなく、自分自身とのコミュニケーションが前よりもうまくいくようになります。自分の外の世界だけでなく内面的世界でも、起きたこと、(そして起きていないこと) について、より適切な対応をすることができます。好奇心が高まり、広い心で、人生が与えてくれるいろいろな物の見方を承認することができます。現実的な予測をたてられるようになり、想定外のことで驚かされることが少なくなり、あなたの生活、人間関係、自分自身を営んでいく時に、「予測可能性」が高まります。

私が特に関心をもっているのは、変化し続ける環境に適応し、個人として実際の人生に積極的に関わり、生き抜き、繁栄する能力に、言語がどのように影響を及ぼしているかという視点からの探求です。とりわけ私が興味をもっているのは、本人は可能性がないと思っているところに可能性が広がっていくような言葉の使い方を教えることです。まさしくこれは、「認知」の問題であり、「信念」の問題なのです。なにかが可能だと信じている時の方が、その人はさらに探って、見つけ出そうとしやすくなります。なぜならば、答えは既に感覚的経験の中にあるからなのです。こうしたことをはじめて聞く方にとっては、挑発的な言い方ですが。

私が言語に関して発見したこと、教えていることは、もとより正式な調査にもとづいたものではありません。むしろ、三十年間、何千人もの人たちに教えてきて、彼らに質問をし、彼らの精神のプロセスになにが起きたのかに関する情報を収集した結果です。この方法は目覚ましい結果を生み出し、言語が情報収集のための手段であり、言語によって注意力が集中し、思考と行動の方向性が設定されるということについて、より多くを学ぶことができました。

私が知っている限りでは、NLPの分野に本書の類書は存在していません。実際、私は今まで、言語の世界をこのようなかたちで探求している本には出合ったことがありません。言語に関する基礎的な情報を集めて行う言語の研究は、その他の分野へと私を導いてくれました。一般意味論、情報科学、認知理論、学習理論、システム研究、などなど。

この本はNLPの分野ではユニークな本になるでしょう。なぜならば、通常のNLPトレーニングで言語に関して教えていることよりも、はるかに深く広い内容だからです。私は言葉の世界をより深いレベルで徹底的に調べて、言葉の選択の上で一見小さな変化に見えることですら、その人の経験を大いに変えてしまうこともあり得ることを探し求めてきました。

この本を読まれたあなたが、人生で価値があるなにかを見つけてくださることを願っております。なにも考えずに言葉を使うのではなく、目的をもって言葉を使う方法を学ぶプロセスによって、私の人生と、仕事と、人間関係は変容しました。本書は、あなたに、人生が豊かになるような言葉の使い方を練習して人と関わっていただきたい、という願いを込めて書かれています。ちょっと大変な努力のように見えるかもしれませんが、今から始めてみてください。

さあ、素晴らしい言葉の世界を、より深いレベルで、新しくちょっと違うやり方で探求する冒険の旅に船出しましょう。この旅をお楽しみください。本当に、最も驚くべき旅になりますから。

クリスティーナ・ホール Ph.D.

著者
クリスティーナ・ホール博士　Christina Hall Ph.D.

大学院時代にコージブスキーの「一般意味論」（General Semantics）を深く研究。その言語に対する姿勢に強い影響を受ける。1980年代初頭から数年にわたり、NLP創始者であるリチャード・バンドラー、ジョン・グリンダーらとともに、技法を開発し、マニュアルをつくり、ともに教えていた。創始者たちが1978年に創設した歴史ある「NLP協会」（The Society of NLP）の現在のプレジデントであり、オーナーでもある。いまNLPを最も「構造的に」教えることのできるメタ・マスター・トレーナーとして、世界基準でも屈指のレベル。NLPのなかでも特に、本書のテーマである「言葉」が専門。博士のNLPはオリジナル度が高く、多くのスキルを統合的かつシームレスに組み合わせて使う、どこにもないNLPである。欧米各国はもちろん、日本でも「NLPトレーナー養成コース」「言語コース」を教えている。プライベートでは、大のクロスワードパズル・ファンでもある。

通訳
大空夢湧子　Yuko Osora

外資系銀行勤務を経て、通訳および翻訳者。ビジョン心理学トレーナー。パーソンセンタード表現アートセラピー・ファシリテーター。有限会社オフィス夢湧 代表。訳書に『傷つくならばそれは「愛」ではない』『セルフ・セラピー・カード』『ミッチェル・メイ・モデル』『チャック・スペザーノ博士のセックスは、神さまからの贈りもの』（いずれも小社刊）『あなたの人生の鍵を握るのは誰？』（主婦の友社刊）など。

クリスティーナ・ホール博士の
言葉を変えると、人生が変わる――NLPの言葉の使い方

2008年7月30日 第1版第1刷発行
2023年2月1日 第1版第5刷発行
著　　者 クリスティーナ・ホール
通　　訳 大空 夢湧子
装　　丁 児崎 雅淑（芦澤泰偉事務所）
編　　集 喜多見 龍一
発 行 者 大森 浩司
発 行 所 株式会社ヴォイス 出版事業部

〒106-0031 東京都港区西麻布3-24-17 広瀬ビル
☎ 03-5474-5777（代表）
FAX 03-5411-1939
www.voice-inc.co.jp

協　　力 細見直希
印刷・製本 中央精版印刷株式会社

ISBN978-4-89976-113-6

既　刊　案　内

ロバート・ディルツ博士の NLPコーチング

成長のリソースはクライアント自身にあり。コーチングの目的は、クライアントのリソースを活性化し、望ましい未来へ導くこと。ＮＬＰでコーチングをする人に必要な理論、テクニックのすべてがここに！

ロバート・ディルツ　著
佐藤志緒　訳／田近秀敏　監修
四六判ハードカバー／464頁
定価：本体2,500円（税別）
ISBN978-4-89976-109-9

ロバート・ディルツ博士の 天才達のNLP戦略

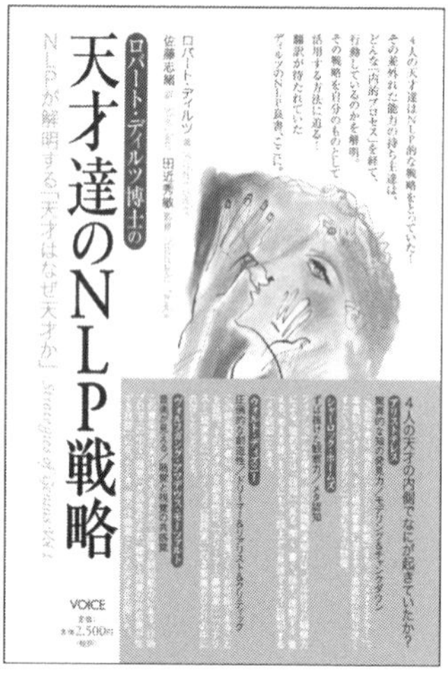

４人の天才たちはＮＬＰ的な戦略をとっていた！　その並外れた能力の持ち主たちは、どんな「内的プロセス」を経て、行動しているのかを解明。その戦略を自分のものとして活用する方法に迫る！　翻訳が待たれていたディルツ博士の良書。

ロバート・ディルツ　著
佐藤志緒　訳／田近秀敏　監修
四六判ハードカバー／496頁
定価：本体2,500円（税別）
ISBN978-4-89976-224-9

既刊案内

強いリーダーはチームの無意識を動かす

ビジネスの局面で最重要なリーダーシップが、グングン身につく本。部下の個性を観るための訓練や、リーダー自身が変わっていくための行動訓練なども収録。チームを率いていくリーダー必読の書。

橋川硬児、石井裕之 著
四六判ハードカバー／200頁
定価：本体1,600円（税別）
ISBN978-4-89976-074-0

NLPでリーダー脳力をグングン高める法

会社の成長、ビジネスの成長に、個人としての人間的な成長が不可欠。そして、人はビジネスの世界で成長する。経営者の経験が生きているから読んですぐ使える実践ＮＬＰ！

武井一喜 著
四六判ハードカバー／288頁
定価：本体1,800円（税別）
ISBN978-4-89976-095-5

既刊案内

NLPタイムライン・セラピー

ＮＬＰモデルをベースに、個性形成の決め手となる３つの要因、「タイムライン」「メタプログラム」「価値と信念」について詳説。エクササイズなどを交えながら、わかりやすく紹介しています。掲載中のテクニックは、虐待やトラウマといった悩みをはじめ、職場、家庭、恋愛、教育などの場でも応用可能なものとなっています。

タッド・ジェイムズ、ワイアット・ウッドスモール 著
佐藤志緒 訳／田近秀敏 監修
A5判ソフトカバー／448頁
定価：本体2,500円（税別）
ISBN978-4-89976-117-4

信じるチカラの、信じられない健康効果

病気に効く最高のクスリはあなたの「ビリーフ（信念）」だった！ ＮＬＰの第一人者、ロバート・ディルツ博士が自身の体験をもとに執筆。意識の転換テクニックがまとめられた１冊。「健康」を心身両面から考え、より充実した日々を送りたいすべての人に。

ロバート・ディルツ 著
横井勝美 訳
A5判ソフトカバー／392頁
定価：本体2,300円（税別）
ISBN978-4-89976-436-6